Jüdische Familiengeschichten in Wernigerode

Harz-Forschungen

Forschungen und Quellen
zur Geschichte des Harzgebietes

Herausgegeben vom

Harz-Verein für Geschichte und Altertumskunde e. V.

durch Jörg Brückner, Hans-Jürgen Grönke, Christian Juranek,
Friedhart Knolle, Monika Lücke und Jörn Weinert

Band XXXVI

Berlin und Wernigerode 2023

Peter Lehmann

Spurensuche

Jüdische Familiengeschichten in Wernigerode

Herausgegeben von Christian Juranek und Maik Reichel
in Zusammenarbeit zwischen dem
Harz-Verein für Geschichte und Altertumskunde e. V.
und der Landeszentrale für politische Bildung Sachsen-Anhalt

Lukas Verlag

Umschlagabbildung: Stolpersteine in Wernigerode, Breite Straße 11
(Foto: 1971markus@wikipedia.de)

Die Drucklegung des Bandes wurde ermöglicht durch
die Landeszentrale für politische Bildung Sachsen-Anhalt,
die Stadt Wernigerode,
die Stadtwerke Wernigerode und
die Gesellschaft zur Förderung des Nationalparks Harz e. V.

Erstausgabe, 1. Auflage 2023

Lukas Verlag für Kunst- und Geistesgeschichte
Kollwitzstraße 57
D 10405 Berlin
www.lukasverlag.com

Umschlag: Lukas Verlag
Reprographie, Gestaltung und Satz: Alexander Dowe (Lukas Verlag)
Fotos: Michael Lumme, Schloß Wernigerode GmbH. Die Aufnahmen entstanden im April/Mai 2023 und zeigen den gegenwärtigen Zustand der historischen Schauplätze.
Druck: Westermann Druck Zwickau GmbH

Printed in Germany
ISBN 978-3-86732-437-3

Inhalt

Geleitwort

Wir haben uns beinahe daran gewöhnt, dass es keine »Geschichte« als solche mehr zu geben scheint. Alles wird nur noch aus einem gewissen Blickwinkel erzählt oder wahrgenommen. Die Moden auch in der Geschichtswissenschaft kommen und gehen; zuerst war es die Sozialgeschichte, dann die Mentalitäts-, die Struktur-, die Wirtschafts-, die Technik-, die Alltags-, die Ideologie- und, nicht zu vergessen: die kritische Geschichte.

Aber war und wird diese Segmentierung in Teilgebiete den Menschen gerecht?

Gerade in Hinblick auf die Geschichte von Leid und Not, von Verdrängung und Vergessen kann es nur eine Geschichte geben: nämlich die des schlichten Erforschens und Darstellens menschlichen Lebens und Erlebens, letztlich die Biographie. Sie ist dem Menschen am nächsten und in der Darstellung am authentischsten. Es kann eine solche von Einzelpersonen sein, aber auch eine solche von Familien, ja sogar die Biographie von Orten, Städten und Landschaften.

Eine solche biographische Skizze liegt hier im Forschungsansatz von Peter Lehmann vor. Außerdem hat er über siebzig Personen aufgespürt, die in den Zusammenhang der nationalsozialistischen Verfolgung gehören, aber über die bislang fast nichts bekannt ist. Insofern dient das Buch auch als Aufforderung zu weiterer Forschung.

Er selbst hat es in einer Broschüre »Auf den Spuren Jüdischen Lebens in Wernigerode. Ein Gedenkweg zu den Stolpersteinen« aus dem Jahr 2018 ganz treffend selbst so beschrieben:

Gedemütigt, enteignet, vertrieben und ermordet – auch dies geschah mit unseren Mitbürgern jüdischer Herkunft zur Zeit des Nationalsozialismus. Das darf sich nicht wiederholen!

Damit wird nicht nur eine über lange Zeit leider verdrängte Grundtatsache angesprochen, nämlich die der Schuld der deutschen Bevölkerung an dem zum Exzess entarteten System der Judenverfolgung, sondern auch sehr deutlich, wie sehr alle Form der Geschichtsbeschäftigung niemals nur Selbstzweck sein kann und darf, sondern immer eine Brücke zum Leben der Gegenwart schlagen soll. Auch wenn auch das inzwischen in der Geschichtswissenschaft schon wieder modisch geworden ist: zu behaupten, die Beschäftigung mit historischen Vorgängen sei einzigartig, und jede Form von Vergleichung verbiete sich, muss dem konsequent entgegengehalten werden: Nur wenn man aus der Geschichte eine Lehre ziehen kann, geht die Geschichte heutigen Menschen etwas an.

Und gerade dies trifft in ganz besonderem Maße auf die Arbeit Peter Lehmanns zu. Er schafft den jüdischen Mitbürgerinnen und Mitbürgern, aber darüber hinaus auch denen, die als Juden bezeichnet wurden, nicht nur ein Gedenken, sondern verleiht ihnen ein neues Leben, soweit dies säkular möglich ist.

Wernigerode war, etwa im Gegensatz zu Halberstadt oder auch Goslar, im späteren 19. Jahrhundert auch Bad Harzburg, niemals ein stark durch die jüdischen Menschen geprägter Ort. Seit 1403 gab es zwar eine »Joddenstrate«, die heute »Oberengengasse« heißt, aber 1592 verfügte der Graf zu Stolberg-Wernigerode, dass alle Juden die Stadt zu verlassen hatten.

Auch die Liberalisierung der Judengesetze in Folge der preußischen Reformära führte in der Grafschaft Wernigerode nicht dazu, das Judenedikt von 1812 in Kraft zu setzen, erst 1859 ließen sich wieder jüdische Familien in Wernigerode nieder.

Im Jahr 1890 lebten 41 Juden in der Stadt, die im Jahr 1913 mit denen aus Heudeber und Derenburg eine Bundesgemeinde bildeten – trotzdem blieb die Halberstädter Synagoge die nächstgelegene. Auch in der bunten Stadt am Harz kam es in der »Reichskristallnacht« am 9. November 1938 zu Schädigungen und Plünderungen von jüdischen Geschäften. Nach dem Zweiten Weltkrieg lebte kein Jude mehr in der Stadt.

Das Besondere von Peter Lehmanns Buch liegt in der Darstellung der Geschichte und der Schicksale der einzelnen jüdischen Familien, wie der Familie Reichenbach, Rosenthal, Löwenstein, Salomon, Regensburger, Russo oder auch Steigerwald.

Inzwischen hat sich im Gedenken an die ehemaligen Mitbürgerinnen und Mitbürger einiges getan: Im Festsaal des historischen Rathauses von Wernigerode hängt ein vom Karl-Heinz Ziomek geschaffenes Flachrelief, das vor dem Hintergrund eines siebenarmigen Leuchters die Worte »Das Geheimnis aller Erlösung liegt in der Erinnerung. Den verfolgten jüdischen Bürgern unserer Stadt« wiedergibt, und so an prominenter wie auch politischer Stelle stets an das Schicksal der Juden in Wernigerode gemahnt.

Aber auch die Villa Russo, das Zuhause einer ehemaligen jüdischen Fabrikantenfamilie, hat durch Barbara Toppel und ihre Familie nicht nur eine neue Funktion als (musikalischer) Treffpunkt bekommen, sondern fungiert auch stets als ein Erinnerungsort jüdischer Geschichte.

Wir sind verwundert, wie es überhaupt so weit hat kommen können. An einer Stelle, wo man gar nicht damit rechnet, gibt der eher und völlig falsch als bloßer Historienmaler verschrieene Anton von Werner im Jahr 1880 ein beredtes Zeugnis ab dafür, wie schon zur Kaiserzeit Antisemitismus sich breit machte, und leider auf viel zu wenig Gegenwehr traf:

Die widerliche Bewegung, über die ich schon mit dem kronprinzlichen Herrschaften während ihres Aufenthaltes in Paris korrespondiert hatte und die man gern in zarter Weise verschleiert als »Berliner Bewegung« bezeichnete, trug ihre schmutzigen Wellen natürlich auch in das gesellige Leben und beeinträchtigte sogar in unseren Quartettabenden die reine Freude an Mozarts, Beethovens und Mendelssohns Schöpfungen durch heftige Diskussionen der Quartettgenossen über die Judenfrage. Berthold Auerbach, den ich in dieser Zeit öfter sah [...] wurde geradezu in Opfer des Antisemitismus. Er sah die Altäre wanken, die er seinem Dichterglauben an ein idealistisches Menschentum errichtet hatte, fühlte, daß er waffenlos und kein starker Kämpfer sei und das überlebte er nicht. Er flüchtete in dieser Stimmung zu F. V. Scheffel nach Radolfzell und fand hier […] tröstenden und lindernden Zuspruch. Scheffel schrieb damals:

Behüt uns Gott
Vor Rassenhaß
Und Klassenhaß
Und derlei Teufelswerken!

Dem bleibt kaum etwas auch in der Gegenwart hinzuzufügen.

Die Beschäftigung mit einem Thema wie dem des Schicksals der Juden und der als solcher angesehenen Personen stellt immer auch ein Stück Demokratiegeschichte dar. Die Geschichte von verlorenem Bürgersinn, politischer und menschlicher Urteilsfähigkeit und das daraus resultierende Leid können für heutige Lebende nur ein Vorbild für das Eintreten für menschliche und demokratische Werte sein. Wie eingangs gesagt, Geschichte dient so gesehen auch als Werkzeug für das Wappnen gegen undemokratische, menschenverachtende und alle wie auch immer geartete autokratische Tendenzen.

Wir freuen uns, in der Herausgabe der Arbeit Peter Lehmanns ein gemeinschaftliches Projekt zwischen dem Harz-Verein für Geschichte und Altertumskunde e. V. und der Landeszentrale für politische Bildung des Landes Sachsen-Anhalt vorlegen zu können. Wir danken sehr den Stadtwerken Wernigerode und ihrem Geschäftsführer Steffen Meinicke, der Stadt Wernigerode und ihrer Kulturamtsleiterin Silvia Lisowski sowie der Gesellschaft zurFörderung des Nationalparks Harz e. V. und ihrem Vorsitzenden Friedhart Knolle für die finanzielle Unterstützung zur Drucklegung dieses Buches.

Christian Juranek

Vorsitzender Harz-Verein für
Geschichte und Altertumskunde e. V.

Maik Reichel

Direktor der Landeszentrale für
politische Bildung Sachsen-Anhalt

Vorwort

Erst in den Jahren meines Studiums von Theologie und Pädagogik (1957–62) ist mir bewusst geworden, in welcher Zeit ich geboren wurde. Es war der November jenes Jahres 1938, in dem die Nationalsozialisten in der Nacht vom 9. auf den 10. des Monats den berüchtigten Pogrom inszenierten. Freilich war das Datum im Geschichtsunterricht genannt worden, aber eines Tages betraf dieses Datum auch das eigene Leben: Du bist in einer Zeit geboren, in der unvorstellbare Grausamkeiten systematisch vorangetrieben, Menschen wie Ungeziefer behandelt und schließlich in der Shoah umgebracht wurden. Rückblickend wird mir kalt. Auch darum, weil ich es nicht fassen kann, dass andere schweigend und noch andere jubelnd zugesehen haben, wie Nachbarn, Freunde, Kollegen, Klassenkameraden, Sportfreunde von einem Tag zum anderen als Unmenschen angesehen wurden. Und das Erschrecken: Haben deine Eltern mitgemacht? In jener Novembernacht gewiss nicht, denn da drehte sich alles um meine Geburt. Aber sonst?

Mein Vater – der im Zweiten Weltkrieg umgekommen ist – war ein glühender Anhänger des Nationalsozialismus und froh, dass er eine nach den Rassegesetzen von 1935 »arische« Familie gründen konnte. Meine Mutter – ganz in der gesellschaftlichen Ordnung jener Zeit – ordnete sich ihrem Mann unter. Sie machte widerwillig seine Ideologie mit. Aber sie war in einer christlichen, kritischen Familie aufgewachsen und lehrte mich später, nicht jedem laut schreienden Demagogen nachzulaufen, sondern selbst zu denken, nachzudenken, eigenständig zu entscheiden.

Als Theologe hatte ich es selbstverständlich mit dem alten Volk Israel, den Juden – jenen Bewohnern der persischen Provinz Jehuda – zu tun und ebenso selbstverständlich mit dem Antijudaismus in der Kirchengeschichte bis in die Gegenwart. Als Pädagoge hatte ich mich damit auseinander zu setzen, wie Vergangenes und Gegenwärtiges zusammenhängen, welche Bedeutung das Judentum in der Kultur jedes einzelnen – egal ob bewusst oder auch unbewusst – bis zum heutigen Tag hat, wie Menschen zum Nachfragen und Überdenken eigenen Verhaltens und Lebens gelangen.

Der christlich-jüdische Dialog war nach Ende des Zweiten Weltkrieges begonnen worden und hat sich bis heute vertieft. Für mich entstand die Frage: Wie lässt sich auf der Ebene von Kirchengemeinde und Kommune und nicht nur in Fachkreisen dieser Dialog wenigstens beginnen? Da Begegnungen mit Juden außer in großen Städten, in denen sie sich in Synagogengemeinden treffen können, so gut wie gar nicht möglich sind, galt mein Interesse immer wieder den Menschen, die vor Ort mit anderen zusammengelebt, gearbeitet, gefeiert haben. Wer waren sie und wer sind sie, die mit ihrer Kultur, ihrer Philosophie, ihrer Musik und insbesondere ihrem Glauben unsere eigenen Lebens- und Denkformen bereichert haben? Wieso konnte sich ein Antijudaismus und Antisemitismus entwickeln und so viel Unheil anrichten? Wer sind jene Nachbarn, Freunde, Mitbürger überhaupt? Gedenktage am 27. Januar oder am 9. November oder (in der evangelischen Kirche) am 10. Sonntag nach dem Trinitatisfest und auch Veranstaltungen an Gedenkorten in Ravensbrück und Bergen-Belsen, in Buchenwald und Dachau reichen nicht aus, um Denken und Handeln zu erreichen und zu verändern.

Seit mehr als 37 Jahren wohne ich in Wernigerode. Und seit über zwanzig Jahren habe ich mir die Frage gestellt: Gab es hier in der Nähe der einst großen jüdischen Gemeinde in Halberstadt Mitbürger jüdischer Herkunft? Wie sind sie mit den anderen Mitbürgern ausgekommen? Was ist von ihnen zu erfahren und zu erzählen? Gerade aus dem letzten Jahrhundert. Es war eine Spurensuche. Das Forschungsprojekt weitete sich aus. Schließlich gab es ein paar wenige Vorarbeiten aus der Vergangenheit. Aber es wurde nötig, Zeitzeugenberichte mit Dokumenten in Archiven zu vergleichen und, wo möglich, auch Kontakt mit Nachfahren aufzunehmen. Immer wieder gab es neue Spuren. Jedes Detail einer Familiengeschichte erwies sich plötzlich als Aufhänger für weitere Fragen. Dabei verlief sich einiges im Dunkel der Geschichte. Vielleicht finden spätere Zeitgenossen noch Antworten, die ich übersehen oder nicht entdeckt habe.

Manche Familiengeschichten – und es sind für Wernigerode wirklich nur wenige – konnten dabei recht umfangreich dokumentiert werden. Andere blieben leider lückenhaft. Aber was ich entdeckt hatte, sind Familiengeschichten unserer Nachbarn, die erzählt werden konnten. Und als ich diese in Kulturvereinen, Kirchengemeinden und in der Hochschule Harz vorgetragen habe, wurde ich immer wieder gebeten, dies doch aufzuschreiben. Darüber sind nun mehr als zehn Jahre vergangen. Die Leserinnen und Leser lade ich ein, in den vorliegenden erzählten Geschichten Bekanntes und Unbekanntes zu entdecken, nachsichtig mit dem Autor zu sein, wenn er sich zu sehr in Einzelheiten verliert und schließlich derer zu gedenken, die mit unseren eigenen Vorfahren vor rund hundert Jahren in der »bunten Stadt am Harz« gelebt haben. Nur vereinzelte, wenige der Überlebenden von Demütigung und Vertreibung kamen noch einmal in die Stadt, in der sie als Kind und Jugendliche wohnten. Und auch von einer Freundschaft wird zu erzählen sein.

Noch ein paar wenige Hinweise: Die einzelnen Beiträge, vor allem in den »Lebensgeschichten«, sind zu unterschiedlichen Zeiten entstanden. Deswegen kommt es gelegentlich zu Doppelungen und Wiederholungen ebenso wie zu verschiedenen Erzählformen, die bewusst nicht vermieden wurden. Das bietet die Chance für Leserinnen und Leser, jede einzelne Familiengeschichte für sich allein zur Hand zu nehmen.

Grundsätzliches wird in der Einführung gesagt. Es wird ratsam sein, dies zuerst zur Kenntnis zu nehmen, um auch die Berichte über die Familien einordnen zu können. Jede ist anders und doch sind sie miteinander verwoben. Zur Quellenlage sind im zweiten Abschnitt der Einführung (S. 20f.) die nötigen Ausführungen gemacht. Ergänzende und Einzelnachweise finden sich in den zahlreichen Anmerkungen. Gelegentlich finden sich Hinweise auf Quellen und Literatur unter dem jeweiligen Beitrag.

Die Rechtschreibung – auch älterer Dokumente und Zitate – ist der heutigen meist angeglichen. Und was die gendergerechte Sprache anlangt, nimmt es der Autor damit sehr gelassen. Hin und wieder legt er Wert darauf, weibliche und männliche grammatische Formen zu benutzen; auf *chen oder Binnen-I und ähnliche Versuche wird grundsätzlich verzichtet.

Gewidmet ist diese Spurensuche den Wernigeröderinnen und Wernigerödern mit jüdischer Herkunft, die einmal unter uns lebten. Nicht nur die 22 Stolpersteine in der Stadt sollen an sie erinnern. Davon wird am Schluss noch berichtet werden. Ihre Namen sind nicht vergessen und ihre Geschichte ist ein Teil unserer eigenen Geschichte.

Danken möchte ich den zahlreichen Gesprächspartnerinnen und -partnern, die mir bereitwillig mündlich oder schriftlich Auskunft zu ihren Familien und deren Schicksalen gegeben haben. Dank gebührt Renate Goetz, die in den ersten Stunden nach der Friedlichen Revolution von 1989 nach jüdischen Spuren in Wernigerode gesucht hat. Dank sage ich gerade auch den Mitarbeiterinnen des Stadtarchivs und der Harzbücherei in Wernigerode, die mit viel Sachkompetenz und Hilfsbereitschaft mein Suchen nach Details unterstützt haben. Danken möchte ich den Mitbürgerinnen und Mitbürgern, die mir zugehört und mich gedrängt haben, alle die Geschichten doch aufzuschreiben. Danke sage ich auch Marlene und Annett, die große Teile des Manuskripts kritisch gelesen haben. Und letztlich danke ich meiner Frau, die bei vielen Kaffee-Gesprächen meinen Entdeckungen und Geschichten geduldig zugehört hat, auch dann noch, wenn ich mich in einzelne Details zu verlieren drohte.

Wernigerode, im Juni 2023 *Peter Lehmann*

EINFÜHRUNG

Wer ist ein Jude?

Dieses Buch ist den Wernigerödern gewidmet, die »jüdische Mitbürger« genannt werden. Aber wer waren sie, die in der ersten Hälfte des 20. Jahrhunderts als Lehrer, Pfarrer, Geschäftsleute, Fabrikanten, Künstler, Juristen in der Stadt wohnten? Sie waren Freunde und Nachbarn, ihre Kinder gingen mit anderen in die Schule und spielten miteinander. Eines Tages waren sie Juden. Auf ihrer Kennkarte stand ein »J«. Ihre Namen wurden mit dem Zusatz »Sara« und »Israel« ergänzt. Sie mussten den »Gelben Stern« tragen. Einige wurden erst umgesiedelt und dann in der Shoah umgebracht. Andere mussten emigrieren, Freunde und Heimat verlassen; die meisten kehrten nie wieder zurück.

An sie und ihre Geschichte soll erinnert werden. Wer waren diese Menschen in unserer »bunten Stadt am Harz«?[1] Wie ist es ihnen ergangen? Was lässt sich überhaupt über sie erfahren? Waren sie jüdische Mitbürger? Waren sie wirklich Juden? Wer ist überhaupt ein Jude? Die Fragen häufen sich. Die Antworten ebenso.

Jean-Paul Sartre meinte: »Die Situation des Juden besteht einfach darin, der Mensch zu sein, den die anderen Menschen als Juden bezeichnen.«[2] Das ist nur die halbe Wahrheit. Einige haben sich dazu bekannt, dass sie oder ihre Vorfahren Juden gewesen sind. Was sagen sie über sich selbst? Wieder sind die Antworten vielfältig. Das reicht von »säkularer Jude« bis »gläubiger Jude«, von »orthodoxer Jude« bis »liberaler Jude« – je nach religiöser Prägung. Aber nicht jeder Jude ist religiös geprägt.

Ein weites Feld tut sich auf. Wer die Fragen zu beantworten versucht, muss sich Rechenschaft darüber geben, aus welcher Einsicht und von welchem Standpunkt her er oder sie sich auf den Weg macht, ganz abgesehen davon, ob er oder sie sich selbst als Jude oder Nicht-Jude sieht. Die Fragen lassen sich historisch, kulturell, religiös, soziologisch, juristisch, politisch, national und noch anders beantworten. Am Ende gibt es aber keine Aussage, der nicht auch widersprochen werden oder die nicht angezweifelt werden kann.

Relativ einfach ist es, die Frage im religiösen Kontext zu beantworten. Und da gehört die Benennung auch hin. Nach dem jüdischen Religionsgesetz (Halacha) ist ein Jude einer, der von einer jüdischen Mutter geboren wurde. Doch auch das ist innerhalb des Judentums – bei orthodoxen und liberalen Juden – umstritten. Osteuropäische Juden pflegen die Tradition, dass der Vater Jude sein muss. Und sie begründen es aus der jüdischen Bibel, der Tora: Die Generationen werden durch die Väter Abraham, Isaak und Jakob bestimmt. Allerdings kann nur eine jüdische Mutter ein jüdisches Kind haben, gleich wer der Vater ist. Ob nun »Vaterjude« oder von einer jüdischen Mutter geborener Jude – beide bekennen sich als Jude.

1 Titel eines Aufsatzes von Hermann Löns nach seiner Harzreise 1907, der 1909 veröffentlich wurde.

2 Jean-Paul Sartre (1905–1980): Überlegungen zur Judenfrage (1946); dt. Vincent von Wroblewsky, Reinbek 1994, S. 132f.

Ein Jude ist einer, der einen einzigen, unsichtbaren Gott verehrt, wie er im Schma Jisrael (»Höre, Israel«) in der Tora – den heiligen ersten fünf Büchern des Tanach, der hebräischen Bibel – bekannt wird[3] und der nach den 613 religiösen Pflichten lebt, wie sie im Talmud ausgelegt werden. Dabei ist die Spannweite der Auslegung groß zwischen dem orthodoxen und dem liberalen Judentum.

Aber ebenso kann sich jemand Jude nennen, der sich zu den Nachkommen des Volkes Israel zählt, das ursprünglich in der Landschaft Judäa siedelte und wohin es nach der Zerstörung des Tempels durch die Babylonier im Jahr 587 v. Chr. und nach vierzigjähriger Gefangenschaft in Babel zurückkehrte, um nach dem eigenen Glauben zu leben. Jenes jüdische Volk zerstreute sich über die ganze Welt, als die Römer im Jahr 70 den neuen Tempel niederrissen und nach dem Bar-Kochba-Aufstand 132 allen Juden das Betreten Jerusalems bei Androhung der Todesstrafe verboten hatten. Einige Juden lebten ihren Glauben in der Fremde, andere assimilierten sich, noch andere konvertierten – manche auch zwangsweise –, wieder andere pflegten lediglich jüdische Sitten, Gebräuche, Sprache und Kultur, ohne religiös zu sein. Viele Brücken und Verbindungen ergaben sich zu anderen Lebensformen, so dass manche Traditionen vergessen und andere integriert wurden.

Doch außer einer religiösen findet sich ebenso eine ethnische Begründung des Judentums: zum weltweit zerstreuten jüdischen Volk gehörig. Dabei spielen besonders Traditionen und Kultur eine große Rolle, wie sie sich in einer Familie oder Freundschaft angesammelt haben. Schabbat wird gefeiert, ohne in die Synagoge zu gehen. Das Purim- oder das Laubhüttenfest dürfen nicht fehlen und vor allem wird die traditionelle Musik gepflegt. Oft sind die religiösen Zusammenhänge längst verblasst. Vergleichsweise findet sich das ebenso bei Festen wie Weihnachten, Ostern und Pfingsten, auf die auch Nichtchristen nicht verzichten, ohne deren Wurzeln zu kennen.

Damit aber nicht genug. Der heutige Staat Israel versteht sich als »Nationalstaat des jüdischen Volkes«. Doch muss ein Staatsangehöriger Israels deswegen noch kein Jude sein, etwa ein »arabischer (muslimischer) Israeli«. Und umgekehrt: für Juden aus östlichen oder asiatischen Ländern wird der Begriff Mizrachim verwendet, also indische Juden oder arabische Juden. Es lässt sich trefflich darüber streiten, ob es ein jüdisches Volk – zerstreut in aller Welt – überhaupt gibt, wohl aber einen »Nationalstaat des jüdischen Volkes«, wie es im Nationalstaatsgesetz Israels von 2018 heißt. Von einer »jüdischen Nation« ist dort aber nichts geschrieben.[4]

Völlig in die Irre allerdings führt, von einer jüdischen Rasse zu sprechen. Eine Rassentheorie, wie sie im 19. Jahrhundert entwickelt und bis in die Mitte des 20. Jahrhunderts vertreten wurde, hat sich längst wissenschaftlich als haltlos erwiesen. Es

3 Vergleiche Deuteronomium (5. Buch Mose) 6,4–9.

4 Vgl. zu Israels Nationalstaatsgesetz: Stiftung Wissenschaft und Politik – Aktuell Nr. 50, September 2018.

gibt keine menschlichen Rassen, wohl aber ethnische Gruppen.[5] In zunehmendem Maße wird gegenwärtig darüber diskutiert, ob der Begriff Rasse aus internationalen Verträgen, aus der UNO-Menschenrechtskonvention, aus Verfassungen und auch aus dem Grundgesetz der Bundesrepublik Deutschland (Artikel 3) getilgt oder ersetzt werden muss. Die UNESCO hat bereits 1978 von dem Begriff »Rasse« Abschied genommen. Amnesty International verzichtet völlig auf diesen Begriff. Gelegentlich wird der Begriff »Ethnie«, also Volkszugehörigkeit, verwendet, aber der hat auch ein anderes Bedeutungsumfeld.[6]

Die Rassentheorie, vor allem die biologisch konzipierte, wurde im Nationalsozialismus durch die Nürnberger Gesetze von 1935 zur Ideologie erhoben, die schließlich in den Holocaust führte. Es galt, die »arische Rasse« als die wertvollere zu schützen und »artfremde Rassen« wie die Juden oder Schwarze aus dem »Erbgut« des »arischen« Volkes zu entfernen. Wer im »Dritten Reich« als Jude galt, wurde durch die Abstammung definiert. Danach war ein Jude, wer von vier oder drei der »Rasse« nach »volljüdischen« Großeltern abstammte oder zwei jüdische Großeltern hatte und selbst der jüdischen Glaubensgemeinschaft angehörte. Diese Rassentheorie brachte dann auch »Halb- und Vierteljuden« sowie »Mischlinge ersten und zweiten Grades« hervor.

Wer also ist ein »Jude«, eine »Jüdin« oder ein »jüdischer Mitbürger«? Jede und jeder sollte sich gut überlegen, was sie oder er sagt, wenn diese Begriffe verwendet werden: Wen meine ich, wenn ich von oder über »Juden« rede – insbesondere »jüdische Mitbürger«. Viele dieser Mitbürger in der Zeit des Nationalsozialismus waren gar keine Juden, weder im religiösen noch soziologischen oder nationalen Sinn. Manche hatten ihren tradierten Glauben einfach abgelegt. Der rechtliche Status der Juden wurde vielmehr grundlegend verändert: Nicht die religiöse Zugehörigkeit zum Judentum, sondern eine angebliche Zugehörigkeit zu einer »Rasse« wurde entscheidend. Die in Wernigerode lebenden Mitbürger hatten hier weder eine Synagoge noch einen Rabbi. Es ist noch nicht einmal bekannt, ob sie eine jüdische Kultur pflegten oder ob sie der jüdischen Gemeinde in Halberstadt angehörten. Einige waren bekennende Christen. Sie waren seit langer Zeit Deutsche und die meisten sogar stolz darauf. Alle aber hatten sie jüdische Vorfahren.

Es hat sich im deutschen Sprachgebrauch eingebürgert, sie dennoch »jüdische Mitbürger« zu nennen. Eine Mediendebatte hat im Februar 2022 der Eintrag im Duden bei dem Begriff »Jude« ausgelöst: Statt »Jude« sei es besser, den Begriff »jüdischer Mitbürger« zu gebrauchen. Dem hat der Präsident des Zentralrates der Juden in

---

5 »Festzulegen, welche taxonomische Unterschiedlichkeit bzw. genetische Differenzierung ausreichend wäre, um Rassen bzw. Unterarten zu unterscheiden, ist aber rein willkürlich und macht damit auch das Konzept von Rassen/Unterarten in der Biologie zu einem reinen Konstrukt des menschlichen Geistes.« Aus der »Jenaer Erklärung. Das Konzept der Rasse ist das Ergebnis von Rassismus und nicht dessen Voraussetzung« (2019).

6 Vgl. hierzu auch die völlig verschiedene Bedeutung von »race« im Englischen und »Rasse« im Deutschen.

Deutschland, Josef Schuster, widersprochen: »Das Wort ›Jude‹ ist für mich weder ein Schimpfwort noch diskriminierend.« und ›Jude‹ oder ›Jüdin‹ ist die Bezeichnung, die Augenhöhe signalisiert wie zum Beispiel ›Katholik‹ oder ›Protestant‹. Das ist besser als Formulierungen aus vermeintlich großzügiger Toleranz gegenüber Menschen, von denen man sich letztlich doch abgrenzen will.« Sollte nicht darüber nachgedacht werden, ob der Ausdruck »jüdische Mitbürger« wirklich angemessen und gerechtfertigt ist, weil er unreflektiert die nationalsozialistische Sprache übernimmt? Nazis haben nicht die jüdische Religion verfolgt, sondern eine sogenannte »jüdische Rasse«.[7] Jene deutschen Mitbürger wurden gedemütigt und gequält, bis die meisten von ihnen in Konzentrationslager und Gaskammern geschickt wurden. Diese Mitbürger, die jüdische Vorfahren hatten, waren nach der Rassenideologie keine Menschen mit »deutschem oder artverwandtem Blut«, sondern »Fremdblütige«, in deren Adern »artfremdes«, eben jüdisches Blut floss. Ihnen wurden rassistische Merkmale zugelegt, bestimmte Verhaltensmuster und Eigenschaften, die bis heute einen Antisemitismus prägen.

Für Jean-Paul Sartre sind Vererbung oder Rasse »nichts anderes als ein dummes wissenschaftliches Mäntelchen für diese primitive Überzeugung«. Er meint den Antisemitismus und fügt hinzu, ein Antisemit ist ein Mensch, »der Angst hat«. Warum? Weil er die Wahrheit nicht ertragen kann, die immer aus einer Spannung entsteht: gesammelte Erfahrungen einerseits und neue Wahrnehmungen andererseits. Dann ist es nötig, einen eigenen Irrtum zu korrigieren und offen zu sein für neue Einsichten. Der Antisemit scheut solche Auseinandersetzung und bleibt in seinem geschlossenen System verhaftet. Antisemitismus entsteht, wo die eigene Weltanschauung eben nicht infrage gestellt wird.

Woran wird heute ein Jude erkannt? Wenn er sich selber offen als Jude bekennt und etwa eine Kippa trägt. Jedenfalls nicht – falls er sich nicht zum orthodoxen Judentum bekennt – an Äußerlichkeiten wie Kleidung oder Schmuck. Nicht jeder, der ein Kreuz an einer Kette um den Hals trägt, ist ein Christ. Das gleiche gilt für jene, die einen Davidstern tragen. Im Straßenbild, auf der Arbeitsstelle, im Konzert, in der Kneipe, ja auch in der Schule ist ein Jude nicht erkennbar, sofern er sich nicht selber als solcher outet. In Deutschland leben knapp 100 000 Jüdinnen und Juden, in Sachsen-Anhalt etwa 1300. Jüdische Gemeinden gibt es in Halle, Magdeburg und in Dessau. Es ist nötig, sich selbst zu fragen: Kenne ich eine einzige Jüdin, einen einzigen Juden?

Im Jahr 2021 wurden 1700 Jahre jüdisches Leben in Deutschland gefeiert. Ja, bei Veranstaltungen, in Vorträgen, bei Konzerten, Besuchen auf Friedhöfen, an Gedenkorten, an den Stolpersteinen hier und da – auch in Sachsen-Anhalt. Doch gab es wirklich Begegnungen mit Juden?

Im Deutschlandfunk[8] konnte man am Ende des Jahres einer Familie in Köln zuhören: Der Vater ist Katholik, die Mutter Jüdin, die als »Kontingentflüchtling« aus

7 Bei der Volkszählung im Mai 1939 wurde bei den Ergänzungskarten ausdrücklich in den Erläuterungen darauf hingewiesen: »Maßgebend ist allein die rassenmäßige, nicht die konfessionelle Zugehörigkeit« (gefragt wurde nach den vier Großeltern).

Moskau zugezogen ist. Sie haben zwei Töchter: die ältere Nastasia und die jüngere Katharina. Es wird gerade das jüdische Chanukka-Fest gefeiert. Der christliche Vater meint: Wir feiern eigentlich »Weihnukka«, nicht parallel, sondern zugleich und haben darin »unsere eigene Welt gefunden«. Nastasia stellt fest: »Ich bin jüdisch auf jeden Fall, nicht christlich; aber das ist eine Identitätsfrage und die ist offen. Ich bin damit nicht fertig.« Katharina stimmt ihr zu: »Ich bin auch jüdisch, feiere aber auch die christlichen Feste mit meiner Familie. Heiligabend um den Baum stehen, alles ist dunkel, die Kerzen brennen – das ist ein gutes Gefühl. Ich bin Jüdin, aber nicht religiös, gehe in eine katholische Schule, wo wir jeden Morgen beten. Ich bin keine richtige Jüdin, wir feiern den Schabbat nicht.« Und schließlich ergänzt die jüdische Mutter: »Nicht der Unterschied ist wichtig. Wir suchen das Gemeinsame, den Ursprung. Es ist doch alles eins.« Wir leben und pflegen verschiedene Traditionen.

In derselben Sendung erläutert Dr. Andreas Nachama, Rabbiner und Historiker in Berlin, auf die Frage, warum er manchmal, aber nicht immer die Kippa trage: »Die Kippa trage ich als Rabbiner, wenn ich bete, in der Synagoge. Aber wenn ich als Historiker einen Vortrag halte, benutze ich die Kippa nicht. Jeder Mensch hat mehrere Identitäten. Als Juden und Christen können wir in Freundschaft und mit Worten miteinander streiten und nach einem Weg in eine gewaltfreie Zukunft für alle suchen.«

Es ist überhaupt nicht einfach, von »jüdischen Mitbürgern« zu sprechen, von Menschen, die als Nachbarn miteinander lebten, feierten, spielten, die den Alltag und die Kultur mitprägten, die stolz waren, Deutsche zu sein, die das gemeinsame Leben bereicherten und bereichern.

Vor fast 90 Jahren war auf einmal Heinrich Heine kein deutscher Dichter mehr, sondern ein Jude. Und der Maler Max Liebermann auch, und Felix Mendelssohn-Bartholdy und Siegmund Freud und Karl Marx und Leonhard Bernstein und Paul Ehrlich ebenso – und viele Ärzte, Kaufleute, Wissenschaftler, Künstler genauso. Ihre Bücher wurden verbrannt. Ihre Bilder waren »entartete Kunst«. Ihre Berufe wurden ihnen genommen. Es waren Nachbarn, die zu Juden gemacht, ausgebürgert, enteignet und als »Artfremde« in vielen Fällen schließlich ermordet wurden.

In Wernigerode lebten unter den damals rund 34 000 Einwohnern nur etwa dreißig Menschen mit jüdischen Wurzeln, eine verschwindend kleine Zahl. Nur wenige Mitbürger kannten ihre jüdische Herkunft, Kinder saßen neben ihnen auf der Schulbank, spielten mit ihnen auf der Straße, andere feierten mit ihnen die Feste, grüßten sie auf der Straße, gingen in ihre Geschäfte zum Einkaufen – und weinten, wenn einer von ihnen nicht mehr da war. Ihre Spuren – soweit überhaupt erkennbar – sollen nachgezeichnet werden. Ihrem Geschick und dem ihrer Familien soll nachgespürt werden. Sie waren Bürgerinnen und Bürger jüdischer Herkunft mitten unter uns.

---

8 Spurensuche – 1700 Jahre jüdisches Leben in Deutschland; Deutschlandfunk / Wochenendjournal am 11.12.2021; Autor: Henning Hübert. Aus der Sendung wird nicht wörtlich zitiert.

Verwendete Quellen und Forschungsstand

Die Quellen zu Juden bzw. Mitbürgern jüdischer Herkunft in Wernigerode sind äußerst schmal. Einiges ist im Landesarchiv Sachsen-Anhalt, Standort Wernigerode, bzw. im Landesarchiv Sachsen-Anhalt, Abteilung Magdeburg, anderes im Stadtarchiv Wernigerode bzw. in der Harzbücherei Wernigerode zu finden.

Wichtig für die alte Geschichte sind die beiden Urkundenbücher der Stadt Wernigerode, herausgegeben von Eduard Jacobs (1833–1919), Archivar und Leiter der gräflichen Bibliothek in Wernigerode. Der erste Band umfasst Dokumente bis 1460, der zweite die Zeit von 1461–1568.[9]

Walther Grosse (1880–1943), Amtsgerichtsrat in Wernigerode und langjähriger Vorsitzender des Harzvereins für Geschichte und Altertumskunde, hat auf Anforderung des von den Nationalsozialisten umstrukturierten Hygiene-Museums in Dresden – damals »Staatsakademie für Rassen- und Gesundheitspflege« – eine Zusammenstellung der Geschichte der Juden in Wernigerode in der Wernigeröder Zeitung von 1935 veröffentlicht.[10] Wichtige Quellen sind die Adressbücher der Einwohner von Wernigerode seit 1872, das letzte für unser Thema relevante von 1939/40.

Um die Geschichte der Juden in Wernigerode hat sich in der Zeit der DDR von 1949 bis 1990 niemand wirklich gekümmert. Das hängt mit der ideologischen Ausrichtung auf die »Geschichte der Arbeiterbewegung« und ihrer sogenannten führenden Kraft, der SED, zusammen. Unter den Verfolgten des Naziregimes wurden Juden zwar ebenso wie Zeugen Jehovas oder Homosexuelle und andere Gruppierungen genannt, aber ihre Geschichte nur nebensächlich beachtet und unter dem Begriff »Antifaschisten« einsortiert.

Das änderte sich nach der Friedlichen Revolution von 1989. Für Wernigerode besonders wichtig sind die Nachforschungen von Renate Goetz (Erzieherin und Stadträtin), die mit großer Akribie 1989 bis 1992 nach den Spuren der vertriebenen und verfolgten Bürger jüdischer Herkunft gesucht und Zeitzeugenberichte gesammelt hat. Das Ergebnis ihrer Suche liegt als kopiertes Manuskript in der Harzbücherei vor und wurde sehr verkürzt in einer kleinen Broschüre 1992 veröffentlicht.[11] Die engagierte Arbeit enthält aber einige Angaben, die später korrigiert werden mussten. Selbst das vom Autor erarbeitete Faltblatt »Auf den Spuren jüdischen Lebens in Wernigerode. Ein Gedenkweg zu den Stolpersteinen«, herausgegeben von der Wernigeröder Tourismus GmbH (2015; 2. Auflage 2018), ist nicht frei von Fehlern, da die Forschung weitergegangen ist.

---

9 Jacobs, Eduard: Urkundenbuch der Stadt Wernigerode, Bd. 1 und 2, Halle 1885 und 1891.

10 Diese Geschichte widmet sich vorwiegend der historischen Entwicklung, obwohl Walther Grosse ein bekennender Vertreter der nationalsozialistischen Ideologie gewesen ist.

11 Ähnlich auch ihr Beitrag in: Jutta Dick / Maria Sassenberg (Hg.): Wegweiser durch das jüdische Sachsen-Anhalt, Potsdam 1998, S. 190–195.

Die Darstellung von Georg von Gynz-Rekowski (»Geschichte der Juden in Wernigerode«, maschinenschriftlich 1989) beruht auf Grosses Ausarbeitung. Leider hielten seine Ergänzungen einer historischen Prüfung weitgehend nicht stand. Bekannt ist seine fehlerhafte Deutung, dass die Pogromnacht 1938 in Wernigerode nicht stattgefunden habe, weil das Adressbuch von 1939 keine hier wohnenden jüdischen Familien nachweist – was allerdings nur teilweise richtig ist.

Auf Grosses Ausarbeitung beruht auch eine kurze Darstellung zur Geschichte der Juden von Kurt-Dieter Möse in der Neuen Wernigeröder Zeitung Nr. 13/1993.

Die Ausarbeitung von Hermann Dieter Oemler (1939–2011), Fotograf und Heimatforscher, mit dem Titel »Geschichte der Juden in Wernigerode« (unveröffentlichtes Manuskript in der Harzbücherei Wernigerode, 2000) ist eine hilfreiche Sammlung, die vorwiegend auf den Urkundenbüchern von Eduard Jacobs beruht. Aber die sonstigen Quellenangaben sind leider sehr ungenau und teilweise fehlerhaft, so dass sie sich kaum nutzen lassen.

Der Landesverband Jüdischer Gemeinden Sachsen-Anhalt hat 1997 (Oemler Verlag Wernigerode) eine »Geschichte jüdischer Gemeinden in Sachsen-Anhalt. Versuch einer Erinnerung« herausgegeben, in der auf wenigen Seiten (S. 265–269) nur einige Anmerkungen zu Juden in Wernigerode gesammelt sind.[12]

Heutige Forschungen ermöglichen Berichtigungen und Ergänzungen durch Recherchen in allgemein zugänglichen Archiven. Dazu zählen

- Zentrale Datenbank der Namen der Holocaustopfer von Yad Vashem (seit 2004),
- Gedenkbuch des Bundesarchivs für die Opfer der nationalsozialistischen Judenverfolgung (seit 2006),
- Ausbürgerungslisten deutscher Staatsangehöriger 1933–1945 im Reichsanzeiger[13],
- Ergänzungskarten zur Volkszählung am 17. Mai 1939 im Bundesarchiv[14] und
- Deportationslisten in Ghettos und Konzentrationslager.[15]

Bei aller peniblen Präzision der Statistik des Holocaust durch Beamte im nationalsozialistischen Deutschland sind auch immer wieder Schreibfehler entstanden. Namen sind unvollständig oder verändert, Geburtsdaten enthalten Zahlendreher, Ortsbezeichnungen fehlen gelegentlich. Daraus entstehen Verwechslungen oder Ungereimtheiten, die hier so gut wie möglich aufgeklärt oder berichtigt wurden.

---

12 Ignatz Bubis (1927–1999), früherer Vorsitzender des Zentralrates der Juden in Deutschland, weist darauf hin, dass dieses Buch, »Ergebnis eines ABM-Forschungsprojektes […] in Umfang und Komplexität bislang ohne Beispiel im Land Sachsen-Anhalt« ist.

13 Michael Hepp (Hg.): Die Ausbürgerung deutscher Staatsangehöriger 1933–45 nach den im Reichsanzeiger veröffentlichten Listen. Band 1: Listen in chronologischer Reihenfolge, Band 2: Namensregister, Band 3: Register der Geburtsorte und der letzten Wohnorte, München 1985–2013.

14 BArch Potsdam, R 1509 (Reichssippenamt); auch in Mapping the Lives unter www.mappingthelives.org.

15 Digital zugänglich unter www.statistik-des-holocaust.de.

Problematisch – wenn auch wichtig und aufschlussreich – sind Zeitzeugenberichte. Oft trügt die Erinnerung nach vielen Jahren. Soweit durch andere Quellen Fehler entdeckt wurden, sind sie sorgfältig berichtigt.

Zu wenigen Personen sind Artikel bzw. Beiträge in Fachzeitschriften veröffentlicht. Vieles bleibt lückenhaft und lässt sich nicht mehr rekonstruieren. Anderes ist belegt und bestätigt, kann erzählt und berichtet werden. In der vorliegenden Ausarbeitung geht es um Familiengeschichten derer, die mit uns in Wernigerode gelebt haben. An diesen sehr unterschiedlichen Lebenswegen und Ereignissen – manchmal nur mit wenigen Daten nachvollziehbar – werden Einblicke in eine dunkle Zeit deutscher Vergangenheit möglich, die einer ausschließlich historischen Analyse und Untersuchung kaum gelingt.

Dankbar ist der Autor dafür, dass einige der heute noch lebenden Familienangehörigen ihm auf Anfragen bereitwillig Auskünfte gegeben haben oder auch in Briefen und Telefonaten Einzelheiten zur eigenen Familiengeschichte erzählten. Leider ist dies in einigen Fällen nicht möglich gewesen, weil sich die Spuren verloren haben.

Auf ein eigenes Quellenverzeichnis wird verzichtet. Nachweise finden sich jeweils in den Fußnoten der einzelnen Beiträge.

Aus der Geschichte der Juden in Wernigerode[16]

Von den Anfängen bis zum Ausgang des Mittelalters

Wie fast überall in den deutschen Landen siedelten sich nach der Stadtgründung 1229 auch in Wernigerode einzelne Juden an. In Halle, Magdeburg und Halberstadt gab es bereits seit dem 9. Jahrhundert größere jüdische Gemeinden mit Synagogen und Friedhöfen.

Seit der Mitte des 14. Jahrhunderts sind Juden in der Grafschaft Wernigerode nachweisbar. Ihre Namen tauchen jedenfalls in Urkunden auf, in denen es um Geldgeschäfte geht. Das ist nicht überraschend, denn einem Christen war der Handel mit Geld – jedes kleinste Gebiet hatte seine eigene Währung – und das Zins-Nehmen untersagt. Welche Gewerbe Juden in der Grafschaft sonst betrieben, ist nicht bekannt. Für ihre Geschäfte hatten die Juden einen »Judenzins« zu zahlen, der vorwiegend für soziale Zwecke verwendet wurde.

Mitten in der Altstadt Wernigerodes gab es seit 1403 eine kleine, enge Gasse, die den Namen »Joddenstrate« trug, nach dem Stadtbrand von 1528 latinisiert »platea Judaeorum«. Dabei handelt es sich um die heutige Oberengengasse im Zentrum der Altstadt nahe dem Rathaus. In einem städtischen Erbzinsregister von 1538 wird auch »der jueden kirchhoeffe« (also Friedhof) genannt. Es ist aber bis heute unbekannt, wo der überhaupt gelegen haben kann.[17]

16 Auszug aus einem Vortrag in der Hochschule Harz am 12.1.2016 (Generationenhochschule) von Peter Lehmann: Geschichte und Geschichten über Wernigeröder Bürger jüdischer Herkunft (hier bearbeitet).

Von Problemen, Streitigkeiten, Anzeigen oder ähnlichem ist bis zum Beginn der Neuzeit im 16. Jahrhundert nichts bekannt. Offensichtlich gab es nicht einmal zehn jüdische Männer, damit sich in Wernigerode eine jüdische Gemeinde bilden konnte. Eine Synagoge wurde darum nie gebaut und ein entsprechender Gebetsraum niemals eingerichtet. Man hielt sich nach Halberstadt oder nach Derenburg, wo es eine jüdische Gemeinde gab. In Wernigerode lebten Juden und Christen miteinander und nebeneinander.

Vertreibung 1592 und eingeschränktes Bürgerrecht seit 1847

Das sollte sich bald ändern. Seit 1589 war Graf Wolf Ernst zu Stolberg (1546–1606), der die fürstliche Bibliothek begründete und den Lustgarten anlegen ließ, alleiniger Herr der Grafschaft Wernigerode. Offensichtlich im Zusammenhang mit dem Entwurf einer Kirchenordnung für die Grafschaft verfügte Wolf Ernst 1592 die Ausweisung sämtlicher Juden aus der Grafschaft. Ein Bericht aus Altenrode (Darlingerode) vermerkt, dass den »Jüden Befehl getan, dass sie sich zwischen diesem und nächsten Bartholomae [also 24. August] packen sollen«. Über die Gründe dieser Ausweisung ist nichts bekannt.

Bis in die zweite Hälfte des 19. Jahrhunderts hatten Juden in der Grafschaft Wernigerode kein Wohnrecht, lediglich ein beschränkter Handel von Juden aus Halberstadt und Derenburg wurde bewilligt. Heinrich Ernst zu Stolberg (reg. 1639–72), Graf in Wernigerode, wird »nachgerühmt«, er habe »nicht einmal eigentlich concessionierte Juden dulden wollen«.

1676 forderte die Tuchmachergilde den städtischen Rat auf, »schädliche[n] Juden« eine »Vergleitung« (Duldung) zu versagen, denn sie hätten »an denen orten, da sie frey handeln mögen, schaden getan«. Der Rat wandte sich sofort an den Grafen, erinnerte an dessen Vater, der Juden nicht habe dulden wollen und bat darum, dass die »Grafschaft von allem Judengeschmeiß uninficierten bleiben« und die Untertanen wie bisher »bey ihren privilegiis unverrückt ohne eintzigen Jüdischen eintrag geschützt werden mögen«.

Dennoch wurde einigen wenigen »bewährten Juden« (erst zehn, später nur noch zweien) zumeist aus Derenburg (Regensteiner Gebiet) das Privileg erteilt, bei »gewöhnlichen Jahrmärkten zu kaufen und zu verkaufen«. Dafür war ein Schutzbrief zu erwerben und Schutzgebühr sowie Leibzoll zu bezahlen. Gegenüber solchen »Schutzjuden« traf das Niederlassungs- und Handelsverbot in der Grafschaft die »gemeinen Juden« (»gemein« im Sinn von »allgemein«) bei weitem härter.

Noch 1736 – zu einer Zeit, als die Grafschaft Wernigerode bereits zum Königreich Preußen gehörte – wurden die Stadt und die Torschreiber angewiesen, Juden »genauestens zu examinieren«, damit »dergleichen Gesindel sich in unseren Landen

17 Die Lage am »Kegelkopf« (früher »Kefferberg«) gegenüber dem Friederikental zu verorten, abgeleitet von der jüdischen Bezeichnung »Keferlucht« für Friedhof, führt in die Irre. Eine Urkunde von 1463 weist auf Hopfenland, »gelegen in der Keverlucht« am Kloster Himmelpforte hin.

auch nicht ferner herumtreiben müsse, sondern selbige gäntzlich davon gesäubert werden«. Oftmals wurden den jüdischen Händlern, die mit Kurzwaren von Haus zu Haus gingen, ihre Waren konfisziert.

Die den Juden gegenüber liberale Politik des Großen Kurfürsten Friedrich Wilhelm (1620–1688) in Preußen, dann erst recht unter den preußischen Königen bis zu Friedrich II. (1712–1786), wurde in der Grafschaft zurückgewiesen. Die preußischen Judenedikte wurden nicht einmal veröffentlicht, »weil in dieser Stadt und Grafschaft kein einziger Jude wohnhaft ist«, heißt es 1747.

Ebenso erging es dem im Zuge von Aufklärung und Französischer Revolution in Preußen erlassenen Judenedikt von 1812, mit dem Juden nicht mehr als Fremde angesehen, sondern zu preußischen Staatsbürgern wurden, wenn auch mit eingeschränkten Rechten. Das Edikt galt nicht in der Grafschaft. Noch 1846 vermerkt Graf Henrich (1772–1854) eigenhändig an einem entsprechenden Ersuchen: »Da bis jetzt glücklicherweise noch keine Juden in der Grafschaft Wernigerode ansässig sind, geht diese Aufforderung bloß ad acta.«

Mit der Neuregelung »über die Verhältnisse der Juden« durch das preußische Gesetz von 1847 – Juden wurden jetzt auch für Staatsämter zugelassen – und nach dem Tode von Graf Henrich änderte sich die Situation in Wernigerode: Noch 1852 wurde die Niederlassung von Moses Löwenstein abgelehnt. Aber 1859 erhielt Aron Hirsch, der von Halberstadt nach Ilsenburg gezogen war, die Konzession für das Betreiben der dortigen Kupferhütte.

Seit 1862 verfügte die königlich-preußische Provinzialregierung in Magdeburg, jährliche Verzeichnisse über in den Städten wohnhafte Juden vorzulegen. Aus Wernigerode wurden keine Listen eingereicht. Nach einer Fristsetzung von vierzehn Tagen erfolgte eine erste Meldung 1874.[18] Das Verzeichnis nennt fünf jüdische Familien mit insgesamt achtzehn Personen bei rund 7000 Einwohnern. Im letzten Verzeichnis von 1884 werden neun jüdische Familien mit 26 Personen genannt. Namentlich bekannt sind fünf Familien, die auch in den Adressbüchern zu finden sind:

- Julius Cohn, erst Trödelhändler, dann Kaufmann, Schuh- und Stiefelgeschäft, Oberengengasse 6,
- Isidor Meyerstein, Kaufmann, Westernstraße 7,
- Gustav Reichenbach, Kaufmann, Breite Straße 7,
- Gustav Salzmann, Kaufmann, Burgstraße 9,
- Adolf Spitzer, Handelsmann, Unterengengasse 18.[19]

Die Familien Cohn, Meyerstein und Spitzer finden sich am Ende des 19. Jahrhunderts nicht mehr in den Adressbüchern, wohl aber Reichenbach und Salzmann.

---

18 Stadtarchiv Wernigerode WR II 8394.

19 Durchweg werden hier die heutigen Straßennamen und Hausnummern genannt, um die Gebäude identifizieren zu können. In älteren Dokumenten weichen sie sehr oft voneinander ab.

Da die in Wernigerode wohnenden jüdischen Familien keine eigene Gemeinde bildeten und auch über keine eigene Synagoge verfügten, weil sie die für einen Gottesdienst erforderlichen zehn religionsmündigen Männer[20] nicht zusammenbrachten, verfügte die Königliche Regierung in Magdeburg 1879, dass »die hier [in Wernigerode] lebenden Juden in die Synagogengemeinde Derenburg aufgenommen werden«.[21] Durch Unterschrift bestätigten Reichenbach, Salzmann, Spitzer, der inzwischen zugezogene Sochaczewer und Meyerstein, davon Kenntnis genommen zu haben.

Nicht jeder Jude ist ein Jude – die Situation im 20. Jahrhundert

Zu Beginn des 20. Jahrhunderts lebten 41 Juden, die Kinder mitgezählt, in Wernigerode. Sie bildeten 1913 mit denen aus Derenburg und Heudeber eine jüdische Bundesgemeinde. Ihre nächstgelegene Synagoge befand sich in Halberstadt. Einige waren Handwerker, andere Händler, noch andere Geschäftsleute und Unternehmer. Aber die wenigsten hielten sich zur Synagogengemeinde. Die meisten waren längst assimiliert oder auch säkularisiert, auf jeden Fall in die Bürgergemeinde der Stadt integriert. Einige hatten sich taufen lassen und hielten sich zu den christlichen Gemeinden. Aus welchem Grunde sich aber die Zahl jüdischer Bürger bis auf 22 im Jahr 1925 verminderte, lässt sich nicht feststellen.

Eine Fluktuation ist dadurch zu erklären, dass Familien nur kurzzeitig in der Stadt wohnten, weil sie besonders nach dem Ersten Weltkrieg auf Arbeitssuche waren oder sich ihre Lebensplanung durch Heirat veränderte. Nach allem, was bisher bekannt ist, gab es keine Auswanderungen, jedenfalls nicht vor 1933. Der zionistischen Bewegung, die von dem Publizisten und Journalisten Theodor Herzl durch seine Schrift »Der Judenstaat« (1896) aufgrund seiner Beobachtungen während der Dreyfus-Affäre in Frankreich entstanden ist, hat sich niemand angeschlossen. Jedenfalls ist nicht nachzuweisen, dass Wernigeröder Juden nach Palästina ausgewandert sind.

Wie die meisten europäischen Juden gerieten auch die Wernigeröder in das Blickfeld der Anhänger einer Rassentheorie. Sie war – angestoßen durch Darwins Evolutionstheorie – in der zweiten Hälfte des 19. Jahrhunderts von Houston Stewart Chamberlain und den Sozialdarwinisten entwickelt worden. Verbunden mit Rassenhygiene und Eugenik übernahm sie Adolf Hitler während seiner Festungshaft 1923/24 in »Mein Kampf« als einen elementaren Bestandteil des Nationalsozialismus.

Noch vor dem Hitlerputsch 1923 war die NSDAP zwar in Preußen verboten worden, aber es gab eine Reihe von regionalen Ersatzgründungen. In Wernigerode agierte die »Mitteldeutsche Arbeiterpartei« unter Leitung des aus Bayern zugezogenen Schlossers Bernhard Reiter.[22] Gegen ihn gab es eine Anzeige am 5. September 1923 von Paul Engelmann: Am Abend des Vortages habe es am Westerntor einen Aufmarsch

---

20 Im Alter von zwölf oder dreizehn Jahren werden jüdische Jungen und Mädchen durch die Feier der Bar Mizwa bzw. der Bat Mizwa entsprechend dem Religionsgesetz zu Erwachsenen in der Gemeinde.

21 Stadtarchiv Wernigerode, WR II 8394 (Verhältnisse der Juden).

22 Kaufmann Salomon hatte mit ihm eine heftige Auseinandersetzung in der Presse, vgl. S. 149f.

von etwa 120 Mann unter Führung von Reiter gegeben, dabei wurde entgegen der schwarz-rot-goldenen Fahne der Weimarer Republik die schwarz-weiß-rote Fahne, ehemals Fahne des Kaiserreiches, jetzt aber nationalsozialistisches Kennzeichen der verbotenen NSDAP, mitgeführt. Dazu trugen mehrere Personen Stahlhelme mit dem Hakenkreuz und gesungen wurde das Freikorps-Lied (auch Lied im Kapp-Putsch): »Hakenkreuz am Stahlhelm, schwarz-weiß-rotes Band...« Am 8./9. September 1923 sollte eine Versammlung zum »Deutschen Tag« stattfinden.

Der Stadtrat, Bürgermeister Dr. Gepel und auch Landrat von Stosch wurden aktiv und erwarteten vom Regierungspräsidenten in Magdeburg, das Verbot sowohl der NSDAP als auch ihrer Nachfolgeorganisationen durchzusetzen. Arbeiter unter Führung der SPD haben dann am geplanten »Deutschen Tag in Wernigerode« Straßen gesperrt.[23] Mit Zügen anreisende nationalsozialistische Kameraden wurden am Aussteigen gehindert, andere umgeleitet und von der Polizei aus der Stadt »begleitet«. Es kam trotzdem zu Sachbeschädigungen und Terror gegen unbeteiligte Bürger – wie die Presse berichtete.[24]

Bernhard Reiter, der aus der Stadt floh und steckbrieflich gesucht wurde, wurde gefasst und in einem Prozess im Januar 1924 zu einer Geldstrafe von 30 Goldmark verurteilt. Im Prozess hatte er Geisteshaltung und Ziel der Nationalsozialisten klar zum Ausdruck gebracht: »An einem Aufstieg unseres Volkes ist nicht zu denken, wenn wir nicht die Macht des Judentums brechen.«

Bereits unmittelbar nach der Machtergreifung der Nationalsozialisten am 30. Januar 1933 wurde das Parteiprogramm der NSDAP von 1920 umgesetzt[25], in dem es unter Punkt 4 heißt: »Staatsbürger kann nur sein, wer Volksgenosse ist. Volksgenosse kann nur sein, wer deutschen Blutes ist, ohne Rücksichtnahme auf Konfession. Kein Jude kann daher Volksgenosse sein.« Einen Monat später am 1. April testete die neue Regierung die bereits während der Weimarer Republik angeheizte Stimmung der Bevölkerung mit dem Boykottaufruf: »Deutsche! Wehrt Euch! Kauft nicht beim Juden!« In Wernigerode betraf dies vor allem die Geschäfte von Fritz Reichenbach und Siegmund Rosenthal sowie von Sally Lewy in der Breiten Straße, aber auch das Geschäft von Benjamin (Willy) Löwenstein in der Burgstraße. Einschneidende Auswirkungen hatte dieser »Judenboykott« allerdings nicht. Das am 7. April erlassene »Gesetz zur Wiederherstellung des Berufsbeamtentums« diente dazu, jüdische und missliebige Beamte aus dem Dienst zu entfernen.[26] In Wernigerode betraf dies den

---

23 Vgl. hierzu Ralf Mattern: »Die schwarze Grafschaft ist rot!« – Die Chronik der Wernigeröder Sozialdemokratie 1848–2013, Wernigerode ^{2}2013; S. 212, 214–216.

24 Stadtarchiv Wernigerode WR II 9096.

25 Vgl. hierzu Peter Lehmann: Die Erforschung der NS-Zeit in Wernigerode – eine Problemanzeige, in: Harz-Forschungen, hg. vom Harz-Verein für Geschichte und Altertumskunde e. V., Bd. 33, Berlin/Wernigerode 2021, S. 215–221.

26 Der übereifrige Magistrat der Stadt wendete das Gesetz gleich noch auf Arbeiter und Angestellte der Verwaltung an (über vierzig Personen). Einige legten Widerspruch ein, aber die meisten wurden entlassen. Vorgang in Stadtarchiv Wernigerode WR II 9.767/1 (Sitzungen des Magistrats 1933).

Rektor des Lyzeums Dr. Paul Regensburger. Im Zuge der »Entjudung« und der »Arisierung« von Handel und Gewerbe wurden ab 1934 die Geschäftsleute aus dem Wirtschaftsleben bedrängt und verdrängt, bis sie schließlich zu Zwangsverkäufen getrieben wurden. Dies betraf die Bekleidungsgeschäfte Reichenbach, Rosenthal und Löwenstein, auch den umtriebigen Sally Lewy mit seinem breiten Sortiment von Waren des täglichen Bedarfs. Die Harzer Käsefabrik von Benno Russo musste ebenfalls schließen und wurde enteignet.

Bereits am 20. Februar 1933 war am Stadtrand in Richtung Ilsenburg in der ehemaligen Maulschen Schokoladenfabrik eine »SA-Führerschule der Gruppe Mitte« unter Oberführer Späing eingerichtet worden. Dieses »Erziehungs- und Schulungswerk« hatte die Aufgabe, Männer »zum Kämpfer und Soldaten, zum politischen Soldaten« auszubilden.[27] Die Truppe wurde aktiv, als es darum ging, den Rektor des Lyzeums Dr. Regensburger aus dem Amt zu entfernen, später auch, um Sozialdemokraten zu verprügeln und mit Schildern um den Hals durch die Stadt zu treiben.[28]

»Kristallnacht« in Wernigerode

Die Ereignisse des 9. November haben sich tief ins Gedächtnis von Demokraten eingebrannt.[29] Jährlich fanden Feiern statt. Am 9. November 1918 ging das Kaiserreich unter und in Berlin wurde die Republik ausgerufen. Aber ihr ging es von Beginn an nicht gut. Genau am 9. November 1923 putschte in München der Gefreite Adolf Hitler, das wiederum musste dann im »Dritten Reich« ab 1933 besonders gefeiert werden – eben auch 1938. Nur diesmal fand zwei Tage zuvor ein Attentat auf den deutschen Legationsrat vom Rath in Paris statt, das von den Nationalsozialisten genutzt wurde, um den vorbereiteten »Volkszorn« gegen Juden auszulösen. Noch am 8. November hatte die Wernigeröder Zeitung[30] zur »Gedenkstunde der Helden« von 1923 am »Denkmal des unbekannten SA-Mannes im Lustgarten« eingeladen. Die nächsten Tage waren voll von Berichten: Ein Schweigemarsch zog von der Burgstraße in den Lustgarten. Fahnen senkten sich. Das Horst-Wessel-Lied zum Ruhm der gefallenen Nazis von 1923 wurde gesungen. »Wir heben die Fahnen, die Toten leben!« Kranzniederlegung. »Verräter und Juden haben die Führung des Reiches an sich gezogen.« Und dann ein Fackelzug zum Markt… Schaurig, schwülstige Propaganda. Doch auch in den nächsten Tagen kein einziges Wort zum Pogrom in dieser Nacht!

---

27 Wernigeröder Zeitung und Intelligenzblatt am 14.3.1933.

28 Siehe unter Steigerwald, S. 159.

29 Vgl. dazu Wolfgang Niess: Der 9. November. Die Deutschen und ihr Schicksalstag, München 2021.

30 Zu dieser Zeit war die »Wernigeröder Zeitung und Intelligenzblatt« die »meistgelesene Tageszeitung«, die vor allem das rechtsorientierte Lager der Parteien stützte. Bereits vor 1935 vereinigte sich diese Zeitung mit der »Harzer Post« und dem »Wernigeröder Tageblatt«, das als »christlich, national, sozial« firmierte.

Aber die Pogromnacht vom 9. auf den 10. November 1938 fand auch in Wernigerode statt. Die Scheiben der Textil- und Bekleidungsgeschäfte von Reichenbach und Rosenthal und des »Kramladens« von Sally Lewy in der Breiten Straßen klirrten und die Geschäfte wurden geplündert. Schon zuvor hatte die Handwerkerschaft des Kreises Wernigerode der Stadtverwaltung mitgeteilt: das »jüdische Konfektionsgeschäft Reichenbach geht am 1.10.38 in arischen Besitz über«. Der benachbarte Fritz Bode, an den Reichenbach sein Geschäft verkaufen musste, führte es allerdings erst 1939 weiter. Das war offensichtlich den vorwiegend aus Halberstadt kommenden SA-Horden überhaupt nicht bekannt. Bei den Gewaltexzessen hatten die Vorgesetzten das Aufgebot des »Volkszorns« gern in benachbarte Orte geschickt, weil die die örtliche Situation nicht so gut kannten.

Die »Wernigeröder Zeitung und Intelligenzblatt«, zugleich Wernigeröder Kreiszeitung, jubelte am 14. September 1938: »Wir haben [...] in unserer bunten Stadt nur noch Firmen und Geschäfte, die im Besitz und unter der Führung arischer Männer stehen.« Die Zeitung wunderte sich noch darüber, dass sich die jüdischen Geschäfte so lange haben halten können. Denn »über den Juden selbst und seine Geschäftspraktiken, über sein Wesen und seinen Charakter konnte doch bei keinem deutschen Mann und bei keiner deutschen Frau auch nur die leiseste Unklarheit bestehen; ebenso wenig aber kann sich irgendjemand darauf berufen, dass er nicht gewusst habe, was er begeht, wenn er bei Juden kauft oder mit Juden Geschäfte macht.«

Hans Bülow[31] schildert, wie seine Großmutter die SA-Männer vor Reichenbachs Geschäft zur Rechenschaft aufforderte. Sie solle besser schweigen, war die Antwort. »Sie wissen doch, Frau Bülow, Ihr Mann, seien Sie doch bloß stille. Wir haben mit der ganzen Sache nichts zu tun. Das waren die aus Halberstadt.« Der Großvater, Wilhelm Bülow, gehörte der bereits 1933 verbotenen und aufgelösten Johannisloge »Zur Eiche am Scharfenstein« der Freimaurer an. Drohungen und Einschüchterungen waren an der Tagesordnung.

Eine Zeitzeugin meinte, es wäre auffällig gewesen, dass nach jener Novembernacht einige Frauen von SA-Männern elegante Kleidung aus den geplünderten Geschäften trugen. Belegt ist, dass jüdische Schüler vom Fürst-Otto-Gymnasium entfernt wurden.

Die Kriminalpolizei Halberstadt ordnete am 10. November 1938 um 5:20 Uhr in einer Eilmeldung an: »Sämtliche arbeitsfähigen männlichen Juden sofort festnehmen. Es kommen nur Reichsdeutsche in Frage. Durchführung bis 6:00 Uhr heute früh. Fernmündliche Meldung an Stapo [Staatspolizei] Magdeburg unter Angabe der Anzahl und der genauen Personalien der Festgenommenen.«[32] Über eine solche Meldung nach Magdeburg ist nichts bekannt, wohl aber ein Vermerk, dass »sämtliche festgenommenen Juden mit Ausnahme der Staatenlosen« in das Polizeigefängnis Magdeburg überstellt worden sind. »Die Festnahmeaktion ist fort-

31 In einem Schreiben vom 26.4.1992 an die »Neue Wernigeröder Zeitung«; Privatarchiv Renate Goetz.

32 Stadt Wernigerode Stadtarchiv WR II-8357.

zusetzen. Staatenlose Juden bleiben bis auf weiteres in Haft.« Einige Verhaftungen sind belegt, etwa die von SPD-Stadtrat Willy Steigerwald, Pfarrer Bruno Benfey, Kaufmann Benjamin (Willy) Löwenstein und seinem Sohn Julius sowie Kaufmann Fritz Reichenbach, der auf dem anschließenden Transport in das KZ Buchenwald umgekommen ist.

Ein Vorgang im Umfeld der »Reichskristallnacht«, wie die Nationalsozialisten den Pogrom verharmlosend benannten, aus dem Jahr 1938/39[33] soll hier dargestellt werden:

Die Kreishandwerkerschaft teilte der Stadtverwaltung am 13. September 1938 mit, dass das »jüdische Konfektionsgeschäft Reichenbach« am 1. Oktober »in arischen Besitz übergeht«. Es sei ein Kundenregister angefordert worden, wer bei den Reichenbachs Kunde gewesen sei. »Da es doch wohl nicht angängig ist, dass Handwerksbetriebe, welche noch mit jüdischen Firmen in Verbindung stehen, für städtische Leistungen und Lieferungen in Frage kommen, bitten wir Sie, genannte Firmen in Ihrer Liste zu streichen und dieselben hiervon auszuschalten.«

Daraufhin stellte der Ausschuss für Bau und Liegenschaften nur drei Tage später fest: »Der Ausschuss steht einmütig auf dem Standpunkt, dass die Genannten von jeder städtischen Leistung und Lieferung bis auf weiteres ausgeschlossen werden sollen.« Daraufhin erstellte die Stadtverwaltung auf insgesamt 26 Blättern Listen mit Namen und Adressen von Kunden der Geschäfte Salomon, Reichenbach, Rosenthal und Löwenstein – rund 1200 Namen in Wernigerode, Ilsenburg, Elbingerode bis Kreis Wanzleben, darunter finden sich Mühlen und auch das Heeresverpflegungsamt Halberstadt.

Bürgermeister Fresenius sah sich veranlasst, am 1. Dezember 1938 an alle Betroffenen zu schreiben: »In einer mir von der NSDAP übersandten Kundenliste hiesiger jüdischer Geschäfte ist auch Ihr Name aufgeführt. Es widerspricht einer nationalsozialistisch eingestellten öffentlichen Verwaltung, solche Personen, die mit Judenfirmen in geschäftlicher Verbindung stehen, weiterhin für öffentliche Leistungen und Lieferungen zuzulassen. Ich sehe mich deshalb veranlasst, Sie auf die Dauer von fünf Jahren für die städtischen Leistungen und Lieferungen von sofort ab auszuschließen.«

Zu dieser Zeit gab es eigentlich keine jüdischen Geschäfte mehr, weil sie »arisiert« worden waren. Eine ganze Reihe von Unternehmern, die »mit Judenfirmen in geschäftlicher Verbindung stehen«, schrieben Proteste an die Stadtverwaltung. Einige Beispiele seien genannt:

Schornsteinfeger Freitag habe Probleme in seinem Kehrbezirk bekommen, weil seine Frau bei Reichenbach Inlettstoff gekauft habe.

Das Autohaus Ackert teilt mit: »Reichenbach ist bei mir sehr guter Kunde.« Die Verwaltung merkt bei der Prüfung an: »Ausschluss!«

33 Archiv Mahn- und Gedenkstätte Veckenstedter Weg Wernigerode: Boykott jüdischer Geschäfte / Akte V 1942 T / 911.

Der Inhaber des Geschäftes »Otto Heidenreich« – Stahlwaren, Gesundheits- und Pflegebedarf, Elektro-Medizin – erhebt Einspruch. Reichenbach sei bereits bei ihm Kunde gewesen, bevor er das Geschäft 1936 übernommen habe. Er habe aber seit seinem Eintritt in die Partei Reichenbach verboten, das Geschäft zu betreten. Dennoch merkt die Verwaltung an: »Ausschluss bleibt bestehen!«

Dipl.-Optiker Hartz, Westernstraße 8, habe als Vertreter der Hamburg-Amerika Linie wegen der Ausreise von Reichenbach 1 ½ Jahre verhandelt und jetzt den Auftrag an eine französische Firma verloren. Er habe zwar Reichenbach eine der teuersten deutschen Kameras verkauft, aber dessen Geschäft niemals betreten. Trotzdem merkt die Verwaltung an: »Ausschluss bleibt bestehen!«

Zahnarzt Dr. Wegener habe – da bislang nicht verboten – sowohl Reichenbach »gegen Waren« als auch Rosenthal »gegen einen Teppich« behandelt; er beantrage aber, dass die Stadt den Rosenthals, mit denen er in einem Haus wohne, die Wohnung zu kündigen. Anmerkung der Verwaltung: »besonders hässlich! Ausschluss bleibt bestehen«.

Weitere Einsprüche kommen von Landwirten, die bei Salomon Dünger kaufen. Selbst alte Parteigenossen beschweren sich, weil sie als Glieder des »Reichsnährstandes« zur Stärkung des deutschen Volkes beitrügen.

Landrat von Stosch teilte Ende Januar 1939 Bürgermeister Fresenius mit, Reichsminister des Inneren Frick[34] habe angeordnet, das unter Deutschen entstehende Denunziantentum zu unterbinden. Richtig aber sei, an der »legalen Ausschaltung der Juden aus der deutschen Wirtschaft« festzuhalten.

Am 21. Februar 1939 schließlich wird in nichtöffentlicher Sitzung der Gemeinderäte beschlossen, den Ausschluss von Aufträgen an Gewerbetreibende, die bei Juden gekauft haben, aufzuheben. Begründung: »Diese Maßnahme ist für die Betroffenen eine zu große Härte.« Am gleichen Tag teilt Bürgermeister Fresenius der Kreishandwerkerschaft mit: »mit sofortiger Wirkung aufgehoben«.

Selbstverständlich wurden in Wernigerode, in der der Stadtrat wie vielerorts Adolf Hitler am 28. März 1933 unter »Sieg-Heil«-Rufen zum »Ehrenbürger« ernannte, auch alle anderen Verordnungen und Maßnahmen, die das nationalsozialistische Regime gegen »Juden« verhängte, umgesetzt. Dazu gehörten vor allem die Gesetze, die auf dem sogenannten »Reichsparteitag der Freiheit« am 15. September 1935 in Nürnberg die Freiheit aller Menschen einschränkte, die jüdischer Herkunft waren: das »Gesetz zum Schutz des deutschen Blutes und der deutschen Ehre« und das »Reichsbürgergesetz«.

Das »Blutschutzgesetz« verbot die Eheschließung und den außerehelichen Geschlechtsverkehr zwischen Juden und Nichtjuden. Verstöße wurden als »Rassenschande« bezeichnet und mit Zuchthaus bedroht, stets für den männlichen Beteiligten, unabhängig davon, ob er Jude oder Nichtjude war. Dies betraf in Wernigerode

---

34 Wilhelm Frick wurde während der Nürnberger Prozesse 1946 hingerichtet.

den Kaufmann Max Kirschstein; ihm wurde nach einer Denunziation ein Prozess wegen »Rassenschande« angehängt. Als Jude galt jede und jeder, die oder der drei oder vier jüdische Großeltern hatte. Ein »Mischling 1. Grades« war, wer zwei jüdische Großeltern hatte, bei einem jüdischen Großelternteil handelte es sich um einen »Mischling 2. Grades«. Wer heiraten wollte, musste auf dem Standesamt den »Ariernachweis« vorlegen, der mit Urkunden die Abstammung jedes einzelnen belegte. Im ausgehändigten »Familien-Stammbuch« fand sich ein Beitrag mit dem Titel »Die Familie im Dienst der Rassenhygiene«, in dem es heißt: »Die rassenhygienischen Maßnahmen, die zur Erhaltung und Gesundung unseres Volkes nötig sind, sind zum großen Teil Aufgabe des Staates. […] Aber auch der einzelne Volksgenosse und das einzelne Ehepaar kann und muss dabei mithelfen.«[35] In jeder Familie, die während des »Dritten Reiches« gegründet wurde, war die Rassenpolitik des Staates und ihr Beitrag zu einer Spaltung der Gesellschaft in »brauchbare« und »unbrauchbare« Mitbürger bekannt. Und die meisten folgten dieser Ideologie.

Das »Reichsbürgergesetz«, eines der berüchtigtsten Nürnberger Rassegesetze von 1935, teilte die deutsche Bevölkerung ein in »Reichsbürger«, das sind »Staatsangehörige deutschen oder artverwandten Blutes« und »einfache« Staatsangehörige, das sind »Angehörige rassefremden Volkstums«. Hermann Göring, seit 1933 preußischer Ministerpräsident, wird der Satz zugeschrieben: »Wer Jude ist, bestimme ich!« Dabei ist nicht die Religionszugehörigkeit gemeint, sondern die Abstammung und Blutsverwandtschaft.

Um diese Spaltung der Gesellschaft auch äußerlich anzuzeigen, mussten die letzten in Wernigerode lebenden »Juden« wie im ganzen Deutschen Reich ab September 1941 den »Gelben Stern« tragen. Zu ihnen zählten Justizrat Emil Kaufmann in der Hornstraße und Rektor Dr. Paul Regensburger in der Lindenbergstraße. Beide lebten in einer sogenannten »privilegierten Mischehe«, weil ihre Frauen Christinnen und »deutschblütig« waren. Den »Gelben Stern« trugen auch das Ehepaar Russo, denen die Käsefabrik in der Feldstraße genommen wurde, und die 71jährige Delfine Spiro, Großmutter der Rosenthals. Die meisten anderen waren bereits deportiert und ermordet, einige wenige konnten fliehen und sich in Sicherheit bringen – fernab der Heimat. Nur von zwei oder drei Mitbürgern ist bekannt, dass sie nach dem Ende der nationalsozialistischen Diktatur noch einmal in Wernigerode gewesen sind.

Von denen, die als Bürgerinnen und Bürger unter uns lebten – gleich welchen Glaubens –, die eines Tages abgestempelt mit einem »J« in ihrem Ausweis aus unserer Mitte verdrängt, verachtet, verstoßen, vertrieben oder umgebracht wurden, soll erzählt werden. Manche ihrer Familiengeschichten ließen sich erkunden, andere haben sich im Laufe der Zeit allen Nachfragen verschlossen. Sie sind nicht vergessen. Ihrer gedenken wir gemeinsam.

---

35 Familienstammbuch der Familie, Verlag für Standesamtswesen GmbH Berlin (o. J. / 1937).

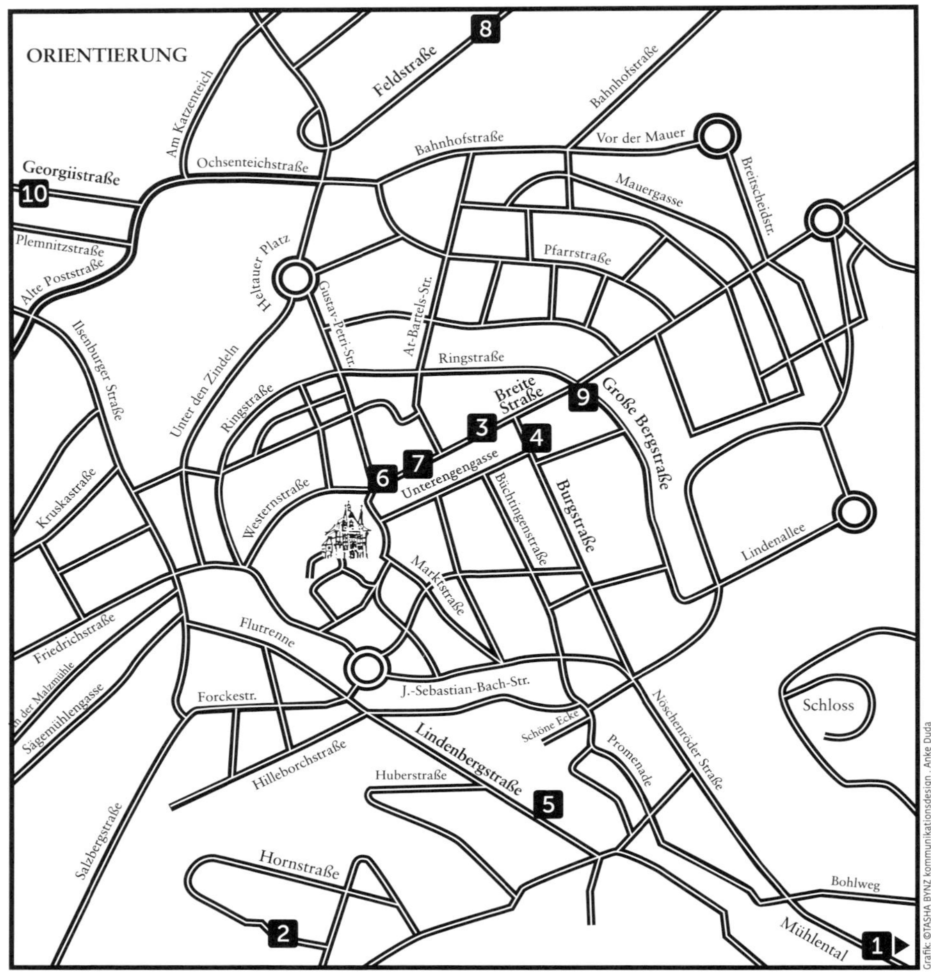

1 Mühlental 17 / Familie Benfey
2 Hornstraße 31 / Familie Kaufmann
3 Breite Straße 44 / Familie Lewy
4 Burgstraße 9 / Familie Löwenstein
5 Lindenbergstraße 19 / Familie Regensburger
6 Breite Straße 7 / Familie Reichenbach
7 Breite Straße 11 / Familie Rosenthal
8 Feldstraße 7 / Clara und Benno Russo
9 Große Bergstraße 1 / Familie Salomon
10 Georgiistraße 31 / Familie Steigerwald

Ehemalige Wohnstätten jüdischer Bürger in Wernigerode, an denen heute Stolperstein verlegt sind (Grafik: TASHA kommunikationsdesign, Anke Duda)

LEBENSGESCHICHTEN EINZELNER WERNIGERÖDER FAMILIEN

Wohnhaus der Familie Benfey in Wernigerode, Mühlental 17 (1937/38), Foto: Michael Lumme

Ein Jude auf der Kanzel? – Bruno Benfey*

Nur fünfzehn Monate zwischen 1937 und 1938 lebte der evangelische Pfarrer Bruno Benfey in Wernigerode. Hierher war er aus Göttingen gekommen, weil ihn dort eine aufgeputschte Menge wegen seiner jüdischen Herkunft verjagte und seine Kirchenleitung in Hannover ihn in den vorzeitigen Ruhestand schickte. In Wernigerode erlebte er die Pogromnacht vom 9. auf den 10. November 1938, in deren Folge er in das Konzentrationslager Buchenwald gebracht wurde. Er überlebte in den Niederlanden. Seine Lebensgeschichte ist ein eindrückliches Beispiel für die Folgen der menschenverachtenden Rassegesetze von 1935.

Bruno Benfey wurde als Sohn eines Ziegelei-Ingenieurs am 4. September 1891 in Rösrath östlich von Köln geboren. Seine Eltern waren Juden, hatten sich aber als Erwachsene taufen lassen. Da sich die Eltern scheiden ließen, lebte er bei seiner Mutter, wurde als Kind katholisch getauft, aber 1908 in Hannover mit fünfzehn Jahren evangelisch konfirmiert. In dieser Zeit besuchte er in Hannover das Gymnasium, bestand ein Jahr später das Abitur (1909) und schrieb sich als Student der Philosophie an der Universität in Göttingen ein. 1910 wechselte er an die Universität in Berlin und studierte Theologie. Am 7. März 1913 bestand er das Erste Theologische Examen mit dem Prädikat »gut« und wurde Kandidat der Evangelisch-Lutherischen Landeskirche Hannover. Zunächst lernte er in Bethel Krankenpflege und wirkte als »freiwilliger Vikar« in der Jugendpflege und sozialen Arbeit in Hannover. Dann wurde Bruno Benfey zu einem zweijährigen Studienkurs in das Predigerseminar in Loccum berufen. Sein Versuch, 1914 als Freiwilliger am Ersten Weltkrieg teilzunehmen, scheiterte wegen »körperlicher Untauglichkeit«. Aber als freiwilliger Krankenpfleger war er etwa ein Jahr in der Sanitätskolonne des DRK tätig.

Auf Anordnung seiner Kirchenbehörde kehrte Bruno Benfey 1915 in den kirchlichen Dienst zurück und legte seine Zweite Theologische Prüfung ab. Noch im gleichen Jahr wurde er zum »Pastor Cooperator« an der Johanniskirche in Hamburg (Altona) ernannt, kurze Zeit später nach Bremervörde versetzt und dort dem Superintendenten beigeordnet. Ende 1916 berief ihn die Rheinische Kirche in den Lazarett- und Krankenhauspfarrdienst in Düsseldorf. In einer Beurteilung von 1917 heißt es: »Herr P. Benfey ist ein Mann von großen Gaben. Gute theologische Durchbildung, Predigtgabe, fester Wille und großer Fleiß und klarer Blick sind ihm gegeben.«[1]

---

* Überarbeiteter und erweiterter Vortrag in der Friedensdekade am 12.11.2018 in Wernigerode.

1 Zitiert nach Rainer Hering: Benfey, Bruno, in: Biographisch-Bibliographisches Kirchenlexikon, Band 17, Bautz Herzberg 2000, Sp. 97–122. Zu Bruno Benfey vgl. auch Lindemann, Gerhard: Bruno Benfey; in: Ludwig, Hartmut, Röhm, Eberhard: Evangelisch getauft – als »Juden« verfolgt, Calw/ Stuttgart 2014, S. 48–49 und Personenlexikon zum deutschen Protestantismus 1919–1949, hg. von Hannelore Braun und Gertraut Grünzinger, Göttingen 2006.

Mit 25 Jahren heiratete Bruno Benfey 1916 in Barmen Anna Adele Sehlheim (12.7.1889–31.10.1932) aus Barmen. Sie hatten zwei Kinder: Bruno Georg Wilhelm (9.10.1917–14.10.2016) und Mechthild Elisabeth (27.11.1918–23.9.1978). Nach der Spanischen Grippe-Pandemie 1918/20 erkrankte seine Frau an Lungentuberkulose und starb 1932 nach vielen und langen Heimaufenthalten, die sie oft bei Freunden in der Schweiz verbrachte.

Bruno Benfey wurde kurz vor Kriegsende 1918 zum Pfarrer für kirchliche Jugendpflege in einen großen Kirchenbezirk zwischen Gelsenkirchen, Dortmund bis Hamm und Soest berufen. Damit wechselte er in die Westfälische Landeskirche. Er widmete sich schwerpunktmäßig der »Jugend-Evangelisation« und berichtete auf Tagungen über seine Erfahrungen in der Jugendarbeit. 1921 übernahm er die Pfarrstelle in Schlüsselburg bei Minden.

Da die Hannoversche Landeskirche wieder auf Bruno Benfey aufmerksam geworden war, holte sie ihn 1925 in das Landeskirchenamt mit dem Auftrag, die Jugendarbeit in der Wesermarsch zu organisieren.

1927 entwickelte Benfey in seiner Schrift »Das Jugendwerk der Kirche als Evangelisation« folgende Leitsätze[2] (hier gekürzt):

»Ein eigentliches Jugendwerk der Kirche besteht nur in Ansätzen, die von der zufälligen persönlichen Begabung und Bereitwilligkeit der Pastoren abhängig sind. […]

Das Jugendwerk der christlichen Jugendbünde […] ist teilweise bewahrende Pflege und teilweise einseitig persönliche Glaubensweckung. […]

Eine lebendige und allgemeine Jugendmission der Kirche ist die Voraussetzung für die Erhaltung der Volkskirche […]

Die kirchliche Jugendmission kann nicht als kirchliche Erwachsenenmission mit jugendlichen Vorzeichen aufgezogen werden. […]

Die Botschaft des kirchlichen Jugendwerkes ist das schriftgemäße persönliche Zeugnis vom lebendigen Gott, unter dessen Gericht die Welt und die Jugend steht und der durch Christus und sein Kreuz und Auferstehung die Gläubigen zur Freiheit und zur Gemeinschaft des Dienstes erlöst.

Zur Ausrichtung dieser Botschaft hat die Kirche … die Jugend zu sammeln… zum Aufbau einer volkskirchlichen Jugendgemeinde. Zur Durchführung dieser Aufgabe hat die Kirche die Förderung des kirchlichen Jugendwerks den Pastoren zur Amtspflicht zu machen, in jeder Stadt und jedem Kirchenkreis mindestens einen Pastoren anzustellen, der Eignung und haupt- oder nebenamtlichen Auftrag zur Jugendführung hat, die vorhandenen christlichen Jugendbünde […] zu stärken und sie zu gemeinsamer Arbeit zusammenzufassen, die tätigen und führenden Jugendlichen aus allen Kreisen zur Vertiefung und Mitarbeit heranzuziehen, die Gesamtjugend durch besondere regelmäßige und außerordentliche Veranstaltungen zur persönlichen Entscheidung für Christus, zur lebendigen Einfügung in die Gemeinde und zum Dienst der Kirche aufzurufen.«

2 Ebenda.

Das liest sich alles so, als ob Benfey sich auf neue Strukturen und eine veränderte Organisation von Jugendarbeit ausrichtet. Aber in jener Zeit mit allen gesellschaftlichen Umbrüchen in der Weimarer Republik und innerhalb der noch sehr »steifen« Kirche sind seine Vorschläge und Überlegungen fast schon ein revolutionärer Ansatz für die Arbeit mit Jugendlichen. Benfey nimmt die Kraft und Dynamik einer Gruppe in den Blick.

In vielen Artikeln kirchlicher Zeitschriften ging es ihm um eine neue Ausrichtung der Kirche: Weg von einem Individualismus und einer persönlichen Frömmigkeit hin zur Gemeinschaft der Glaubenden, zur Christusgebundenheit der Gemeinde und zu gottesdienstlicher Erneuerung. Dabei war er besonders von Karl Barth[3], dem Begründer der Dialektischen Theologie, geprägt.

Zum 1. August 1927 wurde Bruno Benfey mit 35 Jahren zweiter Pfarrer an der Göttinger Marienkirche, einer Gemeinde in schwierigen sozialen Verhältnissen, geprägt vor allem von Arbeitern der Reichsbahn, Handwerkern und Kleingewerbetreibenden. Auch hier war die Arbeit mit Jugendlichen sein Schwerpunkt. Inzwischen hatte er viele ökumenische Kontakte geknüpft, gehörte dem internationalen Versöhnungsbund an – einer spirituellen Bewegung, die sich (bis heute) aktiv für Gewaltfreiheit in Gesellschaft und Politik einsetzt – und ebenso dem Weltbund für internationale Freundschaftsarbeit der Kirchen – der sich für die Bewahrung des Friedens einsetzte und 1948 im Ökumenischen Weltrat der Kirchen aufging. Auf Einladung des Weltbundes für Internationale Freundschaftsarbeit reiste Benfey 1928 zusammen mit dem Ökumeniker, Sozialpädagogen und -ethiker Prof. Friedrich Siegmund-Schultze (1885–1969), dem späteren Bischof Otto Dibelius (1880–1967) und weiteren Kirchenvertretern nach England. Über diese Reise berichtete Benfey: »Mit Erfolg werden auf die Dauer an der Lösung der großen sozialen und internationalen Fragen nur solche Kirchengemeinschaften zusammenarbeiten können, die einander in ihrer besonderen geschichtlich gewordenen Eigenart kennen und ihrem tiefsten frommen Wollen verstehen gelernt haben.«[4] Der Gotteswille stehe über dem Machtwillen jedes Staates. Die Kirche habe eine Gemeinschaft des Vertrauens über die ganze Welt zu bilden.

Das alles weckte schon vor 1933 den Argwohn nationalsozialistischer Kreise in Göttingen. Sie sahen in ihm einen »international und links eingestellten Juden«. Bei seiner Berufung 1927 hatte er seine »jüdische Abstammung« nicht verhehlt. Aber schon da gab es bereits Einsprüche von einzelnen Gemeindemitgliedern.

Im August 1933 lernte er Sophie Kunert kennen, die sich während ihres Promotionsverfahrens an der Universität Hamburg bei einer Harzreise in Göttingen aufhielt. Zwei Jahre nach dem Tode seiner Frau Adele heiratete Bruno Benfey – jetzt 43 Jahre

3 Karl Barth (1886–1968) lehrte in Göttingen und später in Bonn. Er war Mitbegründer der Bekennenden Kirche (Barmer Erklärung 1934). 1935 entzog ihm das NS-Regime die Lehrtätigkeit. Barth zog in seine Heimat Basel, wo er bis zu seinem Tode lehrte.

4 Zitiert nach Rainer Hering: Benfey, Bruno, in: Biographisch-Bibliographisches Kirchenlexikon, Band 17, Sp. 97–122.

alt – am 2. Januar 1934 die Theologin Dr. phil. Sophie Kunert (1.3.1896-18.1.1960). Da sich der Göttinger Superintendent aus Angst vor politischer Missbilligung geweigert hatte, eine öffentliche Trauung des »nichtarischen« Pastors vorzunehmen, fand die Trauung in Lübeck, der Wohn- und Arbeitsstätte Sophie Kunerts, statt.[5]

Sie war in Berlin-Spandau geboren, Tochter des Studienrates Prof. Dr. Friedrich Kunert und seiner zweiten Ehefrau Auguste geborene Zapel. Aus gutbürgerlicher Familie stammend hatte sie gegen den Willen ihres Vaters zunächst Philosophie in Marburg studiert, später aber zur Theologie in Berlin gewechselt. Da ihr nach dem Examen entsprechend der damaligen Kirchenordnung ein pfarramtlicher Dienst verwehrt wurde, arbeitete sie zunächst als Direktionssekretärin bei Siemens, erhielt aber durch einen Kontakt zu Oberpfarrer Diestel die Erlaubnis zum seelsorgerlichen Dienst im Untersuchungsgefängnis Berlin-Moabit und wechselte kurze Zeit später als Fürsorgerin in den Hamburger Strafvollzug. Jahrelang kämpfte Sophie Kunert darum, ordiniert, also zum vollen Dienst im Pfarramt, zugelassen zu werden. Mit Einschränkungen stimmte die Kirchenleitung schließlich zu, so dass sie ab 1928 als »Pfarramtshelferin« in Gefängnissen nicht nur Gottesdienst halten, sondern auch das Abendmahl spenden durfte. An Sozialeinrichtungen und Schulen in Hamburg unterrichtete sie Sozialethik und Religion. Aufsätze und Vorträge machten sie weit über Hamburg hinaus als Frauenrechtlerin in Kirche und Gesellschaft bekannt, aber auch durch ihr Engagement für eine Resozialisation von Gefangenen, vor allem in Frauengefängnissen.

Als Sophie Kunerts Gefängnisabteilung nach Lübeck verlegt wurde, zog sie dorthin um. Aufgrund ihrer Erfahrungen mit Anstaltsarbeit und Strafvollzug wurde sie bald eine gefragte Referentin auf Fachkongressen in Frankfurt (Main) und in Wien.

Neben ihrer pfarramtlichen Tätigkeit in Gefängnissen belegte sie an der Hamburger Universität psychologische Vorlesungen bei William Stern. Noch bevor ihr Lehrer als »Nichtarier« des Lehrstuhls verwiesen wurde, promovierte Sophie Kunert bei ihm zum Dr. phil. im Oktober 1933.

Aufgrund von Differenzen mit der Anstaltsleitung, verbunden mit nationalsozialistischer Polemik gegen die Berufstätigkeit einer Frau, und einer längeren Erkrankung kündigte Sophie Kunert ihre staatliche Arbeitsstelle als Gefängnisseelsorgerin und beendete ihren Dienst im Februar 1934. Hinzu kam, dass sie im Januar geheiratet hatte und im März nach Göttingen umzog. Sie kam in einen Haushalt, dem Bruno Benfey bereits seit Jahren vorstand, da seine verstorbene Frau lange Zeit krank und wegen der Aufenthalte in Sanatorien meist abwesend war. Die beiden Kinder Bruno Georg (16 Jahre) und Mechthild Elisabeth (15 Jahre) waren Jugendliche, die sich an die Stiefmutter erst gewöhnen mussten. Mit Bruno jun. entwickelte sich bald ein inniges

5 Zu den nachfolgenden Ausführungen s. insbesondere Rainer Hering, Die Theologin Sophie Kunert, 1997 und Hering, Rainer: Eine widerständige Frau. Die Theologin Sophie Benfey-Kunert; in: Gailus, Manfred; Vollnhals, Clemens: Mit Herz und Verstand – Protestantische Frauen im Widerstand gegen die NS-Rassenpolitik, Göttingen 2013, S. 213ff.

Verhältnis, das mit Mechthild blieb zeitlebens gespannt. In das strenge Elternhaus zog ein neuer, liberaler Lebensstil ein. Die Jugendlichen wurden zur Tanzstunde geschickt, gelegentlich gab es alkoholische Getränke und auch Rauchen wurde erlaubt.

Wie anders war dagegen das gesellschaftliche Leben. Obwohl Bruno Benfey nicht nur christlich getauft, sondern auch Pfarrer geworden war, wurde er von den Deutschen Christen[6] wegen seiner jüdischen Herkunft angefeindet. Deshalb hielt sich Benfey seit 1933 kirchenpolitisch zurück. Als die Nationalsozialisten entsprechend dem Führerprinzip auch in der Kirche einen »Reichsbischof« forderten, unterstützte er Friedrich von Bodelschwingh, den Leiter der Betheler Anstalten, als Kandidaten gegen den von Hitler favorisierten Deutschen Christen Ludolf Müller.

Im Zuge des »Gesetzes zur Wiederherstellung des Berufsbeamtentums« vom 7. April 1933, nach dem alle Beamten »nichtarischer Abstammung« in den Ruhestand zu versetzen seien, forderte die nationalsozialistische Reichsregierung gleiches auch von den Kirchen. Entsprechende Regelungen wurden aber zunächst aufgeschoben.

In der Mariengemeinde zu Göttingen spitzte sich die Situation für das Ehepaar Benfey und die beiden jugendlichen Kinder aus erster Ehe dramatisch zu.[7] Dreiviertel des Kirchenvorstandes bestand aus NSDAP-Mitgliedern und Deutschen Christen. Eines der Mitglieder schrieb an den Hildesheimer Regierungspräsidenten und an den NSDAP-Gauleiter von Hannover:

»Meines Erachtens ist es doch unmöglich und bestimmt nicht im Interesse der Glaubensbewegung Deutsche Christen, wenn Herr Pastor Benfey, dessen Vater ein getaufter Jude ist, heute noch Dienst verrichtet. Nach meiner Ansicht kann ein Jude dreimal getauft sein, jüdisches Blut bleibt jüdisches Blut. (...) Es ist bestimmt nicht der Wille unseres Kanzlers Adolf Hitler, dass heute noch ein Pastor im Dienst ist, der nicht arischer Abstammung ist, denn die Juden sind und bleiben unser Unglück.«[8]

Als die erste Pfarrstelle 1935 vakant wurde, wählte der Kirchenvorstand mehrheitlich den Deutschen Christen Heinrich Runte aus Thüringen. In seinem Bewerbungsschreiben hatte er erklärt, dass ihn »der drohende Volkszusammenbruch« bewege und geschrieben: »Von hier aus fand ich auch später den Zugang zu Adolf Hitler.

---

6 Die Deutschen Christen waren eine völkisch, nationalistisch und rassistisch orientierte Gruppierung innerhalb der protestantischen Kirche, die ihre Wurzeln bereits im Kaiserreich hatte (Adolf Stoecker) und die sich der nationalsozialistischen Bewegung angeschlossen hatte. Entsprechend dem Führerprinzip versuchten sie, mit einem Reichsbischof die evangelische Kirche neu zu ordnen. In ihrer Fahne führten sie neben dem Kreuz auch das Hakenkreuz. Die Bibel sollte »entjudet« werden.

7 Zu den Ereignissen in Göttingen siehe auch: Bielefeld, Karl Heinz: Göttingens evangelisch-lutherische Kirchengemeinden im Dritten Reich, in: Brinkmann, Jens-Uwe (u. a.): Göttingen unterm Hakenkreuz – Nationalsozialistischer Alltag in einer deutschen Stadt. Texte und Materialien; Stadt Göttingen 1983, S. 105–120.

8 Zitiert nach Rainer Hering: Benfey, Bruno, in: Biographisch-Bibliographisches Kirchenlexikon, Band 17, Sp. 97–122. Der von dem Historiker Heinrich von Treitschke (1834–1896) geprägte Satz »Die Juden sind unser Unglück« war bereits im Nazi-Hetzblatt »Der Stürmer« zum Schlagwort geworden.

In der Erkenntnis, dass ein deutscher Führer-Staat und die echte lutherische Kirche aufeinander angewiesen seien und zusammengehören, trat ich im Juli 1933 in die SA ein. [...] Ich bin jetzt Sturm-Mann und Trupp-Bildungswart.«[9] Pfarrer Runte erklärte sofort, nicht mit seinem Kollegen Benfey zusammen arbeiten zu können und forderte mit dem Kirchenvorstand dessen Amtsniederlegung. Hintergrund war allerdings auch eine abfällige Äußerung Benfeys im Männerkreis der Gemeinde, für die er um Verzeihung bat. Zu einer »brüderlichen Zusammenarbeit« allerdings ist es nicht gekommen.

Um die Situation zu entspannen, legte der Hildesheimer Generalsuperintendent Benfey nahe, sich eine andere Pfarrstelle zu suchen. Da Benfey seine »judenchristliche Identität« bei Bewerbungen nicht verheimlichte, wurden seine Bewerbungen oftmals gar nicht angenommen. 1936 fand er eine Stelle im Berner Oberland, doch die Schweizer Fremdenpolizei verweigerte den Zuzug. Selbst die Unterstützung durch Karl Barth[10] bewirkte nichts.

Der Kirchenvorstand in Göttingen forderte das Landeskirchenamt in Hannover auf, es möge Benfey »völlig entfernen«, da sonst eine tiefe Kluft zwischen Kirche und Volk aufreißen würde. Obwohl der Antrag abgelehnt wurde, inszenierte der Kirchenvorstand eine öffentliche Kampagne gegen den »Juden« Benfey. Er berief sich jetzt nicht auf den »Arierparagraphen«, sondern auf die Rassegesetze von 1935. Dennoch stellte sich eine beachtliche Mehrheit der Gemeindeglieder hinter ihren Pfarrer. Um den Vorwürfen gegen ihn ein Ende zu bereiten, beantragte Benfey im April 1936 ein Disziplinarverfahren gegen sich selbst. Darauf wurde ihm sofort die Ausübung seines Amtes untersagt. Nach einem halben Jahr endete das Verfahren mit einem Freispruch, allerdings verbunden mit dem Hinweis, dass eine Versetzung möglich werde, wenn eine »gedeihliche Fortführung des Pfarrdienstes eines Geistlichen mit seiner Gemeinde auch ohne seine Schuld nicht mehr möglich sei«. Der Kirchenvorstand nahm diesen Hinweis sofort auf und beantragte die Versetzung, da mit Pfarrer Benfey eine gedeihliche Zusammenarbeit nicht gegeben sei: »Im heutigen Staat steht, nachdem die Nürnberger Gesetze rechtskräftig geworden sind, kein einziger Jude im öffentlichen Amt. [...] So ist der an sich schon schwer tragbare Zustand, dass heute ein Volljude im öffentlichen Amt an einer so exponierten Stelle wie in Göttingen steht, einfach untragbar geworden.«[11]

Die Aufforderung des Landeskirchenamtes, sich beurlauben zu lassen, lehnte Benfey ab. Gottesdienste, die er hielt, wurden nicht nur boykottiert, sondern mit Zwischenrufen wie »Volksverräter« oder »Judenknecht« gestört. Auf Flugblättern wurde er als »Eiterbeule am Leibe der Menschheit« beschimpft.

---

9 Lindemann, Gerhard: »Typisch jüdisch«. Die Stellung der Ev.-Luth. Landeskirche Hannovers zu Antijudaismus, Judenfeindschaft und Antisemitismus 1919–1949; Schriftenreihe der Gesellschaft für Deutschlandforschung, Bd. 63, Berlin 1998 (Heidelberg Universität, Diss. 1997), S. 349.

10 Siehe oben Anmerkung 3.

11 Zitiert nach Rainer Hering: Benfey, Bruno, a.a.O.

Höhepunkt der Schmähungen und Angriffe waren Gottesdienste im November 1936. Am Sonntag, 8. November, stellten sich Mitglieder des Kirchenvorstandes vor der Kirchentür mit Plakaten auf: »Wir Nationalsozialisten verbitten es uns, uns vom Juden in unserem Glauben belehren zu lassen. / Wer heute diesen Juden hört, ist Judenknecht und verdient nicht, Deutscher zu sein und unter uns zu leben! / Jeder Hitlerjunge und jedes Hitlermädchen wird sich weigern, bei diesem Juden Konfirmandenunterricht zu nehmen.«[12]

Trotzdem nahmen mehr als 300 Gemeindeglieder am Gottesdienst teil. Zehn Tage später, am Buß- und Bettag, blockierten SA-Angehörige die Eingänge zur Marienkirche. Dennoch kamen wieder 180 Menschen in die Kirche. Zur gleichen Zeit demonstrierten etwa 300 Personen – angeführt von einem Kirchenvorsteher – vor der Kirche. Auf Plakaten war zu lesen:

> Hier predigt heute ein Jude, jeder Deutsche wird den Besuch meiden.
> Juda verrecke!
> Benfey nach Palästina.

Als die Gestapo den Gottesdienst unterbinden wollte, erklärte Sophie Benfey-Kunert, sie werde an Stelle ihres Mannes dann predigen. Da aber das Predigen von der Kanzel einer Frau gar nicht gestattet werden konnte, erlaubte man dem angegriffenen Pfarrer Benfey, die Predigt zu halten.

Unmittelbar nach dem Gottesdienst wurde Benfey im Talar festgenommen und drei Tage im Polizeigefängnis in »Schutzhaft« gehalten. Mehr als 200 Gemeindeglieder solidarisierten sich mit ihrem Pastor und unterschrieben einen Protest:

»Im Namen vieler legen die Unterzeichneten Verwahrung ein gegen die Schmähungen und tätlichen Belästigungen der Besucher der Gottesdienste in der Marienkirche am 8. November und am Bußtag und gegen die gewaltsame Versperrung der Kirche für viele, die noch am Gottesdienst teilnehmen wollten. Die Täter haben sich dadurch des Landfriedensbruchs, der Störung des Gottesdienstes und der schweren Beleidigung schuldig gemacht. Wir fordern die Bestrafung der kirchenfremden Schuldigen und den Schutz des Gesetzes für ungehinderte Amtstätigkeit unseres rechtmäßigen Pastor Benfey…«

Zunächst protestierte auch das Landeskirchenamt mit einem Schreiben an den Reichsminister für kirchliche Angelegenheiten: »Wir müssen Verwahrung dagegen einlegen, dass die Polizei, statt gegen die Menge, die die Kirchgänger z. T. beschimpft und gehindert hat, die Kirche zum Besuche des Gottesdienstes zu betreten, einzuschreiten, einen im Amte befindlichen Geistlichen, der sich nichts Strafbares hat zuschulden kommen lassen, ohne weiteres in Haft genommen hat und noch jetzt

12 Aus Abschrift eines Berichtes über den Gottesdienst am 8. November 1936 in der Marienkirche zu Göttingen; Kreiskirchenarchiv Göttingen 165 Blatt 13–15. Vgl. auch Gerhard Lindemann a.a.O. S. 432–434.

hindert, sein Amt auszuüben…«[13] Der Stadtsuperintendent stellte Strafantrag beim Oberstaatsanwalt in Göttingen.

Nichts von alledem half. Der Kirchenvorstand blieb weiter aktiv. Am 27. November 1936 wurde Pfarrer Benfey (45) auf Anweisung der Gestapo aus dem Regierungsbezirk Hildesheim ausgewiesen. In der Zeitschrift der Deutschen Christen und im antisemitischen Hetzblatt »Der Stürmer« wurde über den »Fall Benfey« ausführlich berichtet. Bischof Marahrens – umstritten, weil er einerseits die Bekennende Kirche[14] unterstützte, andererseits aber der antisemitischen Politik des Staates zustimmte – stellte sich nicht schützend vor Pfarrer Benfey.

Anders die Vorläufige Leitung der Deutschen Evangelischen Kirche (Bekennende Kirche) in Berlin-Dahlem: »Wir freuen uns der tapferen Haltung, die Sie dem Landeskirchenamt gegenüber eingenommen haben. Gott der Herr schenke Ihnen weiter Kraft und Freudigkeit, den schweren Weg, der Ihnen jetzt verordnet zu sein scheint, in Geduld und Glaubensmut zu gehen. Wir gedenken Ihrer herzlich.«

Trotz der Ausweisung Benfeys aus dem Regierungsbezirk Hildesheim blieb er in Göttingen wohnen. Als aber die Hannoversche Landeskirche Bruno Benfey zum 1. Juni 1937 in den einstweiligen Ruhestand versetzte – wogegen er vergeblich Widerspruch einlegte –, blieb ihm und seiner Familie nichts anderes übrig, als die Stadt zu verlassen. Im August zog Bruno Benfey mit seiner Frau Sophie nach Wernigerode. Der inzwischen 19 Jahre alte Sohn Bruno Georg blieb in Göttingen, da er nach dem Abitur noch den Arbeitsdienst absolvieren musste, ehe er ein Medizinstudium beginnen konnte. Die 18 Jahre alte Tochter Mechthild Elisabeth hatte Sophie Benfey-Kunert aus dem Gymnasium genommen und zur Ausbildung als Krankenschwester in die Bodelschwinghschen Anstalten in Bethel geschickt. In Wernigerode erhielt Benfey eine Kennkarte vom 19. September 1938 mit dem eingedruckten »J« und Fingerabdrücken unter der Kennnummer 10 0009 / gültig bis 18.12.1943 / Beruf: Pastor i. R.[15]

Pfarrer Benfey und seine Frau Sophie wohnten im Mühlental 26 (alt), heute Nr. 17. Sie beide und ihr Sohn wurden Mitglieder der Bekennenden Gemeinde[16], die Gastrecht in der Lutherischen Gemeinde an der Kreuzkirche in der Lindenbergstraße Wernigerodes hatte. Die anderen Kirchengemeinden in der Stadt – Sylvestri, Liebfrauen, Johannis, Christus [Hasserode] – sowie die damals noch bestehende Schlosskirchengemeinde waren von mehr oder weniger nationalsozialistisch deutsch-christlichen Pfarrern besetzt. Die Bekenntnisgemeinde hatte nach dem Mitgliederverzeichnis 281

---

13 Alle Zitate aus: Rainer Hering: Benfey, Bruno; in: Biographisch-Bibliographisches Kirchenlexikon, Band 17, Sp. 97–122.

14 Die »Bekennende Kirche« war eine evangelische Glaubensbewegung, die sich gegen die Gleichschaltung der Kirche im nationalsozialistischen Deutschland wehrte; sie wurde 1934 gegründet und orientierte sich an der »Barmer Theologischen Erklärung«. Bekannte Mitglieder: Martin Niemöller, Dietrich Bonhoeffer, Paul Schneider.

15 Institut für Zeitgeschichte München: Bestand ED 214, Bd. 1, Bl.10.

16 Mitgliedsnummern 200 / 201 / 202; die Kirchenbücher der Bekennenden Gemeinde werden im Archiv der Kirchengemeinde St. Sylvestri und Liebfrauen Wernigerode verwahrt.

Mitglieder, aber keinen eigenen Pfarrer. Sie lud sich darum immer wieder auswärtige Pfarrer ein, darunter Pfarrer Gabriel aus Halle, Pfarrer Lange aus Neinstedt, Pfarrer Schmidt aus Derenburg, Pfarrer Schlingensiepen aus Ilsenburg oder Vikar Johannes Hamel, ebenfalls aus Ilsenburg, aber auch Generalsuperintendent Dr. Dibelius aus Berlin oder in Wernigerode im Ruhestand lebende Pfarrer. Dienste übernahmen etwa Pfarrer Hollmann (Schmales Tal 3), Pfarrer i. R. Hartmann oder Superintendent Meyer.[17] Pfarrer Benfey war der Bekenntniskirche bereits 1934 in Hannover beigetreten.

Kurz nach seiner Ankunft in Wernigerode hielt Benfey bereits am 22. August 1937 den Gottesdienst in der Kreuzkirche und predigte über Psalm 103: Lobe den Herrn, meine Seele, und vergiss nicht, was er dir Gutes getan hat.[18] Die Predigt ist nicht erhalten. Nach allem, was er und seine Frau in Göttingen durchgemacht hatten, zeugt es von einem tiefen Glauben, Gott zu danken und zu loben.

An einen Kollegen, mit dem er bei der Weltbundkonferenz 1928 in England war, schrieb er: »Abgesehen von dem Schmerz, in der Gegenwart kein Pfarramt verwalten zu dürfen, und von der Sorge um meine Göttinger Gemeinde, die mir [...] genommen ist und in ihrem kirchlichen Kern treu zu mir steht, mich als ihren rechtmäßigen Pfarrer betrachtet und ungenügend verwaltet wird, geht es mir gut. In der hiesigen Bekenntnisgemeinde haben wir kirchliche Heimat, ich kann alle zwei Monate etwa einmal predigen im BK-Gottesdienst, leite einen Bibelkreis usw. Insonderheit ist es eine freundliche Fügung, dass ich durch die Krankheit meiner ersten Frau die guten Schweizer Beziehungen [...] hab. [...] Schweizer Kollegen luden mich ein, falls ich das Vaterland verlassen müsste, zu ihnen zu kommen, und überlegen ernstlich, wie sie mich in der Schweiz beschäftigen könnten.«[19]

Seine Frau kümmerte sich indes um den Kindergottesdienst, der meist nach dem Gottesdienst stattfand, und vor allem um den Religionsunterricht, bei dem in der Wohnung bis zu zwanzig Kinder anwesend waren.

Sorgen machten sich beide um die Kinder aus der ersten Ehe. Bruno Georg, inzwischen 21 Jahre alt, hatte den Arbeitsdienst absolviert und studierte in Bonn Medizin, wurde aber aufgrund seiner 50% »nichtarischen Abstammung« nicht zum Physikum zugelassen. Aus dem Heeresdienst war er sowieso entlassen worden. Mechthild Elisabeth war zwar in der Diakonissenanstalt Bethel in Bielefeld in die Ausbildung zur Krankenpflegehelferin aufgenommen worden, aber zur staatlichen Prüfung nicht zugelassen. Sie war im Amtskrankenhaus Hemer Kreis Iserlohn tätig und bemühte sich um eine medizinische Ausbildung in Edinburgh.

Kurze Zeit war Benfey bei der Berliner Stadtmission beschäftigt. Freunde verschafften ihm einen Urlaub in der Schweiz. In Wernigerode lebten die Benfeys

---

17 Die Geschichte der Bekenntnisgemeinde im Einzelnen ist noch aufzuarbeiten. Ludwig Hoffmann hat dafür Vorarbeit geleistet mit einem Heft unter dem Titel »Zeugen des Evangeliums in schlimmer Zeit«, Wernigerode ^{2}2016.

18 Vermerk im Kirchenbuch der Bekenntnisgemeinde 1934–1939.

19 Brief vom 23.10.1938; Institut für Zeitgeschichte München: Archiv Bestand ED 214, Bd. 1,13.

zurückgezogen. Ab und an besuchte sie Sohn Georg oder auch Freunde aus Göttingen. Viel Zeit blieb Benfey für seine Studien zu Jeremias Gotthelf, mit dem er sich seit Jahren intensiv befasste, seit er öfter in der Schweiz gewesen war. Er strebte eine wissenschaftliche Biographie an, war sich aber auch darüber im Klaren, dass er dafür keinen Verlag finden würde.

Am Tag nach der Pogromnacht vom 9. November 1938, als ein nationalsozialistischer Mob die Geschäfte von Reichenbach und Rosenthal sowie den Laden von Sally Lewy in der Breiten Straße plünderten und demolierten, wurde Pfarrer Benfey auf kriminalpolizeiliche Anordnung um 6 Uhr in der Frühe in seiner Wohnung in »Schutzhaft« genommen und ohne weitere Vernehmung im Polizeigefängnis Unterengengasse 2 festgehalten. Am 11. November 1938 wurde er mit 3915 weiteren Gefangenen als Häftling Nr. 30411 über den »Carachoweg« in das KZ Buchenwald getrieben. Viele erreichten den Appellplatz nur mit Platzwunden, Quetschungen und Knochenbrüchen.[20] Über seinen Aufenthalt dort schildert er später (1959):

»Dreierlei hat sich im Monat des Aufenthalts dort tief eingeprägt: zunächst am fühlbarsten der Zorn und die wilde Wut eines Teils der Polizeibeamten, Wachmannschaften und SS-Leute, die uns anbrüllten, ohne dass wir wussten, warum, uns mit Reitpeitschen in das Lager trieben, uns (immer wieder) unsere Minderwertigkeit vorhielten und uns immer wieder mit dem Tode bedrohten. Sodann die erstaunliche Ruhe und Geduld, mit der fast alle Juden die körperlichen und seelischen Qualen ertrugen, und die selbstverständliche Güte, mit der sie sich gegenseitig beistanden. Endlich die eigene Nullpunktexistenz, in der ich weiter nichts war als ein durstiger, hungernder, frierender, sehr schwacher Mensch und meinen baldigen Tod erwartete.«[21]

An seine Frau schrieb er eine zensierte Postkarte als Nr. 30411 / Block 50: »Ich sitze hier ein und mir geht es gut. Ich habe vorläufig Postsperre. Anfragen an die hiesige Kommandantur sind zwecklos. Schicke mir zehn Mark. Geldsendung durch Postanweisung. Beachte bitte Nr. und Block. Schicke mir warme Unterwäsche, Strümpfe, Taschentücher, füge aber keinen Brief bei. Recht herzliche Grüße und Gottes Segen für Euch alle! Euer Bruno.«[22] Die Geldüberweisung ist akribisch belegt sowohl als Eingang in Buchenwald als auch als Rücksendung, weil nicht verbraucht.

Benfey erkrankte in Buchenwald schwer, wurde besinnungslos und nur durch einen jüdischen Arzt, der ihn entdeckte und ihm eine Spritze setzte, gerettet. Vermutlich war dies Dr. Richard Frankenberg (1883–1944) aus Höxter, der ebenfalls während der »Juden-Aktion« nach der Pogromnacht 1938 eingeliefert worden war.

Bereits nach fünfzehn Tagen wurde Benfey in das Polizeigefängnis in Halle und wenige Tage später nach Magdeburg verlegt. Ob diese Freilassung aufgrund einer

20 Vgl. Harry Stein: Juden in Buchenwald 1937–1942, Gedenkstätte Buchenwald 1992, S. 41.

21 Zitiert aus: Rainer Hering: Benfey, Bruno; in: Biographisch-Bibliographisches Kirchenlexikon, Band 17, Sp. 97–122.

22 Institut für Zeitgeschichte München: Archiv Bestand ED 214, Bd. 1,23; Datum ist nicht ersichtlich.

Eingabe eines pensionierten Geistlichen aus der Bekenntnisgemeinde Wernigerode veranlasst wurde, lässt sich nicht feststellen. Jedenfalls wurde er mit der Auflage, Deutschland zu verlassen, am 2. Dezember 1938, aus der Haft entlassen.

Benfey berichtete wenige Tage später: »Dort [in Magdeburg] wurde ich vorigen Freitag ganz überraschend herausgerufen: Bruno hatte keine Ruhe mehr in Bonn beim Studieren gehabt, sondern hatte sich aufgemacht, seinen Vater zu suchen. Wie erstaunt war er, als er in Magdeburg bei der zuständigen Stelle hörte, dass ich am selben Ort sei und er mich heimbringen dürfte. Er mietete sogleich ein Auto, fuhr mich nach Wernigerode, brachte das Auto nach Magdeburg zurück, lief zum Bahnhof, um den letzten Abendzug zu erreichen, stürzte und zog sich blutende Wunden an Hand und Bein zu, dass er einen Arzt aufsuchen musste und erst am nächsten Morgen heimkam. Heim schreibe ich noch, aber nicht lange mehr wird Wernigerode unsere Heimat sein, denn bei der Entlassung wurde mir die rasche Auswanderung zur Pflicht gemacht. Das ist ein sehr schwerer und unerwarteter Schlag für mich. Aber ich habe keine Wahl.«[23]

Nur fünfzehn Tage im KZ Buchenwald reichten aus, dass Benfey, als ihn sein Sohn Georg abholte, am ganzen Körper zitterte und mit Narben übersät war.

Wie sollte es nun nach der Ausweisung aus Deutschland weitergehen? Als er nach Wernigerode zurückkehrte, erhielt Benfey Einladungen aus der Schweiz, England und den Niederlanden. Das Christian Churches Committee for »Non-Aryans« in England teilte ihm am 13.12.1938 mit, dass das Britische Innenministerium ein Visum für die ganze Familie erteilt habe.[24] Aber es galt nur für zwölf Monate als Durchreisevisum in die USA und das wollte Benfey vor allem seiner Frau nicht zumuten. Freunde aus der Schweiz rieten, sofort nach England auszureisen: »Wir sind alle der Meinung, dass in diesen Zeiten, da die Wirklichkeit so brutal und nüchtern ist, kein Raum für Gefühlsmomente sein kann dort, wo es um Entscheidungen geht. Dass unser Herz blutet und das Gefühl unter der Kruste der Tatsachen nur zu lebendig ist, ist eine andere Sache. [...] Gravierend aber ist vor allem, dass auch nicht die leiseste Aussicht für irgendeine Arbeitsbewilligung in der Schweiz besteht.« Das »Büro Grüber«[25] schaltete sich ein und teilte mit, dass Frau Benfey-Kunert ohne weiteres einen Reisepass für die Schweiz erhalten habe, aber für Pfarrer Benfey noch eine »Prüfung des Vermögens durch das Finanzamt« anstehe. Für die Kinder liege eine Bescheinigung der Auswandererberatungsstelle nach England über die Schweiz vor. Doch über Silvester 1938/39 änderte sich alles: Benfey erhielt eine Einladung aus Holland. Obwohl für die Niederlande kein Visum erforderlich war, reiste Benfey mit seiner Frau Anfang Januar 1939 über die Schweiz in die Niederlande aus.

---

23 Brief vom 05.12.1938 an Oberlehrer Grünenwald in St. Stephan I. S./Kanton Bern; Institut für Zeitgeschichte München: Bestand ED 214, Bd. 1,36ff.

24 Diese und die weiteren Angaben zur Ausreise: Institut für Zeitgeschichte München, Bestand ED 214, Bd. 1,53–83.

25 Das »Büro Grüber« ist eine 1938 von der Bekennenden Kirche gegründete Organisation unter der Leitung von Pfarrer Heinrich Grüber in Berlin, das rassisch Verfolgten bei ihrer Ausreise aus Deutschland Hilfe leistete.

Eine Zeitzeugin[26] erinnert sich an jene Tage. Sie hatte 1938 ihre Ausbildung als Buchhändlerin in der Christlichen Buchhandlung (Marktstraße) begonnen, in der sich Benfey in Wernigerode mit Literatur versorgte:

»Ich glaube, es war Anfang 1939, als die Tage noch kurz waren, als ich mit einem Auftrag in seine Wohnung geschickt wurde, am Abend, als es dunkel war! Zur allseitigen Sicherheit! Ich sollte ein Buch überbringen, ein Dank für jahrelange Kundentreue und vor allem ein letzter Gruß zum Abschied in eine ungewisse Zukunft, denn als ich dort war, sah ich, dass die Familie Benfey einschließlich des damals studierenden Sohnes auf gepackten Koffern saß, sie mussten ›umziehen‹. Auf meine erstaunte Frage sagte er mir, sie hätten noch Glück, dürften nach Holland, sie seien ganz getrost. Das war das Letzte, was ich von Familie Benfey sah und – zunächst – hörte.« Später – es war wohl Ende der 1980er Jahre – fand sie in einer Ausstellung bei der Leipziger Buchmesse auf einer Namensliste von verfolgten Widerstandskämpfern und Theologen neben Dietrich Bonhoeffer auch den Namen von Bruno Benfey.

Vor seiner Abreise schrieb Benfey an seinen Landesbischof Marahrens in Hannover, der ihn zwar dreimal während der Angriffe und Demütigungen in Göttingen angehört, aber sonst nicht weiter unterstützt oder geschützt hatte: »Ich verlasse mein deutsches Vaterland, in dem meine Familie schon vor dem dreißigjährigen Kriege ansässig war, in der Hoffnung, der Hannoverschen Landeskirche noch einmal wieder dienen zu dürfen. Aber Gottes Wille geschehe!« Der Bischof antwortete: »Ich verstehe völlig, welche schweren Überlegungen sich Ihnen angesichts dieses Lebensganges und alles dessen, was die letzten Jahre für sie umschlossen, wie eine große Last auflegen. Meine Bitte ist, dass Sie an dieser Last, ohne bitter zu werden, tragen. Gott sieht weiter als wir.«[27]

In den Niederlanden fand das Ehepaar zunächst Aufnahme im Brüderhaus der Mennoniten, einer evangelischen Freikirche, in Bilthoven (knapp 50 km südwestlich von Amsterdam). An Freunde in der Schweiz schrieb Benfey: »Es gibt gute Leute hier, die sich freundlich um uns kümmern, aber die Zukunft ist gänzlich im Dunkeln. Das Wahrscheinlichste ist wohl, dass wir nach England und weiter nach Übersee abgeschoben werden. [...] Wir können und wollen die Hoffnung nicht aufgeben, dass sich doch noch eine Möglichkeit zu unserm Übergang in die Schweiz ergibt.« Aber weder das eine noch das andere ließ sich realisieren. Sie blieben bis zum Kriegsende in den Niederlanden.

Ende 1939 konnten Benfeys eine kleine Wohnung in Amsterdam beziehen. Der Zweite Weltkrieg hatte begonnen, aber noch waren die Niederlande nicht angegriffen und auch nicht von der Wehrmacht besetzt worden. Durch das ganze Jahr zogen sich die Bemühungen, doch noch in die Schweiz zu gelangen und dort eine Arbeit zu erhalten. Er wandte sich an den Ökumenischen Rat in Genf und bat um Unterstützung. »Ich selber wäre sehr dankbar, wenn ich in der ökumenischen Bewegung

26 Ruth Nikschick in einem Brief an Renate Goetz undatiert Anfang 1991 (Privatarchiv Goetz).
27 Institut für Zeitgeschichte München: Bestand ED 214, Bd.2, Seite 7 und 19.

irgendwie mitarbeiten dürfte.« Er wollte vor allem seine Studien zu Jeremias Gotthelf zu Ende bringen und hoffte auf einen Studienaufenthalt oder eine Anstellung in einer Gemeinde. Aber auch der Ökumenische Rat konnte ihm nicht weiterhelfen.

Bruno Benfey erhielt eine Anstellung bei der Nederlandse Hervormde Kerk als Seelsorger für das »Protestantische Hilfskomitee für wegen Rasse oder Glaube Geflüchtete« und betreute deutschsprachige evangelische Flüchtlinge in Lagern im ganzen Land, insbesondere in Sluis,[28] Provinz Zeeland an der Grenze zu Belgien. Über seine Arbeit dort berichtete Benfey: Die meisten Insassen sind Männer, deren arische Frauen in Deutschland geblieben sind und die sich nicht scheiden lassen wollen. Die meisten Sorgen werden »angenehm enttäuscht«. Keine polizeiliche Bewachung, große Tagungsräume, Verpflegung ist sehr gut, Bevölkerung kommt den Flüchtlingen freundlich entgegen. »Die Kinder besuchen die christliche Schule in Sluis.« Die Seelsorge an den in Amsterdam und den übrigen in Holland frei wohnenden Flüchtlingen ließ ihm Zeit, von Sonnabend bis Dienstag im Sluis-Kamp zu verbringen. Er hielt dort deutschen Kindergottesdienst, damit die Kinder die Sprache der Eltern nicht verlernen. Dazu kamen Gottesdienste, Kirchenchor, sonntags ein geselliger Abend, montags Taufunterricht und Bibelabend.[29]

Nach der Besetzung der Niederlande durch deutsche Truppen ab Mai 1940 begannen bald Razzien nach untergetauchten Juden. Im Juli 1941 löste die Gestapo das genannte Hilfskomitee auf. Benfey wurde als »Seelsorger und Religionslehrer unter den deutschsprechenden Protestanten vom jüdischen Blute« bei der Niederdeutschen Reformierten Kirche angestellt.[30] Seine Frau Sophie Benfey-Kunert war als Gemeindehelferin in der deutsch-lutherischen Gemeinde Amsterdams tätig. Abwechselnd hielten beide dort die Gottesdienste. Auf eine solche Anstellung war Benfey angewiesen, da seine Landeskirche die Ruhestandspension einstellte, nachdem sein Konto in Deutschland durch die Nazi-Behörden eingezogen worden war.[31]

Die deutsche Besatzungsmacht stellte ihm am 22. Juli 1941 einen neuen Ausweis aus, versehen mit Judenstern und Fingerabdrücken. Ab 29. April 1942 wurden auch Juden in den Niederlanden verpflichtet, den »Gelben Stern« zu tragen. Da Benfeys in einer »privilegierten Mischehe« lebten, für die von Innenminister Hermann Göring einige Ausnahmen von den antijüdischen Maßnahmen vorgesehen waren, stellte Sophie Benfey-Kunert mehrfach den Antrag bei den deutschen Behörden, dass ihr Ehemann den Stern nicht tragen muss. Ein Jahr später wurde in Benfeys Ausweis der Vermerk eingetragen: »Inhaber dieses Ausweises wird bis auf weiteres nur vom Tragen des Judensterns befreit.« Wie es zu dieser Entscheidung gekommen ist, ließ

28 So immer wieder in den Akten; gemeint ist wahrscheinlich das Flüchtlingscamp Hellevoetsluis nordöstlich von Sluis, das von 1938–40 bestand, unwahrscheinlich Nieuwe Sluis nördlich von Amsterdam.

29 Institut für Zeitgeschichte München: Bestand ED 214, Bd. 3,2.

30 Institut für Zeitgeschichte München, Bestand ED 214, Bd. 3,7.

31 Landeskirchliches Archiv Hannover: Personalakte Benfey B7 Nr. 1484 Band IC.

sich nicht einwandfrei klären. Angeblich hat der Gestapo-Chef von Amsterdam dem deutschen Pfarrer der Lutherischen Gemeinde, der sich selbst als »Deutschen Christen« bezeichnete, einen Hinweis gegeben. Danach sei der Name »Benfey« überhaupt nicht jüdisch, sondern weise auf eine »ägyptische Abstammung« hin.[32] Allerdings haben sich »die sternbefreiten Juden [...] halbjährlich ohne besondere Aufforderung bei der für den Wohnort zuständigen Dienststelle der Sicherheitspolizei zu melden«, so das entsprechende polizeiliche Merkblatt.[33]

Der Umgang der deutschen Besatzungsbehörden mit zum Christentum konvertierten Juden war in dieser Zeit zwiespältig: Protestanten durften in Lagern bleiben, Katholiken wurden nach Theresienstadt oder Auschwitz deportiert; Juden in Mischehen mussten nicht unbedingt in Lagern wohnen. Es wurde auch zwischen der Herkunft der Juden differenziert, etwa »arabische« oder »portugiesische« Juden. »Aufgrund ihrer Abstammung von den im 16. Jahrhundert eingewanderten Marranen[34] wurde zu diesem Zeitpunkt noch diskutiert, ob sie überhaupt zur nationalsozialistischen Kategorie der Juden zählten.«[35] Mitarbeiter des Jüdischen Rates, die getauft waren und Juden in »Mischehen« wurden durch Stempel in ihren Pässen von der Deportation »freigestellt«.

Benfey wurde von seiner Kirche vor allem in den verschiedenen Lagern zwischen Amsterdam und Rotterdam eingesetzt, in denen »Juden« zusammengezogen wurden. Oftmals musste Sophie ihren Mann vertreten, da er immer wieder unter dem Druck der Ereignisse erkrankte und unter Depressionen litt.

Die deutsche Besatzungsmacht löste nach und nach die verstreuten Lager auf und baute das Durchgangslager Westerbork, 170 km nordöstlich von Amsterdam, als Sammellager aus. Von hier aus wurden mehr als 100 000 Menschen in die Vernichtungslager Auschwitz, Sobibor, Bergen-Belsen u. a. deportiert. Benfey wurde der einzige Geistliche, der mit Sondergenehmigung des deutschen Sicherheitsdienstes das Lager Westerbork betreten durfte. Immer wieder musste er sich als »evangelischer Pastor und Jude« bei der Sicherheitspolizei Bescheinigungen – gelegentlich für drei Tage – abholen, damit er sich im Lande bewegen und ein Fahrrad benutzen durfte.

Nach der Befreiung der Niederlande nahm Bruno Benfey sofort Kontakt mit seinen Freunden in der Schweiz und in Deutschland auf. Er wolle sich in der ökumenischen Arbeit engagieren und zur Versöhnungsarbeit beitragen. Die Göttinger Gemeinde schrieb an die Kirchenleitung in Hannover, »Pastor Benfey muss wieder wie alle unschuldig Geächteten in vollen Ehren in seine Gemeinde wiederkehren und dafür

---

32 Rainer Hering: Benfey, Bruno; in: Biographisch-Bibliographisches Kirchenlexikon, Band 17, Sp. 97–122.

33 Institut für Zeitgeschichte München, Bestand ED 214, Bd. 3,28.

34 Schmähwort (ursprünglich: »Schwein«) für aus Spanien oder Portugal eingewanderte Juden oder Muslime.

35 Zitat aus: Happe, Katja: Viele falsche Hoffnungen, Paderborn 2017, S. 132. Zur Judenverfolgung in den Niederlanden: Katja Happe: Deutsche in den Niederlanden 1918–1945 (Dissertation), publiziert im Internet durch die Bibliothek der Universität Siegen im Dezember 2004.

setzt sich die Gemeinde ein«.[36] Benfey schrieb am 10.8.1945 aus Amsterdam an das Landeskirchenamt in Hannover, dass er zu Unrecht »in den einstweiligen Ruhestand versetzt« worden war und bat um Prüfung. Seine Kirche möge ihn »möglichst bald zum Pfarrdienst in die Landeskirche zurückrufen« und ihn in sein Pfarramt an der Marienkirche zu Göttingen wieder einsetzen.[37]

Aber erst im Mai 1946 erhielt er als Opfer des Nationalsozialismus von der Alliierten Kontrollbehörde die Erlaubnis zur Rückkehr nach Deutschland. Mit Erlaubnis der englischen Militärregierung reiste er am 2. Mai 1946 nach Göttingen und konnte zunächst bei einer früheren Mitarbeiterin unterkommen, die zugleich mit Benfey 1937 entlassen worden war. Bei den deutschen Behörden bemühte er sich um eine Zuzugsgenehmigung für sich und seine Ehefrau, die erst drei Monate später als Deutsche folgen durfte, weil sie nicht als eine Verfolgte des Naziregimes anerkannt worden war.

Allerdings war seine Stelle an der Marienkirche in Göttingen inzwischen besetzt. Die Landeskirche empfahl ihm, sich um eine andere Stelle zu bewerben. Einzelne Gemeindeglieder wandten sich an das Landeskirchenamt, das sich in Schweigen hüllte. Ein Rechtsanwalt wurde eingeschaltet. Es gab Anhörungen. Benfey sollte zur Klärung der Besetzungsfrage beim Personaldezernenten vorsprechen, der aber hatte einst seine Versetzung in den Ruhestand veranlasst. Verständlicherweise weigerte sich Benfey, mit ihm zu reden. Und sein Kollege Runte, der seinerzeit die Zusammenarbeit mit einem »Juden« abgelehnt hatte, war auch noch im Amt. Nach mehreren Vermittlungen, wurde schließlich eine dritte Pfarrstelle an St. Marien eingerichtet.

Am Erntedankfest 1946 wurde Bruno Benfey wieder in sein Amt eingeführt. Stadtdirektor Hans Kunert erinnerte sich später: »Benfeys erste Predigt in seiner alten Kirche, aus der er am Bußtag 1936 so schmachvoll von den Nazis abgeführt worden war, glich einem Triumph. Selbst in den Gängen stauten sich die Menschen.«[38] Beeindruckend sei gewesen, wie Benfey auf jegliche Verfolgung seiner früheren Widersacher verzichtete, mit denen er jetzt wieder zusammenarbeitete. Er verbitterte nicht, obwohl er allen Grund dazu gehabt hätte.

Gemeinsam mit seiner Frau setzte sich Benfey für die ökumenische Verständigung über Völker-, Konfessions- und Bekenntnisgrenzen hinweg ein. Sein besonderes Engagement galt der Göttinger Gruppe der Gesellschaft für christlich-jüdische Zusammenarbeit. Deutsche Schuld solle nicht verdrängt, sondern um der gemeinsamen Zukunft willen bekannt werden.

Sophie Benfey-Kunert vertrat ihren Mann gelegentlich, wenn er krank war. Das wurde bei der Kirchenleitung angezeigt, denn sie habe ja mit ihrer Verheiratung alle pfarrdienstlichen Rechte verloren. Da erwachte bei ihr wieder der Kampfesmut aus der

---

36 Institut für Zeitgeschichte München: Bestand ED 214 Band 3,79.

37 Landeskirchliches Archiv Hannover, Personalakte: B 7 Nr. 1484 Band I C.

38 Rainer Hering: Benfey, Bruno; in: Biographisch-Bibliographisches Kirchenlexikon, Band 17, Sp. 97–122.

Zeit in Hamburg und Lübeck. Sie sei und bleibe eine ordinierte Pfarrerin und lasse sich von niemandem die verliehenen Rechte auf einen Verkündigungsdienst nehmen.

1952 verzichtete Bruno Benfey auf ein Wiedergutmachungsverfahren, da er ja wieder im kirchlichen Dienst eingesetzt sei. Aber er bestand darauf, dass sein Dienst in den Niederlanden auf seine Ruhegehaltsansprüche angerechnet wird.

Am 18. Januar 1960 starb seine zweite Frau. Noch bis zu seinem 70. Geburtstag 1961 war Bruno Benfey als Pfarrer an der Marienkirche, am Gerichtsgefängnis, am Stadtkrankenhaus und im Göttinger Ökumenischen Kreis tätig. Am 31. Dezember 1961 wurde er in den Ruhestand verabschiedet, aber er ließ sich für einzelne Dienste weiterhin beauftragen. Eineinhalb Jahre später, am 28. Juni 1962 starb er überraschend während einer Bibelfreizeit des Gemeindekreises in Lenk im Berner Oberland der Schweiz.

In der Ansprache zu Benfeys Beerdigung sagte Pastor Werner Marquardt: »Er hat nur sehr selten und auch da nur in Andeutungen von all dem Schweren geredet, durch das er hat gehen müssen [...] bis in die jüngste Gegenwart. Wie nahe hätte es nach einem solchen Leben gelegen, dass er bitter und hart geworden wäre. [...] Ihm ist es nicht um Vergeltung gegangen, nein, im Gegenteil, ihm ging es ganz ehrlich um Vergebung, um Versöhnung, um Frieden, um neuen Anfang. Wie ehrlich hat er die Hand zur Versöhnung immer wieder ausgestreckt auch gegenüber denen, die ihm einst Leid getan hatten. [...] Es ist ihm so ernst gewesen mit der Versöhnung, mit dem Frieden, darum hat er gerungen um den Frieden und um die Versöhnung überall, um Versöhnung zwischen den Völkern, um Versöhnung zwischen den Kirchen und Konfessionen, um Versöhnung zwischen Israel und der Kirche Christi, die Jahrhunderte um Jahrhunderte immer wieder neues Leid über Israel gebracht hat.«[39]

Und was ist aus den beiden Kindern geworden?

Auf dem Hochzeitsbild seines Vaters mit seiner Stiefmutter im Januar 1934 ist Bruno Georg Benfey als Sechzehnjähriger in HJ-Uniform zu erkennen.[40] Irritierend. Vermutlich hängt dies mit der Auflösung und Gleichschaltung aller Jugendverbände seit Sommer 1933 zusammen. Nach dem Abitur begann er in Göttingen und Bonn von 1936 bis 1937 ein Medizinstudium, wurde aber als »Halbjude« nicht zum Physikum zugelassen. Er wechselte die Fakultät und studierte ab 1939 in München Chemie. Den Arbeitsdienst hatte er absolviert. Vom Wehr- und Kriegsdienst wurde er wegen seiner jüdischen Herkunft ausgeschlossen. Nach dem Krieg nahm er sein Medizinstudium wieder auf und wurde 1948 in Hamburg promoviert. Seine wissenschaftlichen Studien setzte er danach wieder in Göttingen bis 1950 fort. Als Naturwissenschaftler war er im Uni-Krankenhaus Hamburg-Eppendorf und am Physiologisch-Chemischen Institut in Göttingen tätig. Ein Jahr lang studierte Benfey als Stipendiat des US-amerikanischen öffentlichen Gesundheitsdienstes an der Yale-Universität, bevor er

39 Zitiert nach Rainer Hering: Benfey, Bruno; a.a.O.
40 Rainer Hering: Theologin Sophie Kunert, Hamburg 1997, S. 51.

1952 als Dozent für Pharmakologie an die McGill-Universität in Montreal (Kanada) berufen wurde. Gastprofessuren hatte er an den Universitäten in Frankfurt am Main und Düsseldorf inne. Als Berater der Weltgesundheitsorganisation war er an der Universität in Damaskus verantwortlich für die Entwicklung eines Doktorandenprogramms. Er war verheiratet mit Jutta Nienstedt und hatte drei Söhne. Nach seiner Emeritierung reiste er gern mit seiner Frau zu Tagen der Besinnung (Retraiten) mit Benediktinern in das Mount Saviour Monastery in der Nähe von Elmira, New York. Im hohen Alter von 99 Jahren starb Bruno Benfey jun. kurz nach seinem Geburtstag am 14. Oktober 2016 in Mississauga in der Nähe von Toronto.

Wegen der antijüdischen Angriffe wurde Mechthild Elisabeth Benfey ein Jahr vor ihrem Abitur am Hainberg-Gymnasium in Göttingen von ihrer Stiefmutter von der Schule genommen und zur Krankenpflegeausbildung in die Bodelschwinghschen Anstalten nach Bethel (Bielefeld) geschickt. Dort wurde ihr sofort klar gemacht, dass sie wegen ihrer jüdischen Herkunft zu staatlichen Prüfungen nicht zugelassen werden kann. Darauf stellten ihre Eltern einen Antrag auf Ausbildung in Edinburgh, der aber nie beantwortet wurde. Sie nahm 1938 eine Tätigkeit im Amtskrankenhaus zu Hemer Kr. Iserlohn auf. Im Januar 1939 ging sie mit ihren Eltern ins Exil nach Holland und arbeitete dort in der Krankenpflege. Unmittelbar nach dem Krieg zog sie in die von ihrem Vater so geliebte Schweiz und konnte sich dort in Genf endlich als Krankenschwester ausbilden lassen. Zugleich erwarb sie die Hochschulreife und konnte damit in Göttingen ab 1949 ein Medizinstudium aufnehmen. Nach der Promotion übernahm sie als Ärztin eine Stelle am Bosten Children's Hospital, um mit und an Kindern, die an Leukämie erkrankt sind, zu arbeiten. In Bosten lernte sie Friedrich Claus Huckemann (1926–1986) kennen, der nach seiner Promotion zum Dr. phil. (Mathematik und Pädagogik) und seiner Habilitation 1955–58 eine Gastdozentur an der Harvard Universität innehatte. Nach ihrer Heirat 1958 zog sie mit ihrem Mann nach Gießen, wo er bereits seit 1954 (bis 1971) als Mathematiker an der Universität lehrte, aber auch Gastprofessuren in Marburg und im Ausland übernahm. Von 1971–86 lehrte er an der Technischen Universität in Berlin. Dr. Mechthild Elisabeth Huckemann-Benfey nahm 1970 ihre Tätigkeit als Ärztin wieder auf. 1977 wurde bei ihr ein Hirntumor diagnostiziert, an dem sie am 23.9.1978 starb. Sie hatte zwei Söhne. Dr. Stephan Huckemann (Jahrgang 1960), Professor für Mathematik an der Universität Göttingen, schildert seine Mutter als eine sehr kluge Frau, die aber so gut wie nie über ihre Vergangenheit gesprochen hat. Sie habe auch nie die Aufmerksamkeit oder Anerkennung wie ihr Bruder Bruno erhalten. Sie war eine Frau, die viel gelitten, meist hintenangestellt wurde und in ihrem Leben immer an den Grenzen zwischen Tod und Leben gearbeitet hat.[41]

---

41 Nach einem Gespräch mit Prof. Dr. Stephan Huckemann am 24.7.2019 mit dem Autor.

Wohnhaus der Familie Kaufmann in Wernigerode, Hornstraße 31 (1937–1942), Foto: Michael Lumme

Im Räderwerk der Nationalsozialisten – Emil Kaufmann

Auf dem Lindenberg in Wernigerode steht in der Hornstraße 31 ein Haus, das als »Villa Kaufmann« bezeichnet wird. Es ist Anfang des 20. Jahrhundert errichtet worden[1] und gehörte dem Magdeburger Anwalt Justizrat Emil Kaufmann. Dieses Sommerhaus – eines von vielen Villen und Häuser in dieser Lage der Stadt – bewohnte das Ehepaar Kaufmann etwa ab 1937/38, nachdem Emil Kaufmann in Magdeburg wegen seiner jüdischen Herkunft bereits seit 1933 nur noch eingeschränkt anwaltlich tätig sein konnte und 1938 als »jüdischer Rechtsanwalt« auch nicht mehr bei Gericht zugelassen war. 1942 wurde Emil Kaufmann durch die Gestapo gezwungen, sein Grundstück in Wernigerode an einen Landwirt in Schleibnitz bei Magdeburg zu verkaufen.

Hintergrund: Diesem Landwirt gehörte ein Grundstück in der Salzbergstraße, das an den Brockenweg angrenzt, wo seit 1937 der »Lebensborn e. V.«, eine der SS unterstellte Einrichtung zur nationalsozialistischen Bevölkerungs- und Rassenpolitik, ein Entbindungsheim unterhielt. Um es zu erweitern, wurde das daneben liegende Grundstück jenes Landwirts benötigt. Die »Villa Kaufmann« musste als Tauschobjekt herhalten, um die Erweiterung des Lebensborn-Heimes zu ermöglichen.

Emil Kaufmann wurde 1942 gezwungen, nach Halberstadt in ein jüdisches Altersheim umzuziehen. Da seine »arische« Frau Elise geborene Lüders sich nicht scheiden lassen wollte, ist sie mitgezogen. Von dort wurde er nach Auschwitz deportiert, wo er am 15.2.1943[2] starb. Seine Frau kam während der Bombenangriffe 1945 ums Leben.[3]

Emil Kaufmann war kein gebürtiger Wernigeröder, hatte dort aber sein Sommerhaus und musste hier mit seiner Frau die erniedrigendste Zeit seines Lebens erfahren.

Geboren wurde er am 29. Juni 1864 in Deutsch Krone/Westpreußen in einer jüdischen Familie. Er wuchs mit seinen Geschwistern David (*28.8.1860), Dora (*11.11.1861)[4], Henriette, Lina und Samuel[5], der später Justizrat in Arnswalde (Neumark, heute Polen) wurde, auf. Sein Vater, dessen Beruf als »Handelsmann«

---

1 Im Bauarchiv der Stadt Wernigerode findet sich keine Bauakte. Vorhanden ist lediglich ein Bauschein für Justizrat Kaufmann für den Einbau einer Warmwasserheizung 1937.

2 So die Angaben in den Digitalen Sammlungen in Yad Vashem.

3 Alle Angaben sind mit freundlicher Genehmigung übernommen aus dem veröffentlichten Vortrag 2008 von Picht, Georg: Emil Kaufmann – Magdeburger Anwalt, Offizier und Freimaurer; in: Parthenopolis. Jahrbuch für Kultur- und Stadtgeschichte Magdeburgs, Bd. 2, 2011/12, S. 277–332 und seinem Vortrag zur Erinnerung an den 80. Jahrestag der Reichspogromnacht am 9. November 2018 im Rathaus Wernigerode (unveröffentlicht).

4 Dora Kaufmann ist am 20.6.1943 im KZ Theresienstadt umgekommen.

5 Geburtsdaten von Henriette, Lina und Samuel sind nicht zu finden, da sie nicht in Deutsch Krone geboren wurden.

angegeben wird, starb, als Emil 15 Jahre alt war. Nach Grundschule und Besuch des Königlichen Gymnasium legte er sein Abitur bereits mit 17 Jahren ab und beabsichtigte, in Berlin Chemie zu studieren, begann aber von 1882 bis 1885 bei den Rechts- und Staatswissenschaften, bestand am 27. Mai 1885 sein Referendarexamen und absolvierte anschließend in Frankfurt am Main seinen Vorbereitungsdienst.

Bevor er eine Beamtenlaufbahn einschlug, begann er als »Einjährig-Freiwilliger« 1887 eine militärische Laufbahn beim königlich-bayerischen 18. Infanterie Regiment »Prinz Ludwig Ferdinand« in Landau. In der preußischen Armee konnten Juden überhaupt nicht Offizier werden, in Bayern war es die Ausnahme. In dem Qualifikationsattest, das ihn zum Reserveoffizier vorschlägt, wird dem von Statur kleinen Mann bescheinigt, er habe »hervorragende Ausdauer in Ertragung der Anstrengungen des Dienstes und ebensolche Ausdauer und Genauigkeit im Turnen und in der übrigen Gymnastik, ebenso ist derselbe ein guter Schütze«. Sein Leben lang ist er stolz auf seinen militärischen Dienst für Kaiser und Deutsches Reich. Erworbene Patente und Beförderungen samt Urkunden und verliehene Orden und Ehrenzeichen hat er in einer persönlichen Militärakte aufbewahrt.

Während seiner Tätigkeit als Rechtsanwalt und Notar in Magdeburg nahm er mehrfach an Reserveübungen und Manövern teil, wurde zum Leutnant, dann zum Oberleutnant befördert und erhielt 1903 die Qualifikation als Kompanieführer. Da er 1906 zum Hauptmann befördert wurde, ist er als Preuße jüdischer Herkunft bei Kriegsbeginn einziger Hauptmann und damit ranghöchster Reserveoffizier seines Regiments. Während des Ersten Weltkrieges wurde Kaufmann, 1915 zum Major befördert, auf den bayerischen König vereidigt. Zum Kriegsdienst zog man den inzwischen Fünfzigjährigen aus Alters- und Gesundheitsgründen nicht ein, sondern erklärte ihn für »nicht felddienstfähig«. Bis zum Ende des Krieges diente er bei den Preußen im Generalkommando des IV. Armeekorps, Standort Magdeburg, in der Hegelstraße (heute Staatskanzlei), Abteilung für Kriegsarbeits- und Ersatzwesen. Er war stolz darauf, auch nach dem Krieg in der Weimarer Republik die Uniform tragen zu dürfen. Das wurde ihm später von den Nationalsozialisten wegen seiner jüdischen Abstammung verboten.

Nach seiner Referendarzeit in Frankfurt am Main und der Militärzeit wurde Emil Kaufmann 1891 als Rechtsanwalt beim Landgericht Magdeburg zugelassen. Hier baut er eine eigene Kanzlei am Alten Markt auf, die er bis zu seiner Vertreibung aus dem Dienst in einer Sozietät betrieb. Zwei Jahre später ließ sich Emil Kaufmann am 22. März 1893 in Berlin in der Französisch-Reformierten Kirche auf der Friedrichstadt am Gendarmenmarkt evangelisch taufen. Der Grund, weswegen er vom Judentum zum Christentum konvertierte, ist nicht erkennbar. Zwar war noch auf seinem Reifezeugnis eingetragen, dass er jüdischen Glaubens sei, aber er hat auf dem Gymnasium weder am Hebräischunterricht noch an der Religionslehre teilgenommen. Merkwürdig ist auch, dass die Taufe in Berlin und nicht in Magdeburg stattfand, obwohl er sich später aktiv in der evangelisch (-lutherischen) Ambrosiusgemeinde in Magdeburg engagierte.

Nach der Französischen Revolution und mitten in den Befreiungskriegen konnten Juden durch das »Edikt betreffend die bürgerlichen Verhältnisse der Juden in dem Preußischen Staate« von 1812 Staatsbürger mit eingeschränkten Rechten werden. Mit dem Gesetz über die Verhältnisse der Juden von 1847 waren ihnen auch Rechte zu Staatsämtern eingeräumt. Am Ende des 19. Jahrhunderts mit einem wachsenden Antisemitismus und der Dreyfus-Affäre in Frankreich kam es zu einer Welle von Austritten aus dem Judentum. Ob das alles für Emil Kaufmann eine Rolle beim Übertritt zum Christentum gespielt hat, ist nicht zu klären.

Denkbar ist ein Zusammenhang mit dem weiteren Lebensweg Emil Kaufmanns. Zwei Jahre nach seiner Taufe heiratete er in Berlin[6] am 12. Dezember 1895 Elise (Elly) Lüders aus der Magdeburger Börde, die nicht der jüdischen Religion angehörte. Die Ehe blieb kinderlos. Als Ellys Bruder Max Lüders 1918 starb, nahmen die Kaufmanns dessen Tochter Eva-Maria Lüders (1909–1971) an Kindesstatt an, kümmerten sich rührend um deren Erziehung und Ausbildung und ebneten ihr damit den weiteren Lebensweg. Evas Mutter war eine aus Ungarn stammende Jüdin. Nach ihrer Schulbildung in Magdeburg und Potsdam studierte Eva Lüders ab 1930 in Göttingen, München, Bonn und Köln neuere Sprachen, Germanistik und Philosophie, auch Jura und Theologie und promovierte in Köln zum Dr. phil. Kurz nach der Machtergreifung Hitlers 1933 verhalfen ihr die Pflegeeltern Kaufmann zur Emigration nach Schweden. Nach anfänglicher Gelegenheitsarbeit hatte sie ein spärliches Auskommen als wissenschaftliche Hilfskraft an der Universität Uppsala.[7]

Da Emil Kaufmann als Rechtsanwalt und Notar sowie durch seine Veröffentlichungen ein gutes Einkommen hatte, konnte er für sich und seine Frau in Magdeburg, Humboldtstraße 2, ein stattliches Haus bauen lassen, später auch in Wernigerode ein Sommerhaus auf dem Lindenberg. Die Wohnung in Magdeburg liegt im Bereich der St. Ambrosius-Gemeinde, in deren Gemeindekirchenrat Emil Kaufmann jahrelang Mitglied war.

Interessant ist, dass er in Magdeburg 1902 bei den Freimaurern in die Johannesloge »Hohenzollern treu und beständig« aufgenommen wurde, in der er bis 1932 das Amt des Logenmeisters innehatte. Darüber hinaus war er Mitglied in weiteren Logen in Wolmirstedt, Aschersleben, Burg, Hettstedt, Quedlinburg, Blankenburg, Zerbst, Bad Harzburg, Braunschweig und Berlin. Offensichtlich war seine religiöse Orientierung ethisch ausgerichtet. Vom Judentum hatte er sich durch seine Taufe getrennt. Aber sein liberales Christentum konnte er wahrscheinlich gut mit der Freimaurerei verbinden. Aus wenigen überlieferten Reden ist eine »tiefe christliche Überzeugung« erkennbar. Die philosophischen Positionen eines Materialismus lehnte

6 So Eckhard Römmer (Familienangehöriger) bei der Verlegung eines Stolpersteines für Emil Kaufmann in Magdeburg.

7 Angaben nach Utz Maas: Verfolgung und Auswanderung deutschsprachiger Sprachforscher 1933–1945; veröffentlicht 2021 unter https://zflprojekte.de/sprachforscher-im-exil/index.php/catalog/l/325-lueders-eva-maria (Abruf 12.4.2021).

er ab, vielmehr erwartete er, dass der »Kategorische Imperativ« Kants Grundlage der sittlichen Anschauungen werde, da er bereits im doppelten Liebesgebot des Christentums angelegt sei.

In Magdeburg betrieb Emil Kaufmann gemeinsam mit Justizrat Hermann Ullmann und Rechtsanwalt Gotthold Spitzer am Alten Markt eine prosperierende Kanzlei, die vor allem renommierte Wirtschaftsfirmen vertrat. Sein Spezialgebiet wurde das Handelsrecht. Zahlreiche Veröffentlichungen in Fachzeitschriften und auch Einzelschriften verschafften ihm Ruf und Anerkennung. Sein Fachbuch »Handelsrechtliche Rechtsprechung« erschien zwischen 1900 und 1924 in siebzehn Auflagen. Er war im Deutschen Anwaltsverein tätig und gab die Naumburger Kammer-Zeitung als deren Chefredakteur heraus.

Das alles änderte sich schlagartig für Justizrat Emil Kaufmann und seine Frau Elise mit der Machtergreifung der Nationalsozialisten 1933. Mit dem NS-Gesetz zur »Wiederherstellung des Berufsbeamtentum« vom 7. April 1933, das die Ausschaltung aller »nichtarischen« Beamten vorsah, wurde seine anwaltliche Tätigkeit eingeschränkt. Bereits einen Tag später übersandte der Bund Nationalsozialistischer Deutscher Juristen Gau Magdeburg-Anhalt an den Landgerichtspräsidenten in Magdeburg »Richtlinien« über den Umgang mit jüdischen Rechtsanwälten. Es wurde verlangt, dass sie nicht mehr als »jüdische Armenanwälte« beigeordnet werden sollten, »weil der Staat keine Interessen daran habe, an jüdische Rechtsanwälte Gebühren zu zahlen«. Auf der den Richtlinien beigefügten Liste ist auch Emil Kaufmann vermerkt. Gegen alle diese Maßnahmen versuchte er durch Eingaben vorzugehen und sich zu wehren, verkannte aber, dass weder sachliche Argumente noch seine Lebensleistung bei der nationalsozialistischen Staatsführung überhaupt eine Bedeutung hatten.

Weder galt seine Zulassung als Rechtsanwalt zu Kaisers Zeiten noch sein Militärdienst für Deutschland im Ersten Weltkrieg etwas. Er war jüdischer Abstammung, also durfte er »Deutsche« nicht mehr vertreten. Öffentlich wurde vor »jüdischen Anwälten« gewarnt, damit kein Deutscher auf diese »Rechtsverdreher« hereinfiele. Kaufmann wurde aus dem Verein der Rechtsanwälte und Notare ausgeschlossen. Die Herausgeberschaft an der Naumburger Kammer-Zeitung verlor er. Er trat »freiwillig« aus seiner Kanzlei aus. Sein Wohnhaus in Magdeburg verkaufte er nicht ganz freiwillig und zog sich nach Wernigerode zurück. Der genaue Zeitpunkt lässt sich nicht feststellen, wird aber im Zusammenhang mit dem Verkauf seines Magdeburger Hauses etwa 1936/37 gewesen sein. Wahrscheinlich wurde er auch gezwungen, Kunstwerke zu verkaufen. Jedenfalls tauchte bei einer Auktion des Hauses Berkhan im September 1938 ein Gemälde von Pius Ferdinand Messerschmidt (1858–1915) »Husaren nach der Schlacht« auf, bei dem als »Einlieferer« Emil Kaufmann angegeben ist. Dass der Schätzpreis von 90 RM weit unter dem Wert des Bildes lag, ist offensichtlich.[8]

8 Hinweis von Georg Prick in seinem Vortrag 2018 in Wernigerode.

Inzwischen war Emil Kaufmann über 70 Jahre alt. Was geschah in den wenigen Jahren, als die Kaufmanns in Wernigerode wohnten?[9]

Der im preußischen Kaiserreich verwurzelte und so stolze Offizier Kaufmann, der hoch angesehene Justizrat war gedemütigt worden und versuchte in der bunten Stadt am Harz seinen Lebensabend zu verbringen. Sein Vermögen war auf etwa 70 000 RM geschätzt worden.[10] Das sollte ausreichen. Hinweise seiner Freunde, Deutschland zu verlassen, schlug er aus. Aus seinem Offiziersverein wurde er im Oktober 1938 kurz vor der Pogromnacht wegen seiner nichtarischen Abstammung ausgeschlossen; durch Reichsgesetz wurde ihm das Tragen einer Uniform entzogen. »Er war im Kaiserreich sozialisiert worden, bayrischer Soldat und Offizier, beruflich erfolgreich, christlich getauft, geachtet, angesehen und respektiert, ausgesprochen vermögend, ein Mann, der mit allen Fasern seines Daseins Deutschland und seiner Kultur verbunden war. Wie so viele wird er das schreckliche Ende nicht für möglich gehalten haben.«[11]

1939 wurde Kaufmann die Verfügung über sein Vermögen gesperrt. Ihm blieb nur der Zugriff für einen sparsamen Lebensunterhalt. Die Devisenstelle, eine Einrichtung des NS-Reiches zur Überwachung und Ausplünderung von Juden, lehnte Anträge für Kohlen, kleinere Reparaturen, Kleidung und anderes grundsätzlich ab. Im gleichen Jahr erschien der Name Kaufmann auf einer »Liste der wohlhabenden Juden« des Reichswirtschaftsministeriums aufgrund der Vermutung, dass bei diesen Personen kostbare Kulturgüter vorhanden seien. Es sollte verhindert werden, dass diese Kulturgüter ins Ausland verbracht oder unter Umgehung der Devisenstelle zu Geld gemacht werden.

In Wernigerode hielt sich Emil Kaufmann zur Bekennenden Kirche in der Lindenbergstraße an der Kreuzkirche, die seit 1934 hier bestand. Die dort ansässige Altlutherische Gemeinde (heute: Selbständige Evangelisch-Lutherische Kirche) war als einzige in Wernigerode bereit, Mitglieder der Bekennenden Kirche (BK) gastweise aufzunehmen. Bei der BK handelte es sich um eine oppositionelle Bewegung gegen die Gleichschaltung der Evangelischen Kirche mit dem Nationalsozialismus, die von den sogenannten Deutschen Christen vorangetrieben wurde. Sie erkannte den »Arierparagraphen« in der Kirche nicht an, nach dem Christen mit jüdischer Abstammung aus der Gemeinde auszuschließen seien. Im Verzeichnis der 281 Mitglieder in der Wernigeröder Gemeinde findet sich der Name Kaufmann allerdings nicht.

Oftmals wurde Emil Kaufmann nach dem Gottesdienst von Dr. Joachim Müller begleitet. Müller wohnte gegenüber von Kaufmanns in der Hornstraße und war Mitarbeiter des Missionsbundes »Licht im Osten«, der damals seinen Sitz in Wernigerode

9 In den Ergänzungskarten bei der Volkszählung 1939 ist sein Vorname fälschlicherweise als »Heinz« angegeben.

10 Landesarchiv Sachsen-Anhalt Magdeburg G11 Nr. 3209, Blatt 117ff. (Liste der wohlhabenden Juden).

11 Georg Prick a.a.O, Seite 309.

hatte. Der war vor allem in Russland bei der Verbreitung des Evangeliums unter Christen, die nicht der Russischen-Orthodoxen Kirche angehörten, aktiv. Nach einem Gottesdienst der Bekenntnisgemeinde in der Kreuzkirche in der Lindenstraße Anfang 1942 begleitete Müller seinen alten Nachbarn Kaufmann bei Glatteis den Großen Bleek hinauf nach Hause in die Hornstraße. Müller, Hauptmann der Reserve, trug auf diesem Weg seine Uniform; Kaufmann musste den Judenstern tragen.[12] Das konnte in einem NS-Staat nicht geduldet werden. »Und obschon der Weg nur kurz war, etwa 700 m, werden beide gesehen und denunziert. Die Magdeburger Gestapo ging gegen Müller vor und verhängte ein Rede-, Schreib- und Reiseverbot. Nur durch Intervention eines einflussreichen Freundes, des Infanteriegenerals Friedrich Olbricht, den Müller aus dem Ersten Weltkrieg kannte, entging Müller einer Verhaftung. Joachim Müller berichtete in seiner Spruchkammerakte, dass er sich mehrfach für Kaufmann eingesetzt hat, vermutlich auch bei General Olbricht. [...] Joachim Müller [wurde] am 23. September 1942 wegen des Spaziergangs mit Kaufmann unehrenhaft aus der Wehrmacht entlassen. Er gab seine Tätigkeit für den Missionsbund ›Licht im Osten‹ auf und tauchte in Süddeutschland unter.«[13]

Nach dem Bericht der Rechtsanwaltsgehilfin Herta Stanke[14] ließ das Ehepaar Kaufmann bereits 1941 in der Kanzlei von Dr. Friedrich Sander in Wernigerode, Breite Straße 15, sein Testament ändern. RA Sander gehörte zwar schon vor 1933 der NSDAP an[15], beriet aber auch andere Juden in Wernigerode. Die Einzelheiten sind nicht zu rekonstruieren, da eine Beurkundung in den Notarakten Sanders nicht auffindbar ist. Im Gespräch mit dem Rechtsanwalt habe Frau Kaufmann erklärt, dass sie als »Deutschblütige« unter Druck gesetzt werde, sich von ihrem Mann scheiden zu lassen. »Sie gab an, dass sie dazu nie bereit sein werde. Sie hätten daher beschlossen, ein Testament aufzusetzen, falls ihnen in der nächsten Zeit etwas zustoßen sollte.«[16] Emil Kaufmann musste, wie oben erwähnt, sein Wernigeröder Haus verkaufen. In einem Schreiben vom 21. Juli 1942 teilte er dem Oberfinanzpräsidenten in Magdeburg mit: »Auf Veranlassung der Geh. Staatspolizei habe ich mein hiesiges Grundstück an den Landwirt Richard Fritze in Schleibnitz bei Magdeburg verkaufen müssen.« Der Verkauf ist mit Vertrag vom 12. Mai 1942 notariell beurkundet. Der Kaufpreis musste auf ein nur beschränkt verfügbares Sicherungskonto eingezahlt werden. Aus den Akten der Kreisverwaltung Wernigerode in einem späteren Entnazifizierungsverfahren ist ein Zeugnis bekannt, in dem festgehalten ist: »Sein Haus wurde enteignet

---

12 Obwohl Emil Kaufmann in einer »Mischehe« lebte, waren er und seine Frau nicht vor den Folgen der Rassegesetzgebung geschützt. Die Ehe zählte nicht zu den »privilegierten Mischehen«, da sie kinderlos war und der Ehemann als Jude galt. Also musste Kaufmann auch den Judenstern tragen.

13 Georg Prick a.a.O. Seite 310.

14 Gesprächsnotiz aus dem Privatarchiv von Renate Goetz vom 11.3.1991. Siehe auch S. 109

15 Nach der »Liste der Parteigenossen« der Ortsgruppe Wernigerode in: Alfred Böttcher: Zehn Jahre Kampf um Wernigerode, Dessau [1935].

16 Aus dem Vortrag von Georg Prick am 9. November 2018 in Wernigerode (unveröffentlicht).

und von der SS als Tauschobjekt für ein Haus, das dem SS-Entbindungsheim, hier, Brockenweg, angegliedert wurde, benutzt. Der Flügel, der Inhalt des Weinkellers, wertvolles Kristall etc. kamen ins SS-Entbindungsheim.«[17] Der weitere Verbleib der Gegenstände ist nicht zu klären.

Am 5. August 1942 wurde Emil Kaufmann – jetzt 78-jährig – in das »Judenhaus« in Halberstadt, Westendorf 15, zwangseingewiesen. Dieses Gebäude war zuvor eine jüdische Schule und wurde nach deren Schließung als Sammelort der Juden für die Deportation genutzt (eine Art Ghetto). Seine Frau hatte sich dem Druck, sich von ihrem jüdischen Mann scheiden zu lassen, nicht gebeugt, sondern ist mit ihm gegangen. Das Leben in diesem Haus war schäbig. Warum er nicht mit dem letzten Sammeltransport der Halberstädter Juden am 23.11.1942 nach Theresienstadt deportiert wurde, ist nicht ersichtlich. Auf keiner der sonst akribisch geführten Ausbürgerungslisten des Deutschen Reiches und der Deportationslisten ist Emil Kaufmann verzeichnet. Ein Zeitzeuge aus der Familie berichtet, dass er, der zwangsweise den Judenstern trug, Anfang Februar 1943 auf der Straße von einem (Polizei-)Offizier angesprochen und nach der Uhrzeit gefragt wurde. Kaufmann zog seine Taschenuhr und gab Auskunft. Das wurde ihm zum Verhängnis. Denn der Besitz von Uhren war Juden verboten. Kaufmann kam in das Polizeigefängnis. Dort konnte ihn seine Frau noch besuchen und ihm Essen und Wäsche bringen. Was danach geschah ist nicht mehr zu klären. Wahrscheinlich wurde er über Berlin nach Auschwitz deportiert. Dort verstarb er laut Sterbeurkunde[18] am 15. Februar 1943 um 14:55 Uhr. Als Todesursache wird Altersschwäche angegeben.

Seine Frau Elise Kaufmann geborene Lüders starb am 8. April 1945 im Bombenhagel auf Halberstadt im Luftschutzbunker des Domes.

Die promovierte Nichte Dr. Eva Lüders, die nach Schweden emigrierte, hat an der Universität Uppsala wissenschaftlich gearbeitet. Sie veröffentlichte in Fachzeitschriften und Lexika philologische Studien zu mittelalterlichen Handschriften und Texten. An ihren Onkel Willy Lüders schrieb sie nach Ende des Krieges am 25. Juni 1946: »Ich habe in Schweden ein sehr bescheidenes monatliches Einkommen [...], das zu nicht viel mehr als anspruchslosem Wohnen und Essen reicht, und worüber im Laufe der Zeit alle Reserven verbraucht werden, da es zu Anschaffungen, Zahnarztrechnungen etc. nicht genug ist. [...] Von hier aus stand also von je bei mir fest, nicht für immer hier in Schweden zu bleiben, denn natürlich sehne ich mich vor allem nach einem passenden Wirkungskreis. [...] Wo die wenigen alten Freunde, die sich über die vielen Jahre meiner Abwesenheit aus Deutschland erhalten hatten, geblieben sind, weiß ich nicht, denn außer von Dir habe ich von niemandem dort Nachricht, kurz und gut, ich fühle mich von keinem dort erwartet und gebraucht.« Da ein Wiedersehen mit den Pflegeeltern Emil und Elly Kaufmann, um die sie all

---

17 Ebenfalls laut Vortrag von Georg Prick 2018 in Wernigerode.
18 Kopie bei Georg Picht: Emil Kaufmann, Vortrag 2008.

die Jahre gebangt hat, nun auch nicht mehr möglich ist, »macht den Gedanken des ›Nachhausekommens‹ schmerzlich. Und so sehr man sich an die Bitterkeiten als Fremder im Ausland zu leben hat gewöhnen müssen, so sehr scheut man gerade darum umso mehr das Risiko, eventuell in der Heimat als Fremder herumlaufen zu müssen, den Kontakt mit eignem Land und eignen Leuten verloren zu haben, und doch muss man ja mit solchen Möglichkeiten rechnen. Ich bin jetzt elf Jahre nicht in Deutschland gewesen, das ist eine lange Zeit!«[19]

Dr. Eva Lüders kehrte nicht wieder nach Deutschland zurück. Im Mai 1948 ließ sie sich in Schweden einbürgern. 1971 starb sie unverheiratet und kinderlos in Schweden.

Elly Kaufmann hatte nach dem Tod ihres Ehemannes noch versucht, die gemeinsamen testamentarischen Verfügungen umzusetzen. Danach war Frau Kaufmann Alleinerbin. Nach dem Gesetz über die Einziehung von volks- und staatsfeindlichen Vermögens von 1933 aber sollte das Vermögen nicht der Witwe, sondern dem Deutschen Reich zufallen. Rechtsanwalt Spitzer aus der vormals gemeinsamen Kanzlei in Magdeburg verwendete sich beim Regierungspräsidenten und beim Oberfinanzpräsidenten in Magdeburg: Kaufmann sei national eingestellt gewesen und keineswegs staatsfeindlich, sein Vermögen sei weder beschlagnahmt noch zur Einziehung angeordnet gewesen; deswegen gehe es laut Testament auf seine Ehefrau über. Es nutzte alles nichts. Das Vermögen, geschätzt etwa 40 000 RM, wurde nach der Verordnung über den Einsatz jüdischen Eigentums zu Gunsten des Staates entschädigungslos eingezogen.

Vor seinem Haus in Magdeburg, Humboldtstraße 2, erinnert ein Stolperstein an Emil Kaufmann. Bei der Verlegung des Stolpersteines erzählte einer der Familienangehörigen, dass einige wenige Bücher der Kaufmanns, die seine Frau im Dom zu Halberstadt sichergestellt hatte, nicht verbrannt seien. Darunter fand sich ein Band von Theodor Fontanes »Wanderungen durch die Mark Brandenburg«.

Im Band 3 »Havelland« befasst sich Fontane mit den Wenden in der Mark und erzählt im 3. Abschnitt über deren Charakter, Begabung und Kultus: Die deutschen Chronisten, die die Wenden als hinterhältige perfide Feinde beschreiben, urteilen »sie waren falsch und untreu«. Zugleich erzählen aber die Chronisten »in rühmlicher Unbefangenheit« über »die endlosen Perfiden der Deutschen. Dies erklärt sich daraus, dass sie, von Parteigeist erfüllt und blind im Dienst einer großen Idee, die eigenen Perfidien vorweg als gerechtfertigt ansahen.« Diese Passage hatte Emil Kaufmann angestrichen und mit der Jahreszahl 1933 versehen.[20]

Justizrat Emil Kaufmann wurde nur deshalb verfolgt und ermordet, weil er als Jude geboren wurde. Alles andere hatte dagegen keine Bedeutung.

---

19 Zitiert von Georg Prick a.a.O. S. 313f.

20 Hinweis aus der Rede von Eckhard Römmer am 14.11.2008 bei der Verlegung eines Stolpersteines in Magdeburg (unveröffentlicht).

Geschäftshaus des Unternehmers Sally Lewy in Wernigerode, Breite Straße 44 (1926–1938), Foto: Michael Lumme

Der Kaufmann aus Bernburg – Sally Lewy

»Die letzte jüdische Firma packt ein.« So triumphierte die Wernigeröder Zeitung am 14. September 1938. Die letzte jüdische Firma? Zumindest war das nationalsozialistische Geschrei groß. Die Käsefabrik von Russo war in den Bankrott getrieben worden. Salomons Getreide- und Futterhandel war verkauft. Reichenbach und Löwenstein wurden in den Zwangsverkauf getrieben und in der Pogromnacht im November dennoch geschädigt, weil es ja alles »jüdische Geschäfte« waren. So auch der kleine Laden von Sally Lewy auf dem Hof in der Breiten Straße 44. Aber der stand jetzt auch zum Verkauf an. Ende des Monats »übernahm« das Wäschehaus Ahrens das Geschäft, das dennoch am 9. November geplündert wurde.

Was war das für ein Geschäft, das unter Wernigerödern nur als »Kramladen« bekannt war? Und wer war dieser Sally Lewy, der gar nicht in Wernigerode wohnte? Bei der Recherche von Renate Goetz Anfang der 1990er Jahre meinte ein Zeitzeuge: »Sally Lewy war der ideale Krämertyp, hatte allen Krimskrams, war ein kleines untersetztes Männchen, um die 50 Jahre; aber bei ihm habe er als Junge gern gekauft.« Der Laden war auch als Textilgeschäft bekannt. Und im Geschäftsverkehr firmierte er unter dem Namen »Mechanische Wäsche- und Schürzenfabrik«.

In der Presse annoncierte Sally Lewy nur mit seinem Namen. Oft veranstaltete er »Sonder-Tage«. Da wurde etwa angeboten: Fahrrad-Mäntel für 95 Pfennige, Schläuche 50 Pf., Sägen 50 Pf., Schraubenzieher oder Taschenmesser jeweils 10 Pf. Na, da jubelten die Jungen. Batterien, Schalter, Abzweigdosen, Rasierapparate und Klingen standen auch auf der Liste für wenige Pfennige.[1] Regelmäßig gab es Anzeigen unter dem Titel »0,95-Pfennig-Tage!« Oder etwa zum Jahresbeginn 1930 ein »Inventur-Ausverkauf / Preise auf das Äußerste ermäßigt«. Dann wurden Damen- und Kinderkleider und Mäntel bis zu 50% reduziert. Kurz: »In seinem Kramladen gab es alles.« wie eine Zeitzeugin meint.[2]

Ein anderer Zeitzeuge berichtet: »Einige Geschäftsleute mochten ihn nicht, weil er seine eigenen Preise machte und meist einen oder zwei Pfennige unter denen der Konkurrenz blieb. Für Wernigeröder mit schmalem Geldbeutel war er der günstigste Händler. Besonders mochten ihn die Kinder, denen er heimlich Bonbons in die Taschen schmuggelte.«

Eigentlich wäre kaum mehr über das Geschäft und Sally Lewy in Wernigerode zu berichten, denn offensichtlich war hier nicht bekannt, dass es nur eine Zweig-

1 Annonce am 10.3.1933 in der Wernigeröder Zeitung. Auf derselben Seite findet sich Werbung der NSDAP mit Hakenkreuz für die letztmalige Kommunalwahl am 12. März unter dem Motto »Es gibt keinen gerechten Juden!«

2 Neue Wernigeröder Zeitung 1992 Nr. 11, Seite 14: Jüdische Schicksale.

niederlassung von mehreren in der Preußischen Provinz Sachsen-Anhalt gewesen ist. Sein Stammsitz war Bernburg. Und von dort und darüber hinaus gibt es mehr zu erzählen.

Zunächst erst einmal: Sally ist ein Unisex-Name und wird sowohl weiblich als auch männlich verwendet – was gelegentlich bei Sally Lewy zu Verwechslungen führt. Der Name ist eine Verkürzung aus dem Hebräischen von Sarah, im Englischen aber meist nur als Sally verwendet.

Sally Lewy wurde am 6. Juni 1882 in Küstrin geboren, dort wo die Warthe in die Oder mündet. Wie und warum er nach Mitteldeutschland gekommen war, konnte nicht erkundet werden. Der »Textilhändler« gründete 1906 in Bernburg am Markt 8/9 ein Geschäft für Wäsche, Stoffe und Damenmoden. Die kleine Firma hatte Erfolg. Bald konnte sie um einige Filialen in der Stadt erweitert werden. Das Sortiment wuchs durch Schreibmaterialien, Spielwaren und mehr. Bei Lewy habe man »gut und preiswert alles einkaufen können«, berichten Zeitzeugen.[3]

Als »anerkannter Geschäftsmann« und engagierter Politiker[4] Bernburgs, Familienoberhaupt für seine junge Frau und die vier Kinder[5] Irmgard, Ilse, Günter und Gerhard verlebte Sally Lewy in dieser Zeit wohl seine glücklichsten Jahre. Vielleicht wollte er als bekennender Deutscher seinem Land etwas zurückgeben, als er sich im Ersten Weltkrieg als Offizier hervortat, das Eiserne Kreuz I. und II. Klasse erhielt. Im Jahr 1915 entwickelte sich im Feldlazarett Bottrop im Ruhrgebiet eine langjährige Freundschaft zwischen dem verwundeten Sally Lewy und einem Bernburger Soldaten. Der Enkel des Soldaten berichtete später, dass es »nach 1936 mit der Firma (Lewy) bergab ging, man traute sich nicht mehr auf die Straße.« Dieser Kriegskamerad war es dann auch, der die Familie Lewy mit dem Lebensnotwendigsten versorgte und im Jahre 1938 sogar den Sohn Gerhard außer Landes schleuste.

Sally Lewy hatte 1907 Frieda Löwy (* 13.10.1885 in Schwedt) geheiratet. Aus der Ehe gingen fünf Kinder hervor:

- Irmgard (* 21.6.1908 in Bernburg) heiratete am 18.10.1936[6] den Kaufmann Kurt Sander.
- Herbert (* 1909) wurde als Jugendlicher am 29.7.1930 in der Wohnung tot aufgefunden; er hatte sich, weil er das Abitur nicht bestand, erhängt.
- Gerhard (* 1912) hatte eine leitende Stellung im Geschäft seines Vaters, die er 1934

3 Diese und weitere Zitate entnimmt der Autor mit freundlicher Genehmigung einem Artikel von Regina Vahldieck (Staßfurt): Sally Lewy; Volksstimme am 25.10.1997, auch wenn nicht ausdrücklich jedes Mal darauf verwiesen wird. Siehe auch Bungeroth, Dietrich: Spurensuche – Was wurde aus den Juden der Stadt Bernburg?, Bernburg [3]1993

4 Sally Lewy soll Mitglied im Landtag von Anhalt gewesen sein, was sich bisher nicht hat bestätigen lassen, obwohl mehrfach bezeugt. Die zugänglichen Listen der Mitglieder der sieben Wahlperioden des Landtages des Freistaates Anhalt von 1918 bis 1932 führen den Namen Sally Lewy nicht.

5 Das Ehepaar hatte fünf Kinder, die zwischen 1908 und 1919 alle in Bernburg geboren wurden.

6 Einige Quellen geben das Jahr (nicht das Datum) mit 1937 an.

aufgab, um mit seiner Frau Mirjam Nagelberg 1935 über die tschechische Grenze nach Palästina zu emigrieren.

- Ilse (* 15.12.1915 in Bernburg) war mit Rolf Freiberg (* 19.8.1912 in Kroppenstedt) verheiratet; sie arbeitete bei ihrem Vater als Verkäuferin und er als Dekorateur bei seinem Schwiegervater. Sie hatten zwei Kinder: Gittel Freiberg (* 22.6.1939 in Bernburg) und Danny Sally Freiberg (* 9.3.1942 in Bernburg).
- Günter (* 12.7.1919 in Bernburg) war der jüngste in der großen Familie. Er kam in Auschwitz um.

Sally Lewy eröffnete neben seinem Geschäft am Markt in Bernburg schon bald eine Filiale in der Halleschen Straße 25. Per Annonce suchte er 1908 dringend Lehrlinge und Weißnäherinnen. Am 15. Juni 1926 teilte er der Polizeiverwaltung in Wernigerode mit: »Wir bitten davon Kenntnis zu nehmen, dass wir am Freitag, dem 18. Juni im Hause Breite Straße 44 daselbst ein Zweiggeschäft eröffnen werden. Geführt werden Textilwaren.«[7] Registriert wird eine »Mechanische Wäsche- und Schürzenfabrik« wie in Bernburg. Während der Weltwirtschaftskrise 1929/32 stand er kurz vor dem Bankrott, bis ihn der Kaufmann Willy Cohn rettete. Später, in den 1930er Jahren, gründete er eine Filiale seines Handelsunternehmens in Staßfurt in der Hamsterstraße. Weitere Niederlassungen entstanden in Aken, Calbe und Könnern. Sally Lewy wurde zu einem der angesehensten Bürger in Bernburg.

Neben seiner Geschäftstätigkeit engagierte sich Sally Lewy in der jüdischen Kultusgemeinde in Bernburg und vertrat sie auch im Vorstand des Landesverbandes der Anhaltischen Israelitischen Kultusgemeinde in Dessau. Längere Zeit war er Gemeindepräses, also Vorsteher des Vorstands der Gemeinde[8], die in den 1930er Jahren etwa 200 Mitglieder hatte.

Beim Boykottaufruf am 1. April 1933 durch die NSDAP wurde im Anhalter Kurier eine Liste mit 27 jüdischen Unternehmen veröffentlicht: »Volksgenossen! Diese jüdischen Geschäfte, Ärzte und Rechtsanwälte sind ab heute 10 Uhr zu meiden!« Unter den genannten findet sich auch »S. Lewy (Wäsche)«. Aber Sally Lewy wollte sich als vorbildlicher Staatsbürger zeigen, der schließlich im Weltkrieg gedient hatte. Er spendete 1934 großzügig für das »Winterhilfswerk«. Dennoch waren seine Geschäfte 1936 und 1937 wiederholt Ziele von Ausschreitungen. In dieser Zeit erkrankte Sally Lewy am Herzen. Aufgrund seines sich verschlechternden Gesundheitszustandes hatte der Vater sein ältestes Kind Irmgard Lewy 1936 als Geschäftsteilhaberin eintragen lassen. Gemeinsam leiteten sie das Unternehmen.

In Wernigerode verkündete die »Wernigeröder Zeitung und Intelligenzblatt« am 14. September 1938 mit großen Buchstaben: »Die letzte jüdische Firma packt ein!« Der

7 Stadtarchiv Wernigerode WR II 4426 Gewerbe-Polizei-Sachen.

8 Jüdisches Gemeindeblatt für Anhalt und Umgegend, Dessau 13.12.1929. Es ist durchaus denkbar, dass diese Tätigkeit im Landesverband der jüdischen Kultusgemeinde verwechselt wird mit der obenerwähnten Mitgliedschaft im Anhaltischen Landtag.

Laden werde am Ende des Monats »in arischen Besitz übergehen« und vom Wäschehaus Ahrens übernommen. Aber ganz glatt wie gewünscht lief die Übernahme nicht ab. Eine Eingabe der Wirtschaftsgruppe Einzelhandel bei der Industrie- und Handelskammer vom 20. September wehrte sich gegen die Umwandlung eines »Ramschgeschäftes« durch Ahrens in ein »Wäsche- und Kleinpreisgeschäft«. Das bedeute Konkurrenz im unmittelbaren 200m-Umkreis. Das Geschäft des Juden Lewy solle nicht umgewandelt, sondern geschlossen werden.[9] Daraufhin teilte die IHK Halberstadt dem Landrat in Wernigerode mit: Ein »ausführliches Gutachten vom 24. September 1938 in der Einzelhandelsschutzsache Erwin Ahrens, Wernigerode [... belegt], dass in der gleichen Branche eine außergewöhnliche Übersetzung« bestehe. »Wir können ein Bedürfnis für das Fortbestehen des Geschäftes unter keinen Umständen anerkennen.« Schließlich heißt es noch: »Dieses Ramschgeschäft war u. E. wirklich keine Zierde für Wernigerode.«[10] Da aber Ahrens auf seinem »Arisierungsantrag« bestand und die Geschäftseröffnung beantragte, bemühte sich nun auch noch die Fa. Semp & Sniotalle aus Schöningen um eine Übernahme, scheiterte aber. Schließlich schaltete sich die NSDAP-Kreisleitung etwas verspätet am 13. Februar 1939 in einem Schreiben an die IHK ein und teilte mit, »dass das jüdische Geschäft Sally Lewy in Wernigerode nicht zur Arisierung kommt«.[11] Es solle schlicht liquidiert werden. Aber da hatte es Erwin Ahrens bereits als »Wäschegeschäft« angemeldet. Verwunderlich bleibt, dass mitten in diesem Hin und Her das Geschäft von Sally Lewy am 9. November 1938 während der Pogromnacht ebenfalls beschädigt und geplündert worden war.

In Bernburg feierten SA und SS am 9. November 1938 bis Mitternacht »Heldengedenktag« wie in jedem Jahr. Dann zogen sie los, um die jüdischen Läden zu zerstören, Fenster einzuschlagen und sich an den Auslagen zu bedienen. Gegen 4:30 Uhr wurde schließlich die Synagoge mit Unterstützung der Feuerwehr niedergebrannt und kurz darauf abgetragen. Die Brandstifter triumphierten: »Die Synagoge in der Breiten Straße hat bei der Abrechnung mit unseren Volksfeinden so ziemlich restlos ebenfalls das Zeitliche gesegnet.«[12]

»Auf den Straßen tobte der braune Mob! Lewys Läden wurden verwüstet und geplündert, sein Sohn und die beiden Schwiegersöhne blutig geschlagen, seine Frau musste mit den beiden Töchtern unter SA-Bewachung die Scherben von der Straße fegen. Doch nicht nur die Bernburger Geschäfte wurden zerstört.« Ausschreitungen gab es auch gegen die Filiale Sally Lewy in Staßfurt. Zeitzeugen berichten: »Erinnern kann ich mich noch an die zerschlagenen Fensterscheiben eines jüdischen Geschäfts (Sally Lewy), das auf meinem Schulweg lag.« Eine beherzte Staßfurter Rentnerin erinnert sich noch gut an das Geschäft S. Lewys, nicht aber an die »Kristallnacht«, weil

9 Landesarchiv Abteilung Magdeburg, C 110 Halberstadt, Nr. 47.
10 Landesarchiv Abteilung Magdeburg, C 110 Halberstadt, Nr. 49.
11 Ebenda.
12 Der Mitteldeutsche - Bernburger Stadtnachrichten am 11.11.1938.

»meine Mutter mich in diesen Tagen nicht auf die Straße ließ!«[13] Und die Wernigeröder Filiale wurde – wie die in Staßfurt, Aken, Calbe und Könnern – auch nicht verschont.

Am frühen Morgen des neuen Tages wurden alle deutschen – nicht aber ausländische – jüdischen Männer in »Schutzhaft« genommen und in Polizeigefängnissen festgesetzt. In Bernburg betraf dies auch Sally Lewy und seinen Sohn Günter. Sein älterer Sohn Gerhard hatte sich bereits mit seiner Frau nach Palästina abgesetzt. Die Bernburger wurden sofort mit Lastwagen nach Dessau gebracht und die meisten sofort in das KZ Buchenwald deportiert. Die drei ältesten Männer, darunter der inzwischen 56-jährige Sally Lewy, schickte man einen Tag später wieder nach Bernburg zurück. Lewy wurde wenige Stunden darauf erneut verhaftet und in das Polizeigefängnis überführt.

Was nun folgte, ist teilweise anhand der Materialien des Bernburger Bauaktenarchivs zu rekonstruieren. Als hätten die Lewys nicht schon eine familiäre Katastrophe zu bewältigen, waren sie weiteren Schikanen der Nazis schutzlos ausgeliefert: Am 19. November 1938 forderte die Baupolizei die Familie Lewy auf, die Front und die Fenster des Geschäftes am Markt wiederherzustellen! Eine Woche später erging eine ultimative Mahnung an die Lewys. Am 30.11. wurde dann ein Maurermeister mit dem Einsetzen von Stubenfenstern (vorher Schaufenster) beauftragt. Wenige Wochen später wurde verlangt, die gläsernen Werbeschilder zu beseitigen. Ähnlich wurde auch mit dem Geschäft in der Staßfurter Hamsterstraße 26 verfahren. Schließlich stellt das Handelsregister fest: »Am 05.01.1939 erlosch die Firma Sally Lewy«. Das entsprechende Schreiben unterzeichnete die Tochter Irmgard, sie war ja Mitinhaberin und der Vater saß im Gefängnis. Da ein Verkauf seines Grundstückes in Bernburg am Markt an Willi Jung in Sandersleben nicht genehmigt wurde, verkaufte er es an den Kaufmann Hans von Spiegel in Altenburg für 65 000 RM. Der Verkauf konnte allerdings wegen des Beginns des Zweiten Weltkrieges nicht zum Abschluss gebracht werden. Dennoch wurde im Handelsregister schon am 1. April 1939 eingetragen: »Als Kaufhaus von Spiegel übernommen«.[14] Hans von Spiegel hatte zuvor den Namen »Lewy« tilgen lassen und am 28.3.1939 die Werbeschrift »Bernburger Kaufhaus« beantragt.

Der Filiale in Aken, in der Kurz-, Weiß- und Wollwaren, Spielzeug und Wirtschaftsartikel verkauft wurden, erging es nicht anders. Sally Lewy verkaufte das Geschäft am 15. November 1938 an seine Mitarbeiterin Helene Hesse, aber die Industrie- und Handelskammer Halberstadt erhob am 17. Januar 1939 Einspruch: Frau Hesse sei lediglich Buchhalterin bei Sally Lewy gewesen und habe keine Ahnung von Geschäftsführung; außerdem bestehe kein »volkswirtschaftliches Interesse« am weiteren Bestehen des Geschäftes. Dagegen verfügte der Landrat von Calbe: Frau Hesse darf das Geschäft eröffnen, aber nicht als Einheitspreisgeschäft.[15]

---

13 Vgl. Regina Vahldieck, siehe Anm. 3.

14 Ebenda.

15 Landesarchiv Magdeburg Rep. C 110 Halberstadt, Nr. 49. Ein Einheitspreisgeschäft war eine Betriebsform des Einzelhandels in den 1920–1930er Jahren, bei dem die Preise auf wenige, runde Beträge beschränkt waren.

Auch die anderen Filialen in Staßfurt, Calbe und Könnern wurden »entjudet« und im Laufe des Jahres 1939 unter neuen »arischen« Kaufleuten wiedereröffnet.

Ende des Jahres 1938 hatte der Oberfinanzpräsident (Devisenstelle Magdeburg) eine Anordnung an Sally Lewy erlassen, innerhalb von einer Woche bis Jahresende eine Vermögensaufstellung vorzulegen, verbunden mit der Frage, ob er die Absicht habe auszuwandern. Lewys Antwort: Eine Auskunft über sein Vermögen zu geben, sei ihm derzeit nicht möglich, »da die Verpflichtungen, die aus Anlass der bekannten Beschädigungen entstanden sind, noch nicht feststehen«. Außer Betriebsvermögen habe er keine Guthaben. Sein Sohn Günter besitze einen Deutschen Auslosungsschein mit einem Rückzahlungswert in Höhe von 875 RM und seine Tochter Ilse verheiratete Freiberg ebenso. Später ließ Lewy durch seinen Bücherrevisor Arthur Tillwig an den Oberfinanzpräsidenten mitteilen, dass sich sein Vermögen auf rund 9000 RM beschränke. Dazu reichte er eine Liste von Gläubigern ein, gegenüber denen er Verpflichtungen von Kleinbeträgen von 20 RM bis zu 2200 RM habe.

Der Familie Lewy, die jetzt kein Einkommen mehr hatte, blieb ein Reinvermögen von 10 890 RM. Und dieses Guthaben wurde vom Oberfinanzpräsidenten Magdeburg ebenso wie alle Konten gesperrt und auf einem Sicherheitskonto bei der Allgemeinen Deutschen Credit-Anstalt Filiale Bernburg, auf das Frieda Lewy nur beschränkten Zugriff hatte, zusammengeführt.[16]

Alle Verhandlungen und den Schriftwechsel führte Frieda Lewy, da ihr Mann im Polizeigefängnis Bernburg festgehalten wurde. Als ein gebrochener und kranker Mann wurde er im März 1941 aus der Haft entlassen und starb 58jährig wenige Tage später in seiner Wohnung am 21. März 1941. »Ein Mann, der es gewöhnt war anzupacken, musste aus der Entfernung buchstäblich mit gebundenen Händen die Zerschlagung seines Lebenswerkes verkraften, das Leid seiner Lieben ohnmächtig ertragen. Er wurde auf dem jüdischen Friedhof in Bernburg bestattet. Hier musste die Familie für ihren bereits 1930 verstorbenen Sohn Herbert ein Grab anlegen.« Eine Grabinschrift konnte oder durfte nicht angebracht werden.

Nach seinem Tod blieben der Familie die Wohnräume am Markt und in der Hallischen Straße noch bis 1942 erhalten: Frieda Lewy (56 Jahre) wohnte mit ihrem noch unverheirateten Sohn Günter (22 Jahre), mit ihrer Tochter Irmgard (33 Jahre) und deren aus Duisburg stammenden Ehemann Kurt Sander (37 Jahre) sowie Julius Freiberg (* 25.10.1887 in Wollin), Schwiegervater ihrer Tochter Ilse, am Markt. Ilse Freiberg geborene Lewy (26 Jahre) und ihr Ehemann Rolf Freiberg (* 19.8.1912 in Kroppenstedt) bewohnten mit ihren beiden Kindern Gittel (* 22.6.1939 in Bernburg) und Denny Sally (gerade vier Wochen alt) das Haus in der Halleschen Straße. Der kleine Junge hatte zum Gedächtnis an den verstorbenen Großvater gerade dessen Namen erhalten.

Im April 1942 begann für die neunköpfige Familie wie für weitere Bernburger – insgesamt 27 Personen – die Deportation ins Warschauer Ghetto. Zunächst wurden

---

16 Der ganze Vorgang in: Landesarchiv Magdeburg G11 Nr. 3480 (insgesamt 60 Seiten).

sie in ein Sammellager nach Magdeburg gebracht. Von dort ging es mit weiteren 419 Menschen aus dem Regierungsbezirk Magdeburg und dem Land Anhalt nach Berlin, wo weitere 492 Juden – insgesamt weit über 900 – in Güterwagen verladen und nach Warschau gebracht wurden. Ihre Namen stehen auf der Transportliste XIII, deren Zug am 14. April 1942 von Berlin-Grunewald abging und zwei Tage später im Ghetto ankam. Auf der Liste mit Namen, Geburtsdatum, Familienstand, Staatsangehörigkeit und Wohnort aus Bernburg ist jeweils noch der Zwangsname »Israel« oder »Sarah« angegeben: Nr. 27 Julius Freiberg, Nr. 28 Rolf Freiberg, Nr. 29 Ilse Freiberg geborene Lewy, und deren Kinder Nr. 30 Gittel und Nr. 31 der Neugeborene Denny Sally. Frieda Lewy hat die Nr. 35. Kurt und Irmgard Sander geborene Lewy die Nr. 39 und Nr. 40.[17] Von niemandem ist ein Todesdatum bekannt.

Günter Lewy fehlt auf dieser Liste. Wahrscheinlich hat er sich noch vor der Deportation abgesetzt, jedenfalls wurde er später als in Berlin, Marburger Straße 5, wohnhaft festgestellt. Das Haus war in den 1930er Jahren lt. Bezirksamt Charlottenburg-Wilmersdorf im Eigentum der Jüdischen Gemeinde Berlin (Oranienburger Straße). Es diente als Wohnung für zahlreiche Juden, darunter 46, denen die Flucht ins Ausland nicht gelungen war. Günter Lewy steht auf der Deportationsliste des 25. Osttransportes am 14. Dezember 1942 von Berlin-Moabit in das Konzentrationslager Auschwitz. Auch sein Todesdatum ist unbekannt.

Nebenbei: In demselben XIII. Transport von Berlin in das Warschauer Ghetto wurden auch Willy und Käthe Löwenstein aus Wernigerode deportiert.

Namen, Zahlen und Daten sind hier präzise aneinandergereiht. Sie zeigen die Kaltblütigkeit der bürokratischen Statistiker auf, die die Listen führten und die Vernichtungsmaschine einer »Endlösung« am Laufen hielten, die nicht einmal von einem Säugling abließ.

Als Einziger seiner Familie überlebte Gerhard Lewy die Shoah. Seine leitende Tätigkeit im Familienunternehmen des Vaters gab er 1934 auf, um sich auf seine Auswanderung vorzubereiten. Hierzu erlernte er einen neuen Beruf, der in der künftigen Heimat eine Anstellung ermöglichen sollte. Gemeinsam mit seiner aus Magdeburg stammenden Frau Mirjam Nagelberg emigrierte er zu Beginn des Jahres 1935 über die Tschechoslowakei nach Palästina. Seine zu diesem Zeitpunkt schwangere Frau brachte im Oktober 1935 in Haifa ein Mädchen mit Namen Fruma zur Welt. Diese kam 2017 – hochbetagt – mit ihren Töchtern Dalia und Hanna als Israelin nach Bernburg, um das Grab ihres Großvaters auf dem jüdischen Friedhof zu besuchen. Es war 1930 für den verstorbenen Herbert Lewy angelegt worden. Der schwere Familiengrabstein lag umgestoßen noch Ende der 1990er Jahre verborgen im kniehohen Gras. Anlässlich des Besuches der inzwischen 81jährigen Enkelin von Sally Lewy wurde der Stein wieder aufgerichtet und sein Name ebenso wie die Namen der in der Shoah umgekommenen Familienangehörigen eingraviert. »Das habe ich mir gewünscht«, sagte die alte Dame.

17 Die Angaben in der Datenbank von Yad Vashem und auch in den Arolsen Archives, dass die Deportationen in das KZ Theresienstadt erfolgt seien, sind nicht korrekt.

Wohn- und Geschäftshaus der Familie Löwenstein in Wernigerode, Burgstraße 9 (1903–1942), Foto: Michael Lumme

Flucht über Shanghai bis nach Kalifornien – Benjamin (Willy) Löwenstein

Burgstraße 9 in Wernigerode – ein interessantes Haus in der Altstadt Wernigerodes. Heute findet sich dort ein Geschäft für Straßenbekleidung. Hier wohnte und handelte seit Anfang des 20. Jahrhunderts Benjamin Wilhelm (Willy) Löwenstein unter der Firmierung »Deutsche Herrenmoden«.

Interessant insofern, weil die Adressbücher Wernigerodes seit 1877 über die Bewohner dieses Eckhauses zur Steingrube Auskunft geben. Zu jener Zeit wohnte hier Andreas Ahlers, »Verwalter des Consumvereins«. Offensichtlich hatte sich im Zuge der Industrialisierung auch in Wernigerode ein solcher Verein gegründet, um vor allem den gering verdienenden Teilen der Bevölkerung ein solides Angebot an Lebensmitteln und Gütern des täglichen Bedarfs zu machen. Seit 1882 war Albert Bartels (1853–1916), ein Jahr später zusammen mit seiner Frau Lina Kaufmann, Bewohner dieses geräumigen Hauses. Die Witwe Lina Bartels wird 1934 als Eigentümerin des Hauses genannt. Bartels hatte seinen Malerbetrieb in der Pfarrstraße eingerichtet. Engagiert in der Arbeiterbewegung wurde er als Sozialdemokrat zum Mitglied der Stadtverordnetenversammlung, dann auch als Vorsitzender der SPD in Wernigerode gewählt. Heute ist eine Straße in der Stadt nach ihm benannt. Später wohnte im selben Haus auch sein Neffe Richard Bartels. Seit 1889 ist Kaufmann Gustav Salzmann, einer der wenigen Juden damals in der Stadt, als Eigentümer verzeichnet. Über ihn und seine Familie ist nur wenig bekannt.[1] Wahrscheinlich hat Benjamin (Willy) Löwenstein das Geschäft 1903 von ihm übernommen, denn seit 1909 wird er mit unterschiedlichen Vornamen Benjamin / Wilhelm / Willy Löwenstein im Adressbuch erwähnt, anfangs als Kaufmann, 1912 als Inhaber der »Deutschen Herrenmoden«. Ab 1906 waren Salzmanns Erben als Eigentümer eingetragen. Hier wohnte Wilhelm von Bülow, von Beruf Zuschneider. Gut möglich, dass er schon bei Salzmann oder dann bei Löwenstein gearbeitet hat. Im gleichen Haus wohnte auch der Pfarrer im Ruhestand Julius König (1855–1933).[2] 1928 hatte der »Arbeiter-Bildungs-Ausschuss« hier seinen Sitz, dessen Vorsitzender Willy Steigerwald[3] war. Und Kaufmann Max Kirschstein[4], der an der Ecke zur Breiten Straße das Textilgeschäft »Caspary« führte und später wegen »Rassenschande« eine Zuchthausstrafe verbüßen musste, wohnte 1914 auch in der Burgstraße 9.

1 Siehe im Kapitel »Nicht vergessen«.
2 Julius König war Pfarrer in Schierke und bis 1918 in Stapelburg.
3 Zu Willy Steigerwald siehe S. 155ff.
4 Siehe im Kapitel »Nicht vergessen«.

Wie mögen diese unterschiedlichen Familien miteinander ausgekommen sein? Oder fanden sich engere Beziehungen? Darüber gibt es keine Nachrichten. Auffällig ist nur, dass sich einige Juden am Ende des 19. Jahrhunderts in der Burgstraße niederließen – teilweise waren sie sogar verwandt. Aber im Adressbuch 1939/40 ist keiner von ihnen mehr vermerkt.

Die Familie Löwenstein war im 19. Jahrhundert in Laufenselden ansässig, einem kleinen Ort im südhessischen Rheingau-Taunus-Kreis. Dort gab es eine jüdische Gemeinde, die sich 1861 eine Synagoge bauen konnte. Im November 1938 wurde sie durch Brandstiftung zerstört. Der letzte Vorsteher der jüdischen Gemeinde, Alfred Löwenstein, emigrierte nach Brasilien. Nach dem Pogrom lebten keine Juden mehr in Laufenselden.

Am 7. Mai 1876 wurde Benjamin (Willy) Löwenstein in Laufenselden geboren. Die Geburtsurkunde[5] vermerkt: Die Hebamme habe angezeigt, »dass von der unverehelichten Pauline Löwenstein (ohne besonderes Gewerbe), israelitischer Religion, wohnhaft bei ihrem Vater (dem Handelsmann Abraham Löwenstein) zu Laufenselden in der Wohnung ihres Vaters am siebenten Mai des Jahres tausendachthundert siebenzig und sechs vormittags acht Uhr ein Kind männlichen Geschlechts geboren worden sei, welches den Namen Benjamin erhalten habe«. Da solche Geburtsurkunden auf den Standesämtern später fortgeschrieben werden, ist die handschriftliche Randbemerkung beachtenswert: »Laufenselden, am 22. Februar 1939. Gemäß § 2 der Verordnung vom 17.8.1938 hat der nebenbezeichnete mit Erklärung vom 29.12.1938 mit Wirkung vom 1.1.1939 ab, zusätzlich den weiteren Vornamen Israel angenommen.«, was mit Siegel und Unterschrift beurkundet wurde. Dieser Vermerk ist sachlich falsch. Benjamin (Willy) Löwenstein hat den Vornamen »Israel« nicht »angenommen«, vielmehr mussten alle Juden durch die angegebene Verordnung den zusätzlichen Namen annehmen, mit dem sie auch ständig angeredet wurden, um sie eindeutig als Juden zu kennzeichnen. Später übernahm dies auch optisch der »Gelbe Stern«, abgesehen vom »J« im Ausweis.

Da es in Laufenselden seinerzeit zwei Familien Abraham Löwenstein und ebenso zwei Familien Meir Löwenstein gab, sind die Familien nicht eindeutig auseinanderzuhalten. Benjamins Großvater Abraham Löwenstein (um 1816 bis 1884), der als »Handelsmann« angegeben wird, und seine Frau Regina geborene Gutenstein (um 1820–1889) hatten außer Pauline noch eine zweite Tochter Fanny, die mit zwanzig Jahren 1883 gestorben ist. In der Urkunde heißt es von ihr »ohne besonderes Gewerbe«. Pauline Löwenstein lässt sich bisher in keiner weiteren Urkunde oder Akte finden. Blieb sie bei den Eltern? Zog sie als ledige Mutter mit Kind fort? Hat sie später geheiratet? Ihre Spur verliert sich nach der Geburtsurkunde von Benjamin (Willy) Löwenstein.

---

5 Hessisches Staatsarchiv Marburg Best. 919 Nr. 2655, Standesamt Laufenselden Geburtsnebenregister 1876, S. 15; alle folgenden Angaben zu Löwenstein in Laufenselden finden sich im selben Archiv-Bestand unter den Hessischen Geburten-, Ehe- und Sterberegister jeweils mit den entsprechenden Jahreszahlen.

Abraham Löwenstein hatte noch einen ledigen Bruder Meir Löwenstein (um 1823–1898), der als »Lumpensammler« erwähnt wird. In welchem familiären Verhältnis Abraham Löwenstein zu der großen Familie von Metzger Wilhelm Löwenstein und seiner Frau Betti geborene Schönfeld stand, konnte bisher nicht geklärt werden.

Jedenfalls kam Benjamin (Willy) Löwenstein aus sehr einfachen Verhältnissen. Über seine Ausbildung ist nichts bekannt, ebenso nichts darüber wie und warum er nach Wernigerode gekommen ist. Hier eröffnete er 1903 das genannte Geschäft »Deutsche Herrenmoden« mit dem Zusatz »Manufakturwaren« in der Burgstraße 9 Ecke Steingrube. In der Zeitung schaltete er eine Anzeige unter dem Namen »Löwenstein, B. W.« mit dem Hinweis auf »Großes Lager fertiger Herren-, Knaben-, Arbeiter-Garderoben. Manufaktur- und Modewaren«. Das »B. W.« wie Benjamin und Wilhelm (Willy) fällt auf. In der Geburtsurkunde wird der Vorname Wilhelm nicht genannt. Hat er ihn sich selber zugelegt? Wollte er ein »Deutscher« sein, der seinen Kaiser verehrte? In Wernigerode war er – wie aus den Adressbüchern erkennbar – nur unter »Willy« Löwenstein bekannt.

Geschäft, Haus, Arbeit reichten Willy Löwenstein nicht aus. Eine Familie musste gegründet werden. Möglicherweise lernte er Käthe Nussbaum in der jüdischen Gemeinde in Halberstadt kennen. Sie wurde am 15. Oktober 1880 in Bettenhausen (Rhönblick) in der Nähe von Meiningen in Thüringen geboren. Die Nussbaums waren vermutlich die einzige jüdische Familie in dem kleinen Ort. Vater Jakob Nussbaum, seines Zeichens Viehhändler, war Anfang November 1894 etwa 2 km von Bettenhausen entfernt in Träbes (Stepfershausen) ausgeraubt und erschlagen worden. Vermutlich ist dies der Grund, weswegen Käthe und ihre ältere Schwester Franziska (* 19.10.1878), verheiratet mit Willi Plaut (1878–1935) aus Schmalkalden, nach Halberstadt gezogen sind. Dort führte Willi Plaut eine koschere Metzgerei für die Bürgerschaft »israelitischen« Glaubens. Franziska und Willi Plaut hatten einen Sohn Louis, der am 8. Juni 1905 geboren wurde und die Shoah überlebte. Er starb 1991 in Hamburg an einem Schlaganfall. Willi Plaut starb am 5. Oktober 1935. Seinen Tod hatte sein Schwager Willy Löwenstein aus Wernigerode beim Standesamt angezeigt.[6] Um vollständig zu sein: Franziska und Käthe hatten weitere Geschwister: Frieda verheiratete Schlössinger (1874–1931, verstorben an der Influenza), Berta verheiratete Sichel (1884–1925) und Löb (1871–?), der mit Helene verheiratet war.

Wann und wo Käthe Nussbaum und Willy Löwenstein geheiratet haben, war bisher auch nicht festzustellen. Urkunden lassen sich nicht finden. Beide hatten miteinander zwei Kinder: Julius wurde am 15.3.1907 und Ruth am 5.4.1912 in Wernigerode geboren und wuchsen hier auf. Eine Zeitzeugin[7] erinnert sich an beide Kinder. Ruth sei ganz blond gewesen, ein niedliches Mädchen mit Zöpfen und sehr lebhaft. Julius

---

6 Vorstehende Angaben wurden dem Verfasser von Jutta Dick, Moses-Mendelssohn-Akademie Halberstadt, übermittelt.

7 Anneliese Tributh im Gespräch Anfang 1991 mit Renate Goetz (Gesprächsnotizen im Privatarchiv Goetz).

wäre sehr nach dem Vater geraten, nachdenklich, dunkel, ein großer Wanderer. Sie hätten viele Streiche miteinander gemacht. Freilich habe es auch Leute gegeben, die sich heftig erregt hätten, dass die damalige Eigentümerin des Hauses Burgstraße 9 Juden in ihrem Hause hat wohnen und handeln lassen.

Schräg gegenüber von Willy Löwensteins »Deutsche Herrenmoden« befand sich das Geschäft von Heinrich Schneider – »Fahrräder, Nähmaschinen, Schreibmaschinen, Musikinstrumente, Sprechapparate, Lederwaren, Spielwaren, Kinderwagen«, wie er inserierte. Zwei seiner Kinder, Johanna und Elisabeth Schneider[8], erinnern sich später: Löwensteins waren »gütige, hilfsbereite Menschen«. »Wenn ein Baby in bescheidenen Verhältnissen geboren wurde, so spendete Frau Löwenstein öfter die erste Grundausstattung und kochte für die Familie, solange es nötig war.« Die Hebamme und Wochenpflegerin Schökel hielt engen Kontakt mit Löwensteins, um sie zu informieren, wo Hilfe nötig war. Frau Schökel erhielt 1941 auch die amtliche Nachricht, dass beide Löwensteins »durch Lungenentzündung« gestorben seien und ihre Asche abgeholt werden könne. Offensichtlich konnte das gut gehende Geschäft »Deutsche Herrenmoden« so viel abwerfen, dass Willy Löwenstein dem Geschäft von Heinrich Schneider in den 1920er Jahren während der Inflation und der Weltwirtschaftskrise mit einem Kredit unter die Arme greifen konnte.

Die Töchter Schneider wussten auch zu berichten, dass »Herr Löwenstein anfangs meinte, die Judenhetze tue ihm nichts, er habe doch vom Weltkrieg das Eiserne Kreuz.« Dass dies bei vielen ein Irrglaube war, hat sich bald nach 1933 erwiesen, spätestens nach den Rassegesetzen von 1935.

1938 waren Willy und Käthe Löwenstein bereits 62 und 58 Jahre alt und Julius (31) und Ruth (26) längst erwachsen. Ruth hatte in den 1920er Jahren das Lyzeum in Wernigerode besucht, das von Dr. Paul Regensburger geleitet wurde. Am 6. Januar 1938 heiratete sie Kurt Lorenz, zu dieser Zeit in Ausbildung zum Optiker in Jena. Bei der Hochzeit war Leo Salomon, ein Nachbar gleich um die Ecke aus der Großen Bergstraße 1, Trauzeuge. Die Salomos unterhielten dort einen Getreide- und Futtermittelhandel – ebenfalls Juden. Das belegt zumindest die Aussage eines Zeitzeugen, dass die Juden in der Stadt untereinander engeren Kontakt hielten.

Wie stark Willy Löwenstein im Wirtschaftsleben der Stadt vernetzt war, lässt sich nicht feststellen. Ob seine »Deutschen Herrenmoden« überhaupt seit dem Boykott vom 1. April 1933 als ein »jüdisches Geschäft« in der Öffentlichkeit erkannt wurden, ist auch nicht bekannt. Aber als die SA-Horden in der Pogromnacht vom 9. auf den 10. November 1938 über jüdische Geschäfte in Wernigerode herfielen, traf es auch Löwensteins Geschäft in der Burgstraße. Willy Löwenstein und sein Sohn Julius wurden verhaftet, beschönigend als »Schutzhaft« bezeichnet. Der Vater kam in das Polizeigefängnis Wernigerode[9], wurde aber nach wenigen Tagen entlassen. Der

8 Neue Wernigeröder Zeitung (NWZ) Nr. 4/2016.

9 Das Polizeigefängnis bestand von 1933–1945 in Wernigerode, Unterengengasse 2.

Sohn wurde nach Bergen-Belsen gebracht, zu dieser Zeit noch ein Barackenlager für Arbeiter, die einen Kasernenkomplex für das entstehende Truppenübungsgelände in der Lüneburger Heide errichten sollten.

Willy Löwenstein wurde nach seiner Entlassung aus dem Polizeigefängnis ebenso wie die anderen jüdischen Gewerbetreibenden schikaniert. Der »Verordnung zur Ausschaltung der Juden aus dem deutschen Wirtschaftsleben« vom 12. November 1938 folgte am 3. Dezember die »Verordnung über den Einsatz des jüdischen Vermögens«, das jüdischen Gewerbetreibenden auferlegte, ihr Geschäft in kürzester Zeit »zu veräußern oder abzuwickeln«. Damit waren Zwangsversteigerungen ermöglicht. Willy Löwenstein öffnete seine »Deutschen Herrenmoden« am Sonnabend, 17. Dezember 1938, zum letzten Mal. Dann ging alles sehr schnell. Zunächst wurde noch eine Inventur gemacht. »Wie der Betrag auf 60 000 Reichsmark kam, [wurde] einfach aufgehört. Sie sagten, das wäre genug.«[10] Kaufmann August Vetter übernahm das Geschäft in der Burgstraße 9 mit der Gewerbebezeichnung »Herrenbekleidung und Damenbekleidung« und meldete es bereits am 10. Februar 1939 an. Betrieben hat er es dann bis zum 31.10.1952. Löwensteins gab es ja nicht mehr in Wernigerode.

Zuvor hatte es allerdings ein heftiges Gerangel um Löwensteins »Deutsche Herrenmoden« gegeben. Kaufmann Löwenstein erschien am 4.10.1938 bei der Industrie- und Handelskammer in Halberstadt und legte einen Kaufvertrag zur Begutachtung vor, den er am 5. September 1938 vor dem Rechtsanwalt Dr. Friedrich Sander in Wernigerode mit Vetter abgeschlossen hatte. Verkauft wurde das »gesamte Warenlager und Geschäftsinventar« für 15 000 RM zum 1. Oktober 1938 – also noch vor der Pogromnacht. Vereinbart ist eine Barzahlung zum spätesten Termin am 1. Januar 1939. Daraufhin meldete sich die IHK sofort bei Vetter wegen der »Arisierung« des Geschäftes. Worauf dieser sich mit fünf Seiten Zeugnisabschriften und der Begründung, dass er ein Spezialgeschäft für Herren- und Knaben-Bekleidung in Wernigerode eröffnen möchte, antwortete. Die IHK startet am 17. Oktober 1938 unter ihren Mitgliedern in Wernigerode eine Umfrage nach der Notwendigkeit eines solchen Geschäftes. Ernst Michau, Kolonialwaren, Delikatessen und Weinhandel in der Westernstraße, meinte, dass vor Ort bei nur fünf Geschäften ein »gewisses volkswirtschaftliches Interesse« bestehe. Dagegen meinte die Wirtschaftsgruppe Gaststätten- und Beherbergungsgewerbe, man solle die Firma Herrenmode von Löwenstein einfach »eingehen lassen«. Die Gebrüder Albin und Otto Kolle winkten ab, da sie sich um ein Damenkonfektionsgeschäft in Goslar bemühten. Weitere Bewerber waren Gustav Germer, Spezial-Herrenkonfektion, der bisher nur ein Ladengeschäft in der Breiten Straße betrieb sowie Wilhelm Wedler, Maßschneiderei in der Breiten Straße und die Firma Gebrüder Becker ohne weitere Angaben. Auch W. Kielhorn hat ein Interesse an dem Geschäft, der in der Burgstraße 9 »eine bessere Lage« für sein Textilgeschäft sah und

10 Aus einem Brief von Helga Löwenstein (Schwiegertochter) an Renate Goetz (undatiert um 1992); Privatarchiv Goetz. Helga Löwenstein beruft sich dabei auf Herta Stanke, die bei Rechtsanwalt Sander in der Kanzlei tätig war. Siehe auch S. 109, Anmerkung 8.

fügte seiner Interessenbekundung bei, er sei seit 1923 »für die Bewegung« tätig. Die IHK schließlich teilte dem Regierungspräsidium in Magdeburg am 28.11.1938 mit, dass August Vetter die »Herrenmoden« von Löwenstein übernehme und begründete ihre Befürwortung damit, dass Vetter genügend Eigenkapital habe und vor allem das Geschäft volkswirtschaftlich erforderlich sei. Weil die Firma Rautenbach (Solingen) ihr Zweigunternehmen in Wernigerode erheblich ausbaue, würden »mehrere tausend Arbeiter« (das Landratsamt in Wernigerode spricht sogar von 6000 Arbeitern mit Familien) erwartet und das seien alle Kaufinteressenten.[11]

1940/41 mussten Willy und Käthe Löwenstein ihre Wohnung in der Burgstraße verlassen und wurden in eines der Halberstädter »Judenhäuser« umgesiedelt. Ein genaues Datum ließ sich bisher nicht feststellen. Eine Zeitzeugin meinte sich zu erinnern, dass es im Sommer gewesen sein muss, als sie früh morgens abgeholt wurden. Herr Löwenstein hätte wenige Tage zuvor gesagt, dass er in kein Lager ginge und sich lieber umbringen würde. Es kam anders.

In Halberstadt mussten auch Löwensteins unter erbärmlichen Umständen, die erst 1945 bekannt wurden, in einem der »Judenhäuser« leben. 1942 sind alle Juden aus der Stadt deportiert worden. Am 12. April mussten sie sich beim Einwohnermeldeamt am Domplatz melden, dort wo heute in der Nähe des Eingangs zum Dom die Gedenkstelen stehen. 102 Menschen warteten, unter ihnen das Ehepaar Löwenstein. Sie wurden zunächst in ein Sammellager nach Magdeburg gebracht und mit weiteren Juden von dort und aus Dessau über Potsdam nach Berlin transportiert. Insgesamt 938 Menschen trafen schließlich am 16. April 1942 in Warschau ein und wurden in das Ghetto eingeschlossen.[12] An welchem Tag Willy und Käthe Löwenstein dort umgekommen sind, ist nicht bekannt.

Die Umstände ihrer demütigenden Deportation sind belegt.[13] Benjamin Löwenstein beauftragte am 25. März 1942 sein Bankhaus Schoof, Wilkens & Co in Wernigerode, 3400 RM an die Jüdische Kultusvereinigung[14] in Magdeburg zu überweisen, mit dem der Transport und die Unterbringung im »Generalgouvernement« Polen finanziert werden mussten. Mitnehmen durfte das Ehepaar Löwenstein je Person 100 RM. Das Bankhaus teilte der Aufsichtsbehörde Oberfinanzdirektion in Magdeburg mit, dass der Jude Löwenstein zwei Sparbücher »zum Verwahr übergeben« habe (Betrag insgesamt 2242,88 RM). Am 11. Mai teilte der Oberfinanzpräsident dem Bankhaus mit, dass die Löwensteins »nach dem Generalgouvernement abgeschoben wurden« und dass ihre Vermögenswerte »auf das Reich übergegangen« sind. Der NS-Staat lässt keine Möglichkeit aus, Juden auszuplündern und sich an ihrem Eigentum zu bereichern.

11 Alle Angaben aus Landesarchiv Magdeburg Rep. C 110 Halberstadt Nr. 49.
12 Aus den Deportationslisten der Gestapo (http://www.statistik-des-holocaust.de).
13 Landesarchiv Magdeburg, G11 Nr. 3425 (Devisenstelle Provinz Sachsen).
14 Durch Gesetz war den Jüdischen Gemeinden 1938 die Stellung als Körperschaft des öffentlichen Rechts entzogen worden. Sie wurden zu Vereinen gemacht, die vom Reichsminister für kirchliche Angelegenheiten gesteuert und überwacht wurden.

Was wurde aus den Kindern Julius und Ruth Löwenstein? Sie konnten der Shoah entkommen. Mit dem spärlichen Erlös aus dem Zwangsverkauf des Geschäftes konnte der Vater wenigsten die Emigration ermöglichen. Das junge Ehepaar Ruth und Kurt Lorenz, das 1938 geheiratet hatte, wurde unter Druck gesetzt. Aus der Heiratsurkunde geht hervor, dass der Optiker Kurt Lorenz in »Kattowitz in Schlesien, jetzt Polen« am 13. September 1914 geboren wurde. Das Dokument wurde zusätzlich mit einer Randbemerkung versehen: »mosaischer Religion«, »Gehilfe ohne Beschäftigung« und den Treueeid auf Deutschland nicht geleistet. Der ausgebildete Optiker war also inzwischen arbeitslos. Nach der Rassegesetzgebung von 1935 war ihnen jede Zukunft in Deutschland verbaut. Was also lag näher, als so schnell wie möglich die Emigration zu organisieren? Wahrscheinlich emigrierten sie mit dem Dampfer »Usamaro« noch vor Beginn des Krieges mit dem Überfall auf Polen aus Deutschland nach Shanghai.

Die Stadt war seit 1937 von Japan besetzt und nahm bis 1941 als einziger Ort in der Welt Juden ohne ein Visum auf. »Dort wurde während eines Luftangriffes auf die Stadt 1945 ihr Sohn Ronald geboren. Ruth war zeitweise schwer krank. Noch vor der Gründung der Volksrepublik China 1949 verließen die Lorenz' 1948 Shanghai und lebten drei Jahre lang in Bolivien, ehe sie endlich in Oakland [Kalifornien, USA] eine neue Heimat fanden.«[15] Dort starb Ruth Lorenz geb. Löwenstein im 59. Lebensjahr am 18. Juni 1971. Was aus ihrem Sohn Ronald geworden ist, war bisher nicht zu erfahren.

Julius wurde nach wenigen Wochen 1939 aus dem Lager Bergen-Belsen mit der Auflage entlassen, Deutschland innerhalb von drei Monaten zu verlassen. Über Rom emigrierte er zunächst nach Shanghai. Hier lebte er zusammen mit seiner Schwester und seinem Schwager in ärmlichen Verhältnissen, bis er mit ihnen auch nach Südamerika zog, wo er seine Helga auf einer jüdischen Beratungsstelle kennen lernte.[16] Ein Wort ergab das andre: »Wo kommen Sie her?« »Aus Deutschland, aus dem Harz.« »Wo wollen Sie hin?« »In die USA.« »Da bietet sich doch Oakland an.« »Wieso?« »Na, das ›Eichenland‹. Sind zwar keine Fichten, aber es gibt viel Wald.« – Dann gab es noch gemeinsame Interessen wie eine Harley-Davidson. Und Schwester und Schwager lebten auch dort. Helga (Geburtsname unbekannt) kam mit. Beide heirateten. Und Oakland gegenüber von San Francisco an der großen Bucht wurde zum neuen Zuhause.

Julius Löwenstein arbeitete bei der jüdischen Gemeinde als ein Hausverwalter. Man pflegte jüdische Traditionen, war aber nicht sonderlich religiös. Dazu gab es wohl auch immer Spannungen zwischen den liberalen eingewanderten Juden mit den amerikanischen Juden, die nicht gut auf die Deutschen zu sprechen waren. Man traf sich in Clubs. In San Francisco gab es einen Club derer, die aus Shanghai gekommen

15 Wernigeröder Zeitung und Intelligenzblatt (hg. von Gerhard Bombös) – Mitteilungsblatt der Wernigeröder in Westdeutschland, Nr. 130 / August 1971.

16 Erzählt von Ursula Meier, einer Freundin in Oakland (California), im Telefonat mit dem Autor am 2. Januar 2022.

waren. Auf der anderen Seite der Bucht in Oakland fanden sich Deutsche und unter ihnen bald auch ein paar Wernigeröder, die ebenfalls einen Club bildeten. Julius Löwenstein übernahm die Leitung. »Zusammen mit seiner temperament- und humorvollen aus Berlin stammenden Frau verwaltet[e] er in Oakland ein großes und sehr modernes Apartment-Haus.«[17]

1970 besuchte er bei einer Europareise auch Deutschland, nicht aber Wernigerode in der DDR. Dennoch hielt er mit zahlreichen Menschen, die aus Wernigerode stammten und damals in der alten Bundesrepublik wohnten, Kontakt. Er galt als ein »Adressbuch« seiner Heimatstadt.

Im Ruhestand war er Präsident des Deutsch-Amerikanischen Clubs in Oakland, engagierte sich ehrenamtlich in einem jüdischen Altenheim und betätigte sich auch als Krankenpfleger. Gern unternahm er mit seiner Helga noch Schiffsreisen nach Europa, um sich hier mit Freunden zu treffen. In den 1980er Jahren erkrankte er an Demenz und starb am 6. Oktober 1990.

Julius Löwenstein hat noch viele Geschichten und Erinnerungen an Wernigerode mit Gerhard Bombös geteilt, dem Herausgeber der Wernigeröder Zeitung, Mitteilungsblatt der Wernigeröder in Westdeutschland. »Meine Frage nach den wenigen jüdischen Familien im früheren Wernigerode hat er mir ausführlich im letzten Brief [1987] beantwortet. Für eine spätere Geschichtsschreibung Wernigerodes gehört auch dieses dunkle Kapitel einfach dazu.«[18] Seine Erinnerungen »könnten allein einige Ausgaben der WZ füllen«. Bombös kündigte 1991 an, er wolle in einer der nächsten Ausgaben der Heimatzeitung »auf das Schicksal von Löwensteins ausführlicher zurückkommen«. Dazu ist es nicht mehr gekommen. Gerhard Bombös starb am 7.9.1991. Die WZ stellte planmäßig ihr Erscheinen ein. Ein Bericht über die Familie Benjamin (Willy) Löwenstein ist nicht mehr erschienen. Der Nachlass von Gerhard Bombös ist – wie die Familie berichtet – verloren gegangen.

17 Aus: Wernigeröder Zeitung und Intelligenzblatt (hg. von Gerhard Bombös); Nr. 124 / August 1970.

18 Wernigeröder Zeitung und Intelligenzblatt; Nr. 209, 1987, Seite 12.

Wohnhaus der Familie Regensburger in Wernigerode, Lindenbergstraße 19 (1911–1945), Foto: Michael Lumme

Als Christ getauft, als Jude verfolgt – Dr. Paul Regensburger

In einer Rede im Fürstin-Anna-Lyzeum in Wernigerode[1] hat dessen Rektor Dr. Paul Regensburger am 31. März 1922 bei der Entlassung der Schülerinnen nach bestandenem zehnjährigem Schulbesuch die Absolventinnen ermuntert, wie ein Schiffer das Ruder selbst in die Hand zu nehmen und voller Vertrauen in See zu stechen auf ihrer Lebensfahrt. Dann fragte er: «Wie aber wenn das Schiff auf Klippen stößt, wirklich hartes Unglück über uns kommt, äußere Not die Existenz gefährdet, Krankheit uns darnieder wirft, das ganze äußere Lebensglück bedroht erscheint?»[2] Elf Jahre später, nach der Machtergreifung Hitlers, musste er seine Frage selber beantworten.

Das »Gesetz zur Wiederherstellung des Berufsbeamtentums« vom 7. April 1933 war noch gar nicht erlassen, als Studiendirektor Dr. Paul Regensburger am 13. März 1933 vor den Augen seiner Schülerinnen verhaftet wurde. Wenige Tage zuvor hatte es am 5. März Neuwahlen für den unmittelbar nach der Machtergreifung Hitlers aufgelösten und in der Nacht vom 27./28. Februar 1933 abgebrannten Reichstag gegeben. Eine Woche später fanden in Preußen, also auch in Wernigerode, Kommunalwahlen statt: Der Kreistag wurde neu gewählt. Es war derselbe Sonntag, der als »Heldengedenktag« begangen wurde. An diesem Tag ersetzten Reichspräsident Hindenburg und Reichskanzler Hitler die Nationalfahne der Weimarer Republik Schwarz-Rot-Gold durch die Nationalfahne des Kaiserreiches Schwarz-Weiß-Rot in Verbindung mit der Hakenkreuzfahne der Nationalsozialisten. Fortan sollten vom nächsten Tag an nur noch diese beiden Fahnen öffentlich gezeigt werden.

Über den Montagmorgen heißt es dann im Bericht über das Schuljahr 1932/33, der von Regenburgers Stellvertreterin, Studienrätin Clara Dittmar verfasst wurde:

»Am 13. März [1933] um 9 Uhr wurden die schwarz-weiß-rote und die Hakenkreuzfahne auf dem Schulgebäude gehisst. Die Schülerinnen wurden dazu auf dem Schulhof versammelt und auf die Bedeutung dieser Flaggenhissung hingewiesen.[3] Das Deutschlandlied beschloss diese kurze Feier. Gegen 10 Uhr wurde der Studiendirektor von drei SA-Leuten (Hilfspolizei)[4] aufgefordert, das Schulgebäude

---

1 Das Gebäude in der Kanzleistraße 4 gehört heute zum Landesgymnasium für Musik.

2 Reden aus den Jahren 1919–1925; Privatarchiv der Familie Regensburger.

3 Aus dem Erlass des Reichspräsidenten Hindenburg und des Reichskanzlers Hitler vom 12.3.1933: »Diese Flaggen verbinden die ruhmreiche Vergangenheit des Deutschen Reichs und die kraftvolle Wiedergeburt der Deutschen Nation.«

4 »In den Wochen vor und nach der Reichstagswahl vom 5. März war die SA Träger antijüdischer Ausschreitungen und eines Straßenterrors gegen politisch Andersdenkende von einem bis dahin

zu verlassen… Am 14. März trat der Studiendirektor einen Krankheitsurlaub an, der sich bis über den Schluss des Schuljahres hinaus [8.4.1933] erstreckte.«[5]

Mit der kommissarischen Leitung des Lyzeums wurde Studienrat Rudolf Lapp beauftragt. Der aber legte – über die Gründe darf spekuliert werden – am gleichen Tag (14.3.1933) »das Kommissariat nieder, da ihm keine schriftliche Anordnung für die Ausweisung des Studiendirektors vorgelegt werden konnte«.[6]

Regensburger wurde nach fast einjähriger Beurlaubung am 1. Februar 1934 nach dem »Gesetz zur Wiederherstellung des Berufsbeamtentums« vom Studiendirektor zum Studienrat abgestuft und formal nach Wittenberg »überwiesen«. Den Dienst dort trat er nicht an. Am 1. August 1934 ist er mit 57 Jahren in den Ruhestand entlassen worden. Da half auch nicht die Formulierung in jenem Beamtengesetz, dass es »nicht für Beamte, die bereits seit dem 1. August 1914 Beamte gewesen sind oder die im Weltkrieg an der Front für das Deutsche Reich oder für seine Verbündeten gekämpft haben« gilt. Das hätte auch für Regensburger gelten müssen, denn er war bereits im Kaiserreich 1905 vereidigt und verbeamtet worden und hatte am Ersten Weltkrieg in der Preußischen Armee teilgenommen, aus der er als Leutnant der Landwehr entlassen wurde. Alles half nichts, die »Rassen«gründe reichten aus: Er hatte jüdische Vorfahren – und Jude bleibt Jude.

Herkunft und Familie

Richtig ist: Paul Regensburger hatte jüdische Eltern. Seine Mutter, Friederike Rethel geb. Anker (1856–1942)[7], heiratete 1876 Isaak Joseph Regensburger (1852–1926), einen Versicherungsbeamten in Fürth. Dessen Familie stammte aus Zeitlofs, einem Marktflecken in Unterfranken. Dort hatte die jüdische Gemeinde eine Synagoge, eine Schule und auch eine Mikwe. Ihr Friedhof, auf dem heute noch Grabsteine der Regensburger stehen, befand sich etwa 5 Kilometer entfernt in Altengronau, einem

---

unbekannten Ausmaß. In Preußen als ›Hilfspolizei‹ mit staatlichen Vollmachten eingesetzt, wurden die willkürlich Verhafteten in ›Sturmlokalen‹ der SA gefoltert und misshandelt.« Zitat aus: LEMO (Lebendiges Museum Online: https://www.dhm.de/lemo/kapitel/ns-regime/ns-organisationen/sturmabteilung.html). Der preußische Innenminister Hermann Göring rekrutierte am 22.2.1933 aus der etwa 400000 Mann starken SA in Preußen 25000 Mann als Hilfspolizei, ergänzt durch 15000 SS-Mitglieder sowie 10000 Mitglieder des Stahlhelm (aufgelöst im August 1933).

5 Bericht über das Schuljahr 1932/33 des Fürstin-Anna-Lyzeums zu Wernigerode am Harz, in: Bibliothek für Bildungsgeschichtliche Forschung des DIPF, unter OPAC 1010750720/1933 (Quelle: 2asp266), S. 11; auch unter Scripta Paedagogica Online: Schulberichte des Fürstin-Anna-Lyzeums Wernigerode ab 1921/22 https://scripta.bbf.dipf.de/viewer/image/1010750720_1933/11/#topDocAnchor (Zugriff: 5.7.2021)

6 Ebd. im Bericht über das Schuljahr 1932/33.

7 Da sie 1935 mit zwei Töchtern nach Hamburg gezogen war, wurde sie dort bei der Volkszählung 1939 in der Hansestraße 35 als »Halbjüdin« erfasst.

Ort im osthessischen Main-Kinzig-Kreis.[8] Ignaz Paul Gottfried Regensburger wurde am 23. Juli 1877 in Fürth geboren. Sowohl sein Rufname Paul, vom christlichen Apostel Paulus entlehnt, als auch sein zweiter Name, eine Übersetzung des hebräischen Salomo, und der Vatername deuten darauf hin, dass die Familie längst assimiliert war. Ob in ihr jüdische Traditionen und jüdischer Glaube gelebt wurden, ist nicht auszumachen. Verwurzelt aber war – wie sich besonders später an Paul Regensburger ablesen lässt – ein tiefer Gottesglaube, der sich an den Schriften der jüdischen und der christlichen Bibel fest macht.

Paul wuchs mit vier Schwestern Helene (1879–1942), Martha (1884–1942), Emma (1888–1979) Regina (1895–1942), – und seinem Bruder Max (1885–1966) sowie den Brüdern David (1890 – vermisst im Ersten Weltkrieg) und Adolf (1890 – an Typhus im Ersten Weltkrieg gestorben) auf. Schwester Sophie (1879) und weitere drei Geschwister sind im frühen Kindesalter gestorben. Auch alle diese Namen gehen nicht unbedingt auf jüdische Traditionen zurück. Paul Regensburger erwarb 1896 am Königlichen Gymnasium in Schweinfurt das Abitur und studierte anschließend in Erlangen und München Naturwissenschaften, insbesondere Chemie und Physik. 1902 und 1903 legte er in Bayern die staatlichen Lehramtsprüfungen »für alle Klassen« in Chemie und »beschreibende Naturwissenschaften« und 1906 in Göttingen (damals preußisch) die entsprechenden Prüfungen für Botanik, Zoologie und Physik ab.

Der so ausgebildete (und 1905 verbeamtete) Gymnasiallehrer wurde von 1903 bis 1906 als »Lehramtsassistent im höheren Schuldienste« an der »Königlichen Akademie für Landwirtschaft und Brauerei« in Freising / Weihenstephan eingesetzt.[9] Am 23. Dezember 1905 promovierte Paul Regensburger an der Technischen Hochschule München zum »Doktor der technischen Wissenschaften« (Dr. Ing.) mit der Arbeit »Vergleichende Untersuchungen an drei obergärigen Arten von Bierhefe«.[10] Aufgrund seiner Promotion besuchte er weder ein für die Ausbildung von Lehrern sonst verbindliches Seminar noch musste er ein Probejahr ableisten. Die Anstellungsfähigkeit wurde ihm 1906 durch die Königliche (preußische) Regierung in Stade erteilt.

Zu dieser Zeit hatte Regensburger bereits eine Familie gegründet. 1902 ließ er sich im Alter von 25 Jahren in Freising evangelisch taufen, möglicherweise auch wegen seiner zukünftigen Ehefrau. 1904 heiratete Paul Regensburger die evangelische ebenfalls aus Fürth stammende Lehrerstochter Friederike Kitzinger. Und da er in Weihenstephan die Lehrerstelle innehatte, zog das junge Paar nach Freising.[11] Sie hatten drei Kinder, von denen später noch die Rede sein wird: Karl (1905–1976), Fritz (1907–1970) und Richard (1909–1982).

8 Nach Auskunft von Helmut Regensburger an den Autor. Siehe auch unter Landesgeschichtliches Informationssystem Hessen / Jüdische Grabstätten.

9 Heute eine Hochschule, die der Technischen Universität München angeschlossen ist.

10 Diese Dissertation wurde 2018 von Wentworth Press als »kulturell bedeutsam ausgewählt« und im Original nachgedruckt.

11 Weihenstephan ist heute ein Stadtteil von Freising.

1907 wechselte er mit seiner Familie von Bayern an die Nordsee nach Bremerhaven / Geestemünde in die Preußische Provinz, weil er dort die Stelle als »provisorischer Oberlehrer« an der Städtischen höheren Mädchenschule erhalten hatte. Da er im damals preußischen Göttingen die erforderlichen Prüfungen abgelegt hatte, wurde ihm beim Wechsel 1907 auch die Anstellungsfähigkeit in Preußen erteilt. Vier Jahre war er in Bremerhaven tätig.

1911 zog die Familie Regensburger mit ihren sechs, vier- und zwei-jährigen Kindern weiter nach Wernigerode. Dr. Paul Regensburger wurde zunächst Oberlehrer am Fürstin-Anna-Lyzeum[12], ein Jahr später dessen Direktor – bestellt durch das damalige Fürstliche Konsistorium.[13] Die Familie wohnte in der Lindenbergstraße 19.

Während des Ersten Weltkrieges war Paul Regensburger beim Königlichen bayerischen Infanterieregiment Nr. 19 als Sanitäter eingesetzt. In der königlich-preußischen Armee waren Juden, auch wenn sie getauft waren, nicht gern gesehen. Die Offizierslaufbahn war ihnen verschlossen. Als aufrechter Anhänger Bismarcks und des Deutschen Kaiserreichs zog er deswegen mit dem bayrischen Regiment in den Krieg, den er überlebte. Als Leutnant der Landwehr kehrte er nach Wernigerode zurück. In dieser Kriegszeit kamen seine drei Jungen in die Schule. Sie besuchten das humanistische Fürst-Otto-Gymnasium (heute: Gerhart-Hauptmann-Gymnasium) in der Nähe des Lyzeums, in dem der Vater lehrte. Später haben Wernigeröder, die bei ihm Unterricht hatten, immer wieder von ihm erzählt; er war wohl ein beliebter, strenger, den Jugendlichen zugewandter Lehrer.

Lehrer und Rektor des Lyzeums

Als Paul Regensburger nach dem Ersten Weltkrieg wieder als Rektor des Lyzeums tätig wurde, hat er sich intensiv in die Schulpolitik der jungen Weimarer Republik eingebracht. Aus den Jahren 1919 bis 1925 sind handschriftliche Reden und Vorträge erhalten, die er vor Eltern, Schülerinnen und Lehrern hielt.[14] Sie lassen seine pädagogischen Einsichten und Gedanken für eine Reform des Schulwesens, die sich an die Reformpädagogik vom Anfang des 20. Jahrhunderts anlehnen, ebenso erkennen wie seine Verwurzelung in der kaiserlichen Ständegesellschaft, mit der er sich kritisch auseinandersetzte. Manche seiner Vorstellungen waren seiner Zeit weit voraus.

Heiß umstritten war das Modell einer »Einheitsschule«, die für alle Schülerinnen und Schüler »auf einer für alle gemeinsamen Grundschule« das »mittlere und höhere

---

12 Heute eines der Gebäude des Landesgymnasiums für Musik, Kanzleistraße 4; Nebengebäude am Oberpfarrkirchhof (an der Sylvestrikirche).

13 Das Fürstliche Konsistorium bestand als Regierungsbehörde des Grafen/Fürsten von Stolberg-Wernigerode für den Landkreis Wernigerode noch bis 1931.

14 Paul Regensburger: Reden 1919–1925 (handschriftliches Tagebuch); Privatarchiv Regensburger

Schulwesen« aufbaut.[15] Regensburger beteiligte sich an dieser Diskussion auf einem Elternabend im Februar 1919. Seine Ansichten fasste er in vier Punkten zusammen: Erstens forderte er »die völlige Schulgeldfreiheit auf allen Stufen des Bildungswesens«. Der »Aufstieg zu höheren Stufen der Bildung« dürfe »nur von den Leistungen und der Begabung des Schülers« abhängen. Minderbemittelte Eltern sollten »vom Staate bei hervorragender Begabung ihrer Kinder Unterhaltszuschüsse« erhalten. Selbstverständlich solle »völlige Freiheit der Lehrmittel« bestehen.

Regensburger präzisierte diese »idealste« Lösung bei der Schulgeldfrage aufgrund der »in so trauriger Lage befindlichen Finanzen« nach dem verlorenen Krieg und den hohen Reparationsleistungen aus dem Versailler Vertrag. Er schlug ein gestaffeltes Schuldgeld entsprechend dem Vermögen der Eltern vor. Schulgeldfreiheit für alle Eltern mit geringem Einkommen. Dagegen volles Schulgeld für alle Eltern, die aus »Klassendünkel und Geldprotzentum« ihre Kinder auf die höhere Schule schicken.

Weiter forderte Regensburger, dass »vom Staate oder den Gemeinden Kindergärten eingerichtet werden, die für Kinder wenig bemittelter Eltern kostenlos die Aufgabe der Erziehung« unterstützen. Natürlich würden Kinder immer zuerst »in der Obhut der Mutter« bleiben. Aber »die Allgemeinheit« sei verpflichtet, ihnen dabei zu helfen.

Drittens ging er gegen die hohe Schülerzahl in »großen überfüllten Klassen von 50 bis 60 und mehr Schülern« entschieden an und forderte die Herabsetzung der Schülerzahlen. »40 müsste auf der Grundschule, 30 in den weiteren fünf Jahren, und 20 auf der Oberschule die Höchstzahl für die Schüler einer Klasse sein.«

Und schließlich »möchte ich die Einrichtung von Klassen für Schwachbegabte (sogenannte Hilfsschule) in Wernigerode sehr befürworten, damit die Bildung auch dieser Menschenkinder kein Bruchstück bleibt, sondern in einer gewissen, wenn auch geringeren Höhe abgeschlossen wird.«

Regensburger setzte sich nicht nur für eine längere gemeinsame Grundschule für alle Kinder ein. Er ging noch einen Schritt weiter. Was für »die Söhne des ganzen Volkes« gut und richtig sei, kann »auch den Töchtern nichts schaden«. Gemeinsames Lernen von Mädchen und Jungen sind für »die Allgemeinheit von besonderem Wert«. Immer wieder kritisierte er »eine unsoziale Bevorrechtung der Kinder wohlhabender Klassen gegenüber den begabten Abkömmlingen armer Familien«. »Und doch glaube ich, dass aus dieser Zeit des Wirrwarrs und des Streites in der Einheitsschule unserem Volke eine Gabe gereicht werden wird, die dem Unbegüterten den Glauben an das Vaterland und die Liebe zum Vaterland wiedergeben wird. Deutschland muss und wird werden zum Mutterlande sozialer Fürsorge, zum Kinderlande, in dem alle Kinder Erben sind des reichen Gutes der Nation an Bildung und Gesittung.«

Immer wieder entwickelte Paul Regensburger seine Vorstellungen von einer gelingenden Schule. Einige seiner Gedanken:

---

15 Weimarer Verfassung 1919, Artikel 146.

Von einem Unterricht erwarte er, dass »Vieles, nicht vielerlei« gelehrt werden solle. Es sollten nicht alle möglichen Fächer behandelt werden, sondern nur wenige Fächer, die allerdings gründlich. »Ich halte es für ein Unding, wenn man heutigen Tages vom Gymnasiasten die Kenntnis von vier Sprachen verlangt.«[16] Als zentrale Fächer gab er an: Geschichte (Wirtschaftsgeschichte), Erdkunde, Geologie und Naturwissenschaften. Höchstens zwei Fremdsprachen sollten gelehrt werden, die aber »in ihrem ganzen strengen grammatikalischen Aufbau als gleichzeitige Übungsfächer für logisches Denken«.

Lehrerinnen und Lehrern schrieb er ins Stammbuch: Sie sollten »anleiten, auf den verschiedensten Wissensgebieten die Wahrheit zu suchen«, denn so können »sie den Sinn für das Schöne wecken, den Willen zum Reinen und Guten stärken, Begeisterung für alles Edle [...] entflammen«. Unterricht hatte für ihn auch etwas mit dem Emotionalen zu tun und sei keinesfalls ein Einpauken von Wissen. Damit unterschied er auch klar zwischen Bildung und Erziehung. Um zu unterstreichen, was er im klassischen Sinn unter Erziehung verstand, grifft er auf Schiller zurück: »Ein edles Verlangen wollen wir in euch entzünden, euch in das reiche Vermächtnis von Wahrheit, Sittlichkeit und Freiheit einführen, das wir von unseren Vorfahren überkommen haben, auf dass ihr auch Eurerseits an dem Ausbau dieses Vermächtnisses mitarbeiten könnt.«[17] Und dann wandte er sich an seine Schülerinnen: »Wir wollen euch selbst zu Wahrheitsträgern, zu Wahrheitsbekennern machen. Ihr sollt lernen, die Wahrheit in der Welt zu fördern. Nicht um der Gunst der Menschen sollt ihr die Dinge anders darstellen als sie sind, nicht als Streber besser scheinen wollen als ihr seid. Offenheit und Ehrlichkeit, das ist's, was wir für unser Volk, für die Menschheit brauchen.«[18] Und fügte hinzu: »Ihr sollt befähigt werden mitzuarbeiten an dem großen Werke der Befreiung der Menschheit von der Geißel des Hasses und des Völkerneides, sollt aber auch Kämpfer werden gegen jede unduldsame Vergewaltigung unseres Volkes und seiner Geister.«

Später sollte er unter den Nationalsozialisten solche Geißel des Hasses, der Menschenverachtung, des Rassismus und die Vergewaltigung des deutschen Volkes am eigenen Leibe zu spüren bekommen. Besonders daran ist Paul Regensburger als Humanist zerbrochen. Da half ihm auch nicht sein tiefer christlicher Glaube. Gern berief er sich in den 1920er Jahren auf den Idealisten Schiller. »Wir wollen trauen auf den höchsten Gott und uns nicht fürchten vor der Macht der Menschen.«[19]

---

16 Auch die folgenden Zitate stammen aus seinen Ansprachen und Reden 1919–1925; wenn erforderlich und feststellbar wird ein entsprechendes Datum angegeben (zitiert: Ansprachen und Reden).

17 Friedrich Schiller: Was heißt und zu welchem Ende studiert man Universalgeschichte? (Antrittsrede zur Professorenstelle in Jena 1789); am a.a.O. in den Schlusssätzen.

18 Aus einer Rede am 17. Mai 1919.

19 Friedrich Schiller: Wilhelm Tell (1804); 2. Aufzug, 2. Szene. »Wir wollen sein ein einzig Volk von Brüdern...« Es handelt sich um den letzten Teil des dreiteiligen »Rütli-Schwurs«.

Paul Regensburger war ein gläubiger Mensch. Seine Ansprachen an die Schülerinnen begann er fast immer mit einem Zitat aus der Bibel, das er gelegentlich auch interpretierte, um mit ihm das Anliegen seiner Rede zu begründen. Und ohne ein kurzes Gebet und einen Segensspruch endeten seine Ausführungen nie. Dabei hat es niemals den Anschein, er wolle christlich missionieren. Vielmehr sah er biblische Texte eingebunden in den Alltag der Schule. Sie waren ihm Ausdruck für seinen geerdeten Humanismus im schulischen Alltag von Schülerinnen und Lehrern.

In einer kurzen Ansprache schickte Paul Regensburger 1919 die Schülerinnen in die einwöchigen Pfingstferien (Pfingsten fiel auf den 8. Juni). Seit Januar verhandelten die Siegermächte Großbritannien, Frankreich, Italien und USA unter Ausschluss von Deutschland über einen Friedensvertrag mit Reparationen und Gebietsveränderungen. Die Weimarer Nationalversammlung nahm die Bedingungen am 22. Juni an, der Vertrag wurde am 28. Juni in Versailles unterzeichnet.

»… Frühling ist's neu geworden wie alle Jahre, wieder schmückten sich Baum und Strauch, Feld und Wald. Uns aber ist manches Herrliche, Liebe, Schöne mit dem vergangenen Winter verschwunden, versunken, vielleicht auf Nimmerwiedersehen. […] Wir haben alle Ursache, die ernstesten Befürchtungen für die Zukunft des deutschen Volkes, damit aber auch für eure Zukunft zu hegen. Die Frage, die bange Frage: Wird der kommende Friede uns und euch zu elenden Sklaven fremder Eroberer auf immerdar machen? Oder wird er dem deutschen Volk doch noch die Möglichkeit bieten, sich wieder enger zu einen, diese Frage ist's, die unsere Herzen bewegt. Und letzten Endes können wir nichts dazu tun, als Gott zu bitten, dass er in dieser Pfingstzeit seinen heiligen Geist auch über die Männer ausgieße, in deren Hand unser Schicksal liegt, dass sie von Pfingstgeist erfüllt werden, vom Geiste versöhnender, alle Menschen umfassender Liebe und zugleich vom Geiste eines edlen, freimütigen Bekennens zur Wahrheit und Gerechtigkeit.« Und dann fügte er ein Gebet »für einen Frieden wahrer Völkerversöhnung und Gerechtigkeit« an: »Herr Gott, himmlischer Vater, du Vater unsres Herrn Jesu Christi, der du die Herzen der Völker lenkst wie Wasserbäche und die Gedanken der Weltgewaltigen regierst, wir bitten dich in tiefer Demut um einen guten und gerechten Frieden für unser zerschlagenes Vaterland. Sieh nicht an unsre Schuld und Missetat, lass nicht noch mehr Menschen in Sünde, Bosheit und Laster verfallen, als dies die böse Zeit schon getan hat. Gieße deinen heiligen Pfingstgeist in die Herzen aller Menschen, die eines guten Willens sind, und lass uns, wenn auch durch Leiden und Trübsal, wieder zu dir und vor deinen heiligen Thron kommen. Vater unser… Amen.«

Sein Christentum war liberal geprägt und dadurch auch sehr offen. Wahrscheinlich hatte er damals noch nicht viel von der beginnenden ökumenischen Bewegung unter den Kirchen aufgenommen. Aber er vertrat einen Versöhnungsgedanken, der das christliche Gebot einer Feindesliebe und seiner Friedensethik aufnimmt.

Anders als deutschnationale, völkische und rechtsextreme Konservative, später auch die Nationalsozialisten sprach Regensburger nicht von einem »Schandvertrag von Versailles«, sondern bittet um einen gerechten Frieden, erkannte Schuld an und hoffte auf die Kraft aller Menschen guten Willens. Bei einer Ansprache ebenfalls im Jahr 1919 vertrat er einen universalen Glauben. Anlässlich der Übergabe des Geschenkes einer »hiesigen Dame«, einer ehemaligen Schülerin, nämlich einer »Bildsäule des Apollo«[20], sagte Regensburger:

»Gott ist nicht nur Gott eines einzigen auserwählten Volkes, der Gott einer Weltanschauung, der Gott einer Kirche, ja nicht einmal der Gott einer Religion. Der Gott des Weltalls, der Vater der Geister, ist er nicht auch der Heiden Gott? Und Paulus antwortet: Ja, auch der Heiden Gott.«[21] Und weiter: »Wo irgendetwas Großes und Gutes ist, wo ehrlicher Wahrheitsdrang und sittlicher Ernst, wo Kraft der Hingabe, wo Überwindung der Selbstsucht ist, da ist auch Gott.«

Regensburgers Christentum war eng mit Ethik und Moral verbunden, es war praktisches Christentum und durchaus vergleichbar mit dem fast gleichaltrigen Arzt und Theologen Albert Schweitzer (1875–1965). Zugleich war es ein Christentum, das sich in Vertrauen und Hingabe an einen allgütigen Gott bindet. In der Ansprache nach den Sommerferien 1920 hieß es: »Gottes Güte für all' seine Gaben [haben wir] auch heute aufs Neue zu preisen. Dieser Preis besteht jedoch nicht in bloßem Beten und Singen, er setzt sich in erster Linie um in die Tat: in Frömmigkeit, Ernst, Ehrfurcht und Arbeit.«[22]

So war es auch nur konsequent, dass Paul Regensburger, als er aus dem Schuldienst verdrängt und gesellschaftlich geächtet wurde, sich der kleinen christlichen Bekenntnisgemeinde ganz in seiner Nachbarschaft in der Lindenbergstraße anschloss, während alle anderen Kirchengemeinden mehr oder weniger auf die führerorientierte Bewegung der »Deutschen Christen« eingeschwenkt waren. 1920 bekannte er in einer Rede: »Das Gefühl von Gottes Nähe ist wohl das festeste Fundament unseres Glückes in schwerer Zeit.«[23]

Auf eine Besonderheit soll noch hingewiesen werden: Paul Regensburger setzte sich immer wieder für die Förderung von Mädchen und Frauen ein. In den Schulreformen empfahl er die Koedukation von Mädchen und Jungen. Aber er ging darüber hinaus. Mädchen sollen einen Beruf erlernen. Freilich war er in jener Zeit noch tief im Ständedenken gebunden, aber er rüttelte an diesen gesellschaftlichen Formen.

Regensburger wollte in einem veränderten Schulsystem die vierjährige Oberstufe in Lyzeen auf drei Jahre verkürzen und das vierte Jahr neu auszurichten. »Meiner Ansicht nach wäre es besser, wenn dieses Jahr einem Unterricht gewidmet wäre, der mehr dem zukünftigen Beruf der Schülerinnen als Frau und Mutter entspricht, als wissenschaftlicher Bildung.« Freilich war Regensburger noch stark vom Frauenbild seiner Zeit geprägt, aber er sah in seinen Schülerinnen bereits Frauen eines

20 Vermutlich handelt es sich um den »Apollo von Belvedere«, der seinerzeit sehr beliebt war; im heutigen Landesgymnasium für Musik ist die Statue nicht mehr auffindbar.

21 Ansprache am 30. August 1919 mit Bezug auf Paulus' Brief an die Römer 3,29.

22 Begrüßungsrede am 10. August 1920.

23 Rede über das Glück bei der Entlassungsfeier am 23. März 1920.

»neuen Typus«, nämlich eigenständig und selbstbestimmte junge Menschen, die nicht abhängig waren von einem Mann, sondern einen Beruf hätten und ihr Leben selbst bestimmten. Ein solches viertes Jahr sollte für alle Schülerinnen des Lyzeums obligatorisch sein. Diejenigen Schülerinnen, die besondere praktische Begabungen entfalteten, sollten sich dann auf einer »Frauenschule« weiterbilden. Aber auch diejenigen Mädchen, »die wissenschaftliche Berufe anstreben«, könnten »durch ein derart zwischengeschaltetes praktisches Jahr nur gewinnen«.[24]

Die Begabungen jedes einzelnen, egal ob Schülerin oder Schüler, und nicht »Rang und Reichtum der Eltern« sollten Vorrang haben. »Alle Arten von Begabung müssen Bildungsanstalten vorfinden, die es ermöglichen, jede Begabung, jede Neigung so auszubilden, dass sie im geordneten Staatswesen eine Verwendung finden können. Diese Verwendung erfolgt im Beruf. Und so ergibt sich daraus die Forderung einer erhöhten Berufsbildung. Diese Berufsbildung können die der Allgemeinbildung dienenden Schulen nicht mehr übernehmen, umso weniger, als gerade heutigen Tages die Anforderungen an eine gute Berufsbildung immer höher werden. Diese muss vielmehr durch besondere Bildungsanstalten vermittelt werden, die wir als Berufs- und Fachschulen niedriger und höherer Art bezeichnen.«[25]

Welche Berufsausbildung stellte sich Regensburger, ganz in seiner Zeit verhaftet, für Frauen vor? In seiner Rede über das Glück sprach er von einer »Arbeit für das gemeinsame Wohl ihrer Mitbürger, ihres Volkes, ihrer Mitmenschen«. Ein solches Glück sei den Frauen »in früherer Zeit nur dadurch versagt worden, dass sie nicht einen Beruf ergreifen durften, der ihren Neigungen und Fähigkeiten angepasst war«. Engagiert redete er: »Jedes Mädchen muss sich verpflichtet fühlen, irgendeine Tätigkeit, die es beherrschen kann mit allen Kräften, mit treuer Hingabe zu üben. Bloß zuhause zu sitzen, ein wenig zu sticken, ein wenig Sport treiben, ein wenig Klavier zu spielen und sich möglichst hübsch anzuziehen – für ein solches Drohnenleben sollten junge Mädchen unsrer Tage sich zu gut sein. Das ist eine Verschwendung kostbarer Volkskraft, die wir uns jetzt nicht mehr leisten können. Die Arbeitsheimat jeder Frau und jedes Mädchens muss ja zunächst das Haus, die Familie sein, dazu kommt dann das große Gebiet der werktätigen Menschenliebe und der sozialen Arbeit. Gerade dieses Gebiet ist so recht geschaffen, um durch das versöhnende Wirken edler Frauen und Mädchen den ungeheuren Riss in unserem Volkskörper wieder zum Verschwinden zu bringen, die Gegensätze der Klassen und Stände zu mildern und dadurch unserem Volke Friede und neues Leben zu geben. Und neben diesem Gebiet vergrößert sich die Zahl der weiblichen Berufe von Jahr zu Jahr.«

1928 schrieb Paul Regensburger über »Frauenberufe und Frauenbildung«.[26]

---

24 Rede über die Einheitsschule auf dem Elternabend im Februar 1919.

25 Ebenda.

26 Paul Regensburger: Frauenberufe und Frauenbildung, [Wernigerode] 1928 (Sonderdruck); Paul Regensburger: Der Ausbau des Fürstin-Anna-Gymnasiums [Wernigerode] 1928 (Sonderdruck). Beide Aufsätze bei Deutsche Bücherei Leipzig/Deutsche Nationalbibliothek Signatur 1935 A 16640.

Nachdem er festgestellt hatte, dass »junge Mädchen heute« in allen gesellschaftlichen Bereichen tätig sein möchten, nennt er eine »notwendige Vorbedingung«: Erziehung, Unterricht und Berufsvorbereitung müssten für Mädchen und Jungen unbedingt »gleichwertig« sein. Nur so könnten »Frauen in Amtsstube und Fabrik, auf dem Acker und in der Werkstatt« an die Stelle des Mannes treten. Allerdings empfahl Regensburger – zeitgemäß – eine Ausbildung in einem Frauen zugeordneten sozialen bzw. fürsorgerischen Beruf.

Regina Winkelmann, Schülerin des Fürstin-Anna-Lyzeums 1931–39, die ihr Abitur 1940 bestand, nachdem sie den verpflichtenden Reichsarbeitsdienst abgeleistet hatte, bei einer Gedenkveranstaltung zur Pogromnacht am 9. November 2009 im Landesgymnasium für Musik in Wernigerode über ihren Lehrer: Sie habe ihn als Elfjährige in der Sexta und Quinta (heute: 5. und 6. Klasse) erlebt. Er sei ein strenger Mathelehrer gewesen, aber sie habe ihn noch immer in guter Erinnerung. Freundlich sei er sowohl mit den Schülerinnen als auch mit den Lehrerkolleginnen und -kollegen umgegangen. Alle seien ihm mit großem Respekt begegnet. Umso mehr habe sie und ihre Klassenkameradinnen betroffen gemacht, als er am 13. März 1933 von der SA aus dem Lyzeum abgeholt wurde und »niemals wieder in die Schule gekommen« sei.

Letzte Jahre

Als er aus der Schule abgeholt wurde, war weder das »Gesetz zur Wiederherstellung des Berufsbeamtentums« vom 7. April in Kraft getreten, das alle Beamte »nichtarischer Abstammung« in den Ruhestand versetzte, noch waren die Nürnberger Rassegesetze von 1935 erlassen. Aber die nationalsozialistische Propaganda mit ihrer Hetze gegen Juden zeigte bereits ihre menschenverachtende Fratze. Vor allem die SA begann ihre vorauseilende Jagd auf alles, was nicht »arischen Blutes« war. Paul Regensburger wurde von der Gestapo verhört und nach Hause entlassen. Länger als ein Jahr war der abgesetzte Rektor des Lyzeums krank bzw. »beurlaubt«. Dann wurde er – wie bereits berichtet – zum Studienrat zurückgestuft, sollte eine Stelle in Wittenberg annehmen und als er dies ablehnte, sein Dienst zwangsweise ab August 1934 beendet. Ob überhaupt und wie lange ihm noch Ruhestandsbezüge gezahlt wurden, ist nicht bekannt.

Regensburger stand unter Polizeibeobachtung. Immer wieder wurde er zu Verhören von der Gestapo oder der Polizei abgeholt. Eine Enkeltochter, die noch lange Zeit in der Lindenbergstraße mit Paul und Friederike Regensburger zusammenlebte, erzählte später, dass er nach solchen Verhören stundenlang in seinem Sessel saß und weinte.[27] Diese quälende Behandlung zermürbte ihn und machte ihn depressiv. Wie andere auch musste er ab 1938 den Namenszusatz »Israel« und dann ab 1941 auch

---

27 Berichtet von Renate Goetz auf Zeitzeugenbefragung in ihrer Geschichte der Juden in Wernigerode in der Zeit des Nationalsozialismus; hektographiert 1991/92.

den Judenstern tragen. Dem so gekennzeichneten Juden wurde verboten, bei Fliegeralarm den Luftschutzraum aufzusuchen. Dies allerdings ging seinem Hauswirt zu weit, der einen freundschaftlichen Verkehr mit der Familie Regensburger pflegte und mit ihm gelegentlich Skat spielte, obwohl er die Nazifahne bei jeder Gelegenheit zum Fenster hinaushängte.

Jetzt galt ihm, was er zum Schulbeginn 1920 seinen Schülerinnen in seiner Rede über das Glück sagte: »Ihnen allen werden schwere Tage kommen, Tage von denen der Psalmist sagt: Sie gefallen uns nicht.[28] Aber auch dies soll zu Ihrem Glück sein. Das Unglück lehrt erkennen, wie nichtig und wertlos gar manches sonst heißbegehrte, sogenannte ›Glück‹ ist. Das Unglück wappnet den Willen, Leid macht stark, die Seelen stark und tief. Vor allem lernen wir durch das Leid eine Tugend, die für unser Lebensglück eine der wertvollsten ist, die Geduld. Im Leid rücken uns ferner Liebe und Mitgefühl nahe. So wird auch Leid eine Quelle glückschaffender Lebenskräfte. Umso mehr Segen quillt daraus, je mehr wir zu trinken gewohnt sind aus der Quelle, die uns für die Leidenstage besondere Kraft verleiht. Es ist der Glaube an den himmlischen Vater.«

In der Bekenntnisgemeinde in Wernigerode fand er Halt. Sie war der Ort für Christen, die sich nicht den »Deutschen Christen« angeschlossen hatten, einer Bewegung, die Hitler unterstützte und dessen »Führerprinzip« auch in der Kirche anwenden wollte. Mehr oder weniger waren die Kirchengemeinden in Wernigerode deutschchristlich orientiert. Regensburger war unter der Mitgliedsnummer 215 der Bekenntnisgemeinde beigetreten, die sich nur etwa 60 Meter von seiner Wohnung als Gast bei der »Altlutherischen« Kreuzkirchengemeinde, heute Selbständige Evangelisch-Lutherische Kirche, versammelte. Hier konnte er mit anderen Gleichgesinnten seinen Glauben stärken, der immer wieder auf harte Proben gestellt wurde.

Dann kam es hart auf hart. Im September 1941 wurde sein Sohn Karl zum Kriegsdienst an die Ostfront eingezogen. Am 22. Juni hatte die Wehrmacht den Krieg gegen die Sowjetunion begonnen. Paul Regensburgers Vater war 1926 gestorben und seine Mutter war 1935 von Fürth nach Hamburg gezogen. Bei ihr lebten drei seiner Schwestern, die ledig geblieben waren: Helene (* 1879) hatte in einem Kurzwarengeschäft in Frankfurt/M. gearbeitet, Martha (* 1884) war Postsekretärin in Nürnberg und Regina (* 1896) Postbeamtin ebenfalls in Nürnberg geworden. Die drei Frauen wurden am 4. Dezember 1941 von der Gestapo vorgeladen und zwei Tage später nach Riga deportiert, einer der ersten Deportationen noch vor der berüchtigten Wannseekonferenz 1942. Auf der Deportationsliste der Gestapo mit fast 1000 Juden aus Norddeutschland trugen sie die Nummern 564, 565 und 566. Helene und Martha sind wahrscheinlich bei den Massenerschießungen am 26. März 1942 im Wald von Bikernieki umgekommen, Martha soll noch einige Zeit als Arbeitskraft eingesetzt

28 Nicht Psalmist, sondern Prediger 12,1: Gedenke an deinen Schöpfer in deiner Jugend, ehe denn die bösen Tage kommen und die Jahre herzutreten, da du wirst sagen: Sie gefallen mir nicht.

worden sein, bevor auch sie ermordet wurde. Tochter Emma (* 1888) lebte bereits in Hamburg und war mit Richard Leutert, einem »Arier«, verheiratet. Sie überlebte in einer »privilegierten Mischehe« die Shoah und starb 1979. Sohn Max (* 1885), Theaterschauspieler in Hamburg, wurde am 2. Februar 1945 als »Gartenarbeiter« in das KZ Theresienstadt deportiert.[29] Er überlebte und starb 1966. Pauls Mutter Friederike hat die Deportation ihrer drei Töchter noch erleben müssen, sie starb am 23. Februar 1942.

Wenige Monate später starb Paul Regensburger am 19. Juni 1942 mit 64 Jahren als ein gebrechlicher, kranker und verängstigter Mann. Im Sterberegister der Bekenntnisgemeinde ist sein Name eingetragen, ergänzt mit dem Zwangsnamen der Nazis »Israel«. Pfarrer i. R. Richard Hartmann hat ihn ausgesegnet. Beigesetzt wurde er sehr wahrscheinlich auf dem früheren Sylvestri-Friedhof, der in der DDR-Zeit zu einem Parkplatz wurde.[30] Heute steht dort das Einkaufszentrum Altstadt-Passagen. Vom alten Friedhof ist nur die Kapelle übriggeblieben.

Superintendent i. R. Worbes hat der Ehefrau Friederike Regensburger in einer Kondolenz geschrieben: »Es sind Jahre der Trübsal und des Kreuzes, die Ihr lieber Mann in den Jahren hat durchleben müssen, die nun abgeschlossen hinter ihm liegen. Aber er hat darin dem das Kreuz nachtragen dürfen, dem er einst am Taufstein als Sein Jünger sich zu Eigen gegeben, und dem er auch unter dem ihm auferlegten Kreuz die Treue gehalten hat.«[31] Paul Regensburger war Christ, der als Jude verfolgt wurde. Seine Frau erlebte in Wernigerode noch das Ende des Krieges und den Wechsel von amerikanischer über britische bis zu russischer Besetzung und starb am Tag der Erinnerung an die Pogromnacht, am 9. November 1945. Sie fand neben ihrem Mann ihre letzte Ruhestätte.

Pfarrer Karl Regensburger

Karl Regensburger, der älteste Sohn von Paul und Friederike Regensburger, wurde am 21. April 1905 in Freising geboren. In seiner Kindheit beeindruckte ihn die christliche Erziehung und die Frömmigkeit seiner Großmutter stark. Als die Familie 1911 von Bremerhaven / Geestemünde nach Wernigerode zog, war Karl Regensburger[32] sechs Jahre alt. Hier kam er in die Schule, wurde 1920 konfirmiert und bestand 1924 am humanistischen Fürst-Otto-Gymnasium das Abitur, bei dem er auch eine Prüfung in

---

29 Max Regensburger hatte die Nr. 83 im Transport VI/10 von Hamburg nach Theresienstadt; der Zug kam erst nach drei Wochen dort an. Das KZ wurde am 3. Mai 1945 befreit.

30 Ein altes Foto der Grabstelle, auf der später auch seine Ehefrau beigesetzt wurde, legt dies nahe, obwohl es keine Eintragung in den Kirchenbüchern gibt. Auf dem städtischen Zentralfriedhof gibt es keinen Nachweis einer entsprechenden Grabstätte.

31 Schreiben vom 20. Juni 1942; Privatarchiv Helmut Regensburger.

32 Das Manuskript von Dr. Georg von Gynz-Rekowski über die »Geschichte der Juden in Wernigerode« (1989) ist leider im Abschnitt zu Juden während der Nazizeit in Deutschland (nicht nur ab S. 12) fehlerhaft und muss vielfach anhand der originalen Dokumente korrigiert werden.

(Alt-)Hebräisch ablegte. Während der Schulzeit nahm er an Schülerbibelkreisen (BK) teil. In der Zeit, als sein Vater 1914–18 im Krieg war, wurde ihm in der Nachbarschaft am Lindenberg Pfarrer i. R. Johannes Hesekiel[33] zu einem »Vaterersatz«.

Nach dem Abitur studierte Karl Regensburger in Erlangen, Tübingen und Halle Theologie. Sein Vikariat absolvierte er 1928/29 in Benneckenstein, oben im Harz nahe von Wernigerode. Nach der Zweiten Theologischen Prüfung wurde er 1930 ordiniert und als Pfarrer in die Gemeinde Schwarzheide-West[34] eingewiesen. Seit 1932 war er verheiratet mit der Säuglingskrankenschwester Hellen Zscheyge (1907–1970). Sie kam aus einer christlichen Familie in Berlin; ihr Großvater väterlicherseits war Pfarrer gewesen. Gemeinsam hatten sie zwei Kinder: Martin (1933–1989) und Helmut (* 1935).

In Schwarzheide-West war der junge Pfarrer – er hatte seinen Dienst mit 25 Jahren angetreten – bald sehr beliebt. Vor allem lag ihm die Jugendarbeit und der Gottesdienst. 1933 wählte ihn die Kreissynode zum (nebenamtlichen) Kreisjugendpfarrer. Er leitete den »Evangelischen Bund«, einen 1886 gegründeten Verband, um »evangelische Interessen in der Öffentlichkeit zu vertreten«. Bei seiner Vorstellung in der Gemeinde hat er seine Herkunft aus einer jüdischen Familie öffentlich bekannt. Das wurde ihm 1934 zum Verhängnis.

Alles begann mit Unterstellungen und Verleumdungen durch Kurt Wein, einem Jungscharführer der örtlichen NSDAP, dem allerdings die Führung der Pimpfe wegen unverantwortlichen Verhaltens durch die Partei untersagt wurde und der zeitweise auch im Helferkreis des Kindergottesdienstes tätig war. Er versteckte sich hinter einer Frau aus der Gemeinde, setzte für sie eine Beschwerde über Amtsvergehen von Pfarrer Regensburger auf und reichte sie bei der obersten Verwaltungsbehörde der Kirche in Preußen, dem Evangelischen Oberkirchenrat in Berlin, ein. Angeblich soll der Pfarrer Beerdigungen vergessen haben, sich mit dem Kantor streiten und mit seiner Frau öffentlich tanzen. Die Beschwerde wurde ordentlich geprüft und zurückgewiesen.[35] Ergebnisse: Die Witwe eines Mannes, der sich selbst getötet hatte, bat um ein christliches Begräbnis, das der Pfarrer nach damaligem Recht ablehnen musste, der sich aber bereit erklärte, beim Mittagsläuten eine »stille Andacht« am Grab zu halten. Sie aber ließ ihren Mann eine Stunde früher beerdigen. Beim Streit mit dem Kantor handelte es sich um eine Andacht in der Silvesternacht, bei der der Kantor das Orgelspiel verweigerte und durch den Gemeindekirchenrat dienstlich

33 Johannes Hesekiel (1835–1918) war seit 1863 Mitarbeiter des Sozialreformers Johann Hinrich Wichern (Begründer der Diakonie) in Berlin, dann 1868 Pfarrer in St. Ambrosius in Magdeburg-Sudenburg, Mitbegründer des Diakonissen-Mutterhauses Cäcilienstift in Halberstadt. Er erhielt 1883 die Ehrendoktorwürde der Universität Halle. 1886–1910 war er Generalsuperintendent in Posen. Seinen Ruhestand verbrachte er in Wernigerode. Ausführlich unter http://www.uni-magdeburg.de/mbl/Biografien/0499.htm (abgerufen 29.9.2018).

34 Alte Ortsbezeichnung: Zschornegosda.

35 Der gesamte Vorgang ist im Archiv der Kirchenprovinz Sachsen (AKPS) in Magdeburg dokumentiert unter Rep. A / Spez. P / R 144. Personalakte Pfarrer Karl Regensburger (Akteneinsicht am 27.8./1.9.2015).

verpflichtet wurde. Die Kontroverse wurde im Einvernehmen beendet. Und beim Tanzen stellte sich heraus, dass es sich um das Erntefest der Gemeinde handelte, bei dem der Pfarrer am Vormittag den Gottesdienst hielt und am Abend beim fröhlichen Beisammensein seine Verbundenheit mit der Ortsgemeinde zusammen mit seiner Frau bekundete. Es gab viel Aufregung und amtlichen Briefwechsel. Der zuständige Superintendent vermerkte: »Irgendein Dienstvergehen konnte nicht festgestellt werden. Vielmehr wurde festgestellt, dass die Anschuldigungen auf Verleumdung und Verdrehung von Tatsachen beruhen.« Schließlich entschuldigte sich die zur Beschwerde angestachelte Frau öffentlich.

Aber jener ehemalige Hitlerjungen-Jungscharführer entfachte nun eine rassistische Hetzkampagne zu einer Zeit, als die antisemitische Propaganda auf vollen Touren lief, aber die berüchtigten Rassegesetze vom 15. September 1935 in Nürnberg noch nicht beschlossen waren. Der NSDAP-Ortsgruppenleiter schaltete sich ein. Pfarrer Regensburger wurde der Vorwurf gemacht, er sei »nicht rein arischer Abstammung«. Das war nicht neu, denn seine jüdische Abstammung hatte er schon Jahre zuvor bei seiner Anstellung bekannt gemacht. Doch selbst der Ortsgruppenleiter der NSDAP war davon ausgegangen, dass der berüchtigte Arierparagraph, nach dem »Juden« aus allen Ämtern – auch kirchlichen – zu entfernen seien, für ihn nicht gelte, weil ja sein »Vater vier Jahre lang Frontkämpfer gewesen ist«. Jetzt aber 1934 änderte der seine Meinung. Äußerer Anlass war wohl, dass der Gemeindekirchenrat eine Kirchensteuerermäßigung des Ortsgruppenleiters abgewiesen hatte. Die Denunziationen nahmen kein Ende. Gerade war sein zweiter Sohn Helmut geboren. Da beantragt Karl Regensburger im August 1935 einen Urlaub und die Versetzung in eine andere Pfarrstelle, um sich und seine Familie zu schützen.

Der Urlaub wurde erteilt, nicht aber die Versetzung. Doch während des Urlaubs beantragte die Hälfte des Gemeindekirchenrates, eine Sondersitzung des Gremiums einzuberufen, um die Frage zu klären, ob Pfarrer Karl Regensburger abberufen werden solle. Die Sitzung kam aber nicht zustande, weil die Unterschrift unter der Einladung fehlte. Vielmehr schrieb der Kirchenälteste Freitag einen Brief an den Reichsminister für Kirchenfragen Hanns Kerrl mit weiteren zwölf Unterschriften:

»Der von einem Teil der kirchlichen Körperschaften [...] wegen seiner nichtarischen Abstammung als Seelsorger unserer Kirchengemeinde abgelehnte Pastor Regensburger genießt nach wie vor unser vollstes Vertrauen sowohl als Seelsorger wie auch als Mensch.«

Während des Urlaubs, der vom Superintendenten dann noch bis Ende August verlängert wurde, beantragte die Hälfte der »gesamten kirchlichen Körperschaften« in Zschornegosda eine Sondersitzung des Gemeindekirchenrates, um die Frage zu klären, ob Pfarrer Karl Regensburger abberufen werden solle. Doch der Vorsitzende des GKR, Pfarrer Regensburger, war nicht bereit, eine solche Sitzung einzuberufen – schon gar nicht aus dem Urlaub heraus.

Drei Wochen später hatten Kirchenältester Freitag und die zwölf weiteren Aufrechten eine Antwort des Ministers aus Berlin erhalten und verfassten nun ein Schreiben an das Konsistorium in Magdeburg, – und in einer Zeit, nachdem die

Nürnberger Gesetze 1935 in Kraft getreten waren. Sie beriefen sich auf das Antwortschreiben des Ministers: Aus ihm »geht klar und eindeutig hervor, dass unser Pastor außerhalb dieser gesetzlichen Maßnahmen steht, d. h. in seinem Staatsbürgerrecht und kirchliche Amtsperson als evangelischer Pastor unantastbar dasteht [...] [Wir] bitten, Herrn Pastor Regensburger sofort in sein Amt nach Zschornegosda zurückzurufen und damit die bestehende Beurlaubung zu beenden.«

Dann fügten sie noch hinzu: Wenn ein Gemeindekirchenrat eine Vertrauensabstimmung über ihren Pastor durchführte, dann könnte er sich auch »das Recht herausnehmen, darüber abzustimmen, ob das alte von Juden geschriebene Alte Testament noch für Predigt, Seelsorge und Unterricht zu verwenden sei bzw. könnte eine solche Befragung auch auf den Apostel Paulus und seine Briefe, ja sogar auf unseren Heiland ausgedehnt werden. Damit würde und wäre unser Christentum in der Grundlage seines Glaubens angetastet.« Das waren mutige und eindeutige Worte, denn damit stellte sich ein Teil des Gemeindekirchenrates gegen die »Deutschen Christen«, die sich die »Entjudung« der Bibel« vorgenommen hatten, indem sie den ersten Teil, die jüdische Heilige Schrift (das sogenannte Alte Testament) abschaffen und aus dem Neuen Testament nur Texte erhalten wollten, die einen »arischen Jesus« verkündigten.

Doch der Gemeindekirchenrat war gespalten. Elf andere Mitglieder schickten Erklärungen an das Konsistorium: »Die Frage: Sind Sie damit einverstanden, dass die Seelsorge in der Kirchengemeinde Zschornegosda weiterhin durch einen Halbjuden ausgeübt wird, beantworte ich als Mitglied der kirchlichen Körperschaften mit: Nein. Heil Hitler!« Die Erklärungen waren 11 mal handschriftlich mit »Nein« versehen und unterschrieben.

Da die Gemeinde Schwarzheide West zur preußischen Provinz Brandenburg gehörte, schaltete sich die Behörde ein und belegte Pfarrer Regensburger als »Nichtarier« mit einem Redeverbot. Das wiederum veranlasste Superintendent Bertling (Elsterwerda), der sich schützend vor den Pfarrer stellte, der etwa 25 km entfernt, in der preußischen Provinz Sachsen liegenden Gemeinde Hirschfeld zu empfehlen, Regensburger zu berufen. Umgehend wurde er dort einstimmig zum Gemeindepfarrer gewählt.

Jener frühere Jungscharführer jubelte und ließ öffentlich verkünden: »Der Wegzug des Herrn Regensburger wird nicht bedauert, sondern war nicht nur erwünscht, sondern höchstes Gebot der Stunde, da Regensburger judenstämmig, Halbjude, ist. [...] Mit Recht muss festgestellt werden, dass er nicht nur verhasst, sondern auch ungeheuer frech war, welches die ungeheuere Zersplitterung in der Gemeinde, die kaum wieder gut zu machen ist, zur Folge hatte.«

In der ganzen Affäre hat sich die Kirchenleitung in Magdeburg nicht nur vermittelnd, sondern auch aktiv hinter Pfarrer Regensburger gestellt. Nach einem Erlass des Evangelischen Oberkirchenrates in Berlin[36] musste zum »Fall Regensburger« und

36 EOK am 4.7.1939, Tagebuchnummer E.O I, 1448/39; Evangelisches Zentralarchiv Berlin Akte EZA 7/1960.

seiner jüdischen Abstammung berichtet werden. In dem Entwurf einer Antwort aus dem Evangelischen Konsistorium in Magdeburg mit elf Anlagen (von Regensburger ausgefüllte Fragebogen), der den Vermerk »geht nicht ab« trägt, heißt es:

»R. […] ist nicht rein deutschblütiger Abstammung. Sein Vater, Studiendirektor a. D. Paul Regensburger gehörte auch der jüdischen Religion an, wurde aber evangelisch. Dessen Vater, Kaufmann Isaak Regensburger war offenbar Volljude, während die Mutter dieses Studiendirektors Regensburger nach einem Vermerk im Formblatt 2 anscheinend nur Halbjüdin war. […] Wir haben davon abgesehen, bezüglich des Isaak Regensburger und der Friederike Anker die Geburtsurkunde noch nachzufordern, bitten aber im vorliegenden Fall von der Forderung deutschbürtiger Abstammung eine Ausnahme zuzulassen.« Eine Anfrage der Gestapo Magdeburg vom 28. August 1941 (»Ich bitte um Mitteilung, ob Regenburger dort als Mischling ersten Grades bekannt und geführt wird.«), ist zwar mit einer Notiz versehen, blieb aber unbeantwortet.[37] Im Klartext: Pfarrer Karl Regensburger blieb entgegen aller Vorschriften im Amt.

Ein kurzer Einschub, der ein kleines Detail der nationalsozialistischen Statistik belegt: Am 17. Mai 1939 fand in Deutschland eine Volkszählung statt, bei der Ergänzungskarten auszufüllen waren, mit denen die rassische – nicht religiöse – jüdische Abstammung erfasst wurde. In dieser Statistik kommt auch Karl Regensburger vor, nicht aber mit der Anschrift in Hirschfeld, sondern unter Michendorf, An der Trift. Weshalb er sich an diesem Volkszählungstag dort aufhielt, ist nicht bekannt. Aber diese statistische Angabe belegt, dass viele Angaben in jener Volkszählung eben nicht den jeweiligen Wohnort, sondern lediglich den aktuellen (auch besuchsweisen) Aufenthalt benennen.

Der Dienst in der Gemeinde Hirschfeld wurde jäh unterbrochen, als Karl Regensburger im September 1941 zur Wehrmacht einberufen und zum Militärfahrer ausgebildet wurde. Als sich die Gestapo für den »Halbjuden« bei der Wehrmacht interessierte, versetzte ihn sein Kommandant an die Ostfront.[38] Mit seiner Einheit kam er fast bis nach Stalingrad. Sein Vater in Wernigerode befürchtete, ihn zu verlieren. Diese Furcht war nicht unbegründet, denn Karl Regensburger ist bei Bombenangriffen zweimal verschüttet worden, konnte aber ausgegraben werden und überlebte einmal als einziger seiner Gruppe, das andre Mal zusammen mit einer Krankenschwester. Diese Ereignisse haben ihn den Rest seines Lebens sehr geprägt.

1943 entdeckte ein vorgesetzter Offizier, dass Karl Regensburger »jüdischer Abstammung« ist. Darauf wurde er als »wehrunwürdig« aus der Wehrmacht entlassen und nahm seinen Dienst im September in Hirschfeld wieder auf. Im Dezember erhielt er eine Vorladung der Gestapo nach Torgau. Die Befragung dort sei »harmlos« gewesen, da es nur um das Verhalten von »Mischlingen« gegangen

---

37 Angaben aus der Personalakte im Archiv der Kirchenprovinz Sachsen (AKPS) Rep. A / Spez. P/R 144.

38 Nach Hartmut Ludwig / Eberhard Röhm: Evangelisch getauft – als »Jude« verfolgt…, Calw 2014; S. 287.

sei. Diese Einschätzung war ein Irrtum. Denn Ende Oktober 1944 wurde er zur »Dienstleistung« mit »Arbeitseinsatz« für eine »begrenzte Zeit« einberufen. Auf den Einspruch des Superintendenten teilte das Arbeitsamt in Torgau mit, es handele »auf höheren Befehl«. Der Superintendent wiederum unterrichtete das Konsistorium in Magdeburg, dass es sich offensichtlich um einen »Sammeleinsatz« handele, »in dem anscheinend nur Mischlinge eingesetzt werden«.

Zum 30. Oktober 1944 wurde Karl Regensburger als »Betriebsarbeiter« bei der Organisation Todt[39] in ein Arbeitslager in Sitzendorf/ Thüringen eingewiesen. Dort sollte unter Leitung des Bauunternehmens Karl Schaare GmbH & Co. KG aus Braunschweig das »Werk Troma« entstehen. Es handelte sich dabei um einen Zweigbetrieb der Leuna-Werke, das Leichtlauföle und Raketenbrennstoff für die Kriegswirtschaft produzieren und im März 1945 in Betrieb gehen sollte.

Im Arbeitslager »Werk Troma« (»Trockenmasse« als Deckname) in Sitzendorf, im Schwarzatal des Thüringer Waldes, musste Karl Regensburger mit anderen Zwangsarbeitern und Kriegsgefangenen aus Frankreich und Italien Schwerstarbeit leisten. Die Häftlinge hatten Baumstämme zu fällen und zu transportieren.[40] Dabei wurden die Arbeiter an die Baumstämme gekettet, um ihre Flucht zu verhindern. Bei geringstem Fehlverhalten wurden die Männer in das KZ Buchenwald überstellt. Jeder Fluchtversuch wurde mit dem Tode bestraft. Im Nachlass[41] von Karl Regensburger fand sich später ein von ihm verfasstes Gedicht:

Nummer 610

Noch glitzern nächtliche Sterne hell
über dem dunklen Wald.
Grell schrillen die Pfeifen zum Morgenappell:
Tagschicht her, heraus – wird's bald!

Da poltern wir aus schlafwarmem Saal
hinaus in die Tagesqual.
Tagschicht tritt an: 380 Mann.
Kalt weht der Wind durchs enge Tal.

Wir hüllen in dünne Decken uns ein,
wir stehend wartend in langen Reih'n,
nach Nummern geordnet zu Drei'n.
Die schwarzen Schergen zählen und fluchen,

---

39 Die Organisation Todt (OT) war eine paramilitärische Bautruppe im nationalsozialistischen Deutschland. Ab Oktober 1944 wurden »jüdische Mischlinge ersten Grades« und »jüdisch Versippte« in der Aktion OT – B eingezogen.

40 Die Informationen stammen von Helmut Regensburger aus einem Telefonat mit dem Autor am 28.8.2015.

41 Privatarchiv von Helmut Regensburger.

sie müssen unsere Namen verbuchen.
Dann lassen sie uns noch lange stehn.
Es fehlt eine Nummer: 610.
610, ein Buchdrucker aus Berlin,
siebzehn Jahre alt, ich kenne ihn.
Hat neulich von seinem Heimweh gesprochen
und dass er doch gar nichts hat verbrochen
und dass nun Mutter aus der Wohnung raus,
weil Bomben zerschlugen das ganze Haus.

So sehe ich ihn noch vor mir stehn
mit dicken Brillengläsern: 610.
Schon haben die Spürhunde ihn gesucht,
und der Sturmbannführer hat mächtig geflucht.
Er hat uns die Hölle an den Hals geschrien,
und dann auf der Straße brachten sie ihn.

Angestrahlt im Scheinwerferlicht,
doch hinein ins Lager kam er nicht.
Vor dem Tor ist er zusammengebrochen,
er war ganz still und hat nichts mehr gesprochen.

Zerschlagen, zerstümmelt und zerschunden,
zerrissen, zerbissen von Hunden,
so lag er da und sein Blut floss dahin.
War er jetzt daheim bei Muttern in Berlin?

Der Sturmbannführer legte auf's Neue los:
Soll keiner von euch sich einbilden bloß,
dass er die Heimat wird wiederseh'n. -

Doch mit einmal ferne Sirenen ertön'n
und in der Höhe Motorengebrumm,
und der Sturmbannführer ist plötzlich stumm.

Die Lichter verlöschen – voll Hoffnung,
doch bang,
stehen wir stumm zehn Minuten lang.
Die anderen rennen hin und her -
und fluchen noch mehr.

Hinterm Wald aufleuchtet Feuerschein,
taucht alles in fahles Licht hinein.
Es kommt der Befehl. Wir marschieren ab.
Am Boden liegt einer – fast noch ein Knab.

Kamerad, Kamerad 610.
Sollen wir stumm verzweifelt vorüber geh'n?

Einer tritt vor – dort am Tor,
hat sich zu ihm hernieder gebückt,
die halboffenen Lider zugedrückt.

»Und wenn die Welt voll Teufel wär« -
das lasst uns singen zu seiner Ehr.
Nur zaghaft klingt erst der Gesang,
dann aber schallt es das Tal entlang
»Groß Macht und viel List
sein grausam Rüstung ist,
ein Wörtlein kann ihn fällen.«

Über seine persönlichen Erfahrungen berichtete Karl Regensburger später in seinen Erinnerungen:

»In der Nacht vom 14. zum 15. Dezember 1944 hatten wir Nachtschicht auf der Baustelle [Troma] in Sitzendorf, von 19 bis 5 Uhr. Dazu kam eine gute halbe Stunde zum Lager nach Unterweißbach als Fußmarsch, bewacht von der SS, mit der wir auf der Baustelle kaum etwas zu tun hatten. Hier waren O.T. Männer unsere Meister und Anweiser. Es war noch kein Schnee gefallen und doch schon -10 Grad Kälte. Wir hatten Fundamentgräben bis 80 cm tief auszuheben. Je zwei Mann mussten fünf Meter in der Schicht schaffen. Einer hackte und hob aus, der andere fuhr den Aushub 150 m weit an das Ufer der Schwarza. Ich fuhr den Aushub und sah sehnsüchtig hinüber auf die Häuser, aus deren Fenstern hier und da Kerzenschimmer fiel und da auch ein einzelner Adventsstern. Wie mag es zu Hause sein in der warmen Stube bei Kerzenschein und Adventsliederklang? Dunkel erheben sich rings die Berge, und der Himmel war von klaren Sternen übersät. Ob es wohl wieder Fliegeralarm geben würde? Dann verloschen die hellen Bogenlampen, dann ruhte die Arbeit und wir hockten in den Gräben, wo die Kälte weniger spürbar durch das dünne Arbeitszeug drang. In dieser Nacht geschah nichts. Die Betonmaschinen brummten und quietschten ihr eintöniges Lied. Ab und zu klang aus der Kantinenbaracke das Grölen von Liedern und die Marschmusik aus den Lautsprechern. Morgens um 3 Uhr hatten wir unser Stück geschafft. Mein Kumpel wurde zur Betoniergruppe geholt, wo Kies und Sand durch Dampfrohre erwärmt wurden. Ich sollte mithelfen, dass die anderen Kumpel ihr Stück noch schafften. Wir hatten einen Neuen dabei, einen Musikprofessor aus Köln. Sein Name ist mir entfallen. Als ich sein Stück aufsuchte, das ziemlich am Ende zum Fluss hin lag, hockte er in seiner Grube und rührte sich nicht. Die Schubkarre stand leer am Rande. Als ich ihn ansprach: ›Wo ist denn dein Kumpel?‹ Keine Antwort. Ich sprang zu ihm hinab und merkte, dass er ohnmächtig war. Ich beugte mich über ihn, öffnete seine Arbeitskleidung und wollte sein Herz massieren. Plötzlich stand Unterscharführer Frommann über uns.« Karl wurde aus dem Graben herausgerufen und unter vielen Beschimpfungen mit einem Drahtseil verdroschen. Dann befahl ihm der Aufseher, auf den Ohnmächtigen zu pinkeln, was Karl Regensburger verweigerte. »Von Schmerzen wurde ich fast ohnmächtig und ließ mich in den Graben fallen. Kurze Zeit darauf merkte ich, wie er breitbeinig über dem Graben stand und nun seinerseits auf mich herabpinkelte. ›Komm raus, du Schwein!‹ Sein Drahtseil sauste auf meine Schulter herab. Da sprang ich hoch, umklammerte seine Beine und zog sie nach vorn, dass er rücklinks in den Graben fiel. Doch diese Anstrengung war für mich zu viel, so dass ich selbst ohnmächtig wurde. Kameraden haben mich nach der Schicht ins Lager getragen. Der andere im Graben war tot. Frommann ist nie wieder aufgetaucht, einige vermuteten, dass er versetzt worden ist. Erst später erfuhr ich, dass die Russen vom Betonierkommando [auch Zwangsarbeiter] ihn einbetoniert hatten. Ich wollte aber, es wäre nur ein Gerücht. Bis Weihnachten lag ich im Lazarett immer in der Angst, nach Buchenwald zurück transportiert zu werden.«[42]

Im März 1945 wurde Regensburger durch die Bemühungen eines Bekannten aus dem Arbeitslager entlassen, musste sich aber bei der Gestapo in Erfurt melden und wurde dort ohne Angaben von Gründen erneut verhaftet. Bei einem Fliegeralarm gelang ihm die Flucht.[43] Auf nächtlichen Wegen gelangte er bis an die Elbe. Ein Schäfer, der auf der anderen Seite seine Herde hatte, nahm ihn in seinem Boot mit. Bei einem Pfarrer fand er Unterschlupf. Der aber fürchtete, einen Spion zu beherbergen. Erst als Pfarrer Regensburger einen Psalm auf Hebräisch zitierte, glaubte ihm sein Amtsbruder. Er kehrte glücklich nach Hirschfeld in seine bisherige Pfarrstelle zurück. Im Geburtstagsbrief an seine Mutter vom 13. März 1945 teilt er noch mit: »Nun muss ich aber wieder zu meiner Arbeitsstätte nochmal hinunter, obwohl ich jetzt wieder dienstverpflichtet werden soll. Mit der Eisenbahn ist ja kein rechtes Fortkommen. So versuche ich es, auf Lastwagen mitgenommen zu werden. Das ist jetzt immer noch das Vorteilhafteste und Schnellste.« Ob er tatsächlich noch einmal in den Wirren der letzten Kriegstage in das Arbeitslager zurückkehrte und damit seinen »Urlaub« beendete ist nicht geklärt. Schließlich war der Krieg in Sachsen Mitte April beendet.

Nach dem Krieg widmete er sich neben seinem Dienst in der Kirchengemeinde der Flüchtlingsbetreuung, war als Hilfspolizist tätig und eine Zeit lang Schulleiter und auch Standesbeamter. Die Eheschließungen fanden im Unterrichtsraum des Pfarrhauses, die Feiern im Gemeindesaal statt. Die Hirschfelder Chronik vermerkt: »Vom 11. Juli – 3. September [1947] konnte eine Kinderspeisung aus Spenden des Evangelischen Hilfswerkes durchgeführt werden. Durchschnittlich nahmen 100 Kinder daran teil. Gekocht wurde im kleinen Pfarrsaal, gegessen unter der großen Kastanie im Pfarrhof. Bei ungünstiger Witterung im Pfarrsaal. Ausgegeben wurden 4500 Portionen. Den Kindern hat es immer sehr gut geschmeckt und es waren z.T. Gewichtszunahmen bis 8 Pfund zu verzeichnen.«[44]

42 Aus den Aufzeichnungen von Karl Regensburger um 1970; Privatarchiv Helmut Regensburger.
43 Aus einem Brief um 1951; Privatarchiv Helmut Regensburger.
44 Aus einer Information von Helmut Regensburger vom 30.04.2021 an den Autor.

Einem Antrag auf Versetzung nach Minsleben in der Nähe von Wernigerode gab das Konsistorium 1946 nicht statt. Er blieb in Schwarzheide-West, war dann aber ausschließlich in der Kirchengemeinde tätig. Die neuen Machthaber in der sowjetisch-besetzten Zone duldeten seine gesellschaftliche Tätigkeit nicht.

Karl Regensburger war gesundheitlich angegriffen, nicht erst seit seinem Zwangsarbeitslager. Bereits im Gesundheitszeugnis von 1930 wurde eine »ausgeheilte Tbc« vermerkt. Der zuständige Superintendent erteilte ihm 1934 »nach schwerer Erkrankung« einen Urlaub an der Ostsee auf Fehmarn. 1950 erkrankte er erneut an Tuberkulose, fiel längere Zeit aus und wechselte dann in das 10 km entfernte Plessa, wo er bis 1957 tätig war. Die unmittelbare Nähe zum Lausitzer Braunkohlerevier tat dem Lungenkranken nicht gut. So übernahm er bis zum Eintritt in den Ruhestand 1971 eine Pfarrstelle in Wandersleben bei Erfurt, die er noch bis Mai 1972 kommissarisch verwaltete. Während seines Ruhestandes wohnte er im Pfarrhaus der kleinen Gemeinde Thörey bei Arnstadt. Dort starb er am 14. Dezember 1976 im Krankenhaus. In Wandersleben, seiner letzten Pfarrstelle, wurde er neben seiner Frau bestattet, die bereits 1970 gestorben war.

Friedrich (Fritz) Regensburger / Richard Regensburger

Karls Brüder waren ebenfalls 1944 zur Zwangsarbeit dienstverpflichtet worden: Fritz (1907–1970) zuerst bei den Rautalwerken in Wernigerode und dann wie sein Bruder Richard (1909–1982) in Sachau nahe Gardelegen in einem sogenannten Mischlingslager der Organisation Todt (OT).[45]

Fritz Regensburger, ausgebildet als Kaufmännischer Angestellter, hatte 1934 Else Naumann (1910-1985), Friseuse in einem Geschäft am Markt in Wernigerode, geheiratet. Fritz und Else hatten drei Kinder: Erika Regensburger (1935–2010), Marina (1941–2016) und Jutta (* 1953). Die Hochzeit fand »unter starken Anfeindungen« wegen seiner jüdischen Herkunft in Bernburg statt. Eine Anstellung fand Fritz bei der Argenta Schokoladenwerke AG in Wernigerode. Er wurde als sportlich beschrieben, lief gerne und betätigte sich in seiner Freizeit auch mal als Rettungsschwimmer im damaligen Nesseltalbad in Hasserode. 1939 wurde er zum Wehrdienst eingezogen und nahm am Frankreichfeldzug teil, wurde aber wegen seiner jüdischen Herkunft als »wehrunwürdig« entlassen. Zeitweise fand er wieder Arbeit bei Argenta, die auch jüdische Mitarbeiter beschäftige, bis er Ende 1944 bei den Aktionen gegen »Mischlingsehen« verhaftet und zunächst mit Zwangsarbeitern bei den Rautalwerken im Batteriewerk an der Steinernen Renne eingesetzt wird. Von dort aus wurde er kurz darauf in das

45 Fritz Sauckel (1894–1946 in Nürnberg), Gauleiter in Thüringen und Generalbevollmächtigter für den Arbeitseinsatz hatte Ende 1943 den »Geschlossenen Arbeitseinsatz« für alle »wehrunwürdigen«, »jüdisch versippten« und »jüdischen Mischlinge« angeordnet. Sie wurden der OT zugeordnet, in »Mischlingslagern« zusammengezogen und bei Zwangsarbeit eingesetzt. Ab Oktober 1944 liefen diese Aktionen über die Gestapo verschärft.

»Mischlingslager« in Sandau bei Gardelegen verlegt. Dort soll er die Erschießung von Kriegsgefangenen verhindert haben.[46] Seine Frau stellte später »einen Antrag auf Entschädigung« als Verfolgter des Naziregimes; sie wäre sich aber dabei vorgekommen wie ein »Geldjude« und habe »weitere Bemühungen um eine Rente unterlassen«. Nach Ende des Krieges nahm Fritz Regensburger eine Arbeit beim Landkreis Wernigerode auf. Er arbeitete als Buchhalter im Fachbereich Landwirtschaft, war dabei auch in einen Skandal um Verschiebung von Wirtschaftsgütern – vermutlich ohne es zu wissen – verwickelt und wurde zu einem Jahr und vier Monaten Gefängnis verurteilt. Danach war er zehn bis zwölf Jahre in der Erzgrube Büchenberg (bei Elbingerode) als »Probennehmer« für die Prüfung des geförderten Eisenerzes auf den Gehalt an Eisenverbindungen tätig. Danach arbeitete er als Lohnbuchhalter bei der Chemischen Reinigung (später VEB Reintex) in Wernigerode. Im Winter 1970 stürzte er, verletzte sich schwer und starb kurz darauf.

Richard Regensburger hatte ab 1928 in München, Köln, Bonn und Berlin Jura studiert. Sein Referendariat absolvierte er ab 1932 am Landgericht Halberstadt, bis er »am 14. August 1933 auf Grund des Gesetzes zur Wiederherstellung des Berufsbeamtentums § 3 Abs. 1 mit sofortiger Wirkung aus dem Justizdienst entlassen wurde«.[47] Schließlich war er ja »Halbjude«. Um seinen Eltern nicht auf der Tasche zu liegen, ging er in die Schweiz und versuchte in Davos als Sport- und Sprachlehrer tätig zu werden, erhielt aber keine dauerhafte Aufenthalts- und Arbeitserlaubnis. Im Elsass fand er kurze Zeit Arbeit in einem Sanatorium. Doch die Polizeibehörde verwies ihn nach Paris, wo er sich um eine Aufenthaltserlaubnis für Frankreich bemühen sollte. Mittellos verbrauchte er sein letztes Geld für eine Hotelunterkunft. »Weder die Liga für Menschenrechte noch die Quäker noch das Internationale Rote Kreuz konnten mir helfen.« Notgedrungen kehrte er im Mai 1934 nach Deutschland zurück und versuchte, an der Universität Erlangen zu promovieren. Die Universität lehnte es ab, ihn als Gasthörer zuzulassen.

»Die Tatsache, dass sich in Berlin ein Verband nichtarischer Christen (Paulusbund) zusammenfinden konnte, veranlasste mich, nach dort zu gehen, wo ich dann tatsächlich von 1934 bis 1937 mein Leben fristen konnte, indem ich Unterricht an nichtarische und nicht reinarische Kinder und Schüler erteilte.« Da ihm aber die Unterrichtserlaubnis entzogen wurde, wanderte er nach Italien aus und unterrichtete jüdische Kinder in Meran (Südtirol).

Als alle ausländischen Juden in Italien ausgewiesen wurden, floh er nach Sofia. Er fand Arbeit bei einer bulgarischen Handelsfirma (1937–43). Am 13. Juni 1942 heiratete

46 Informationen seiner Tochter Erika Regensburger gegenüber Renate Goetz (1991/92) aus Sammlung Goetz. Ergänzungen aus einem Telefonat mit Tochter Jutta Winter geborene Regensburger am 28.11.2018 und im Gespräch am 28.8.2021 mit dem Autor.

47 Alle folgenden Zitate sind dem persönlichen Lebenslauf von Richard Regensburger aus dem Privatarchiv seines Neffen Helmut Regensburger entnommen.

er Else Martha Anlauf, eine Schreibkraft in der Deutschen Botschaft in Sofia.[48] Dies war nur möglich geworden, weil der bulgarische Zar Boris III. (1894–1943), der nach einem Militärputsch 1936 eine »Königsdiktatur« gegründet hatte und sich mit Nazi-Deutschland verbündete, gemeinsam mit der Bulgarisch-Orthodoxen Kirche antisemitische Maßnahmen in seinem Land nur teilweise umsetzte.

Else Regensburger war am 8. März 1920 in Wattenscheid geboren. Mit Richard hatte sie zwei Kinder: Gabriele (* 24.11.1943) und Rainer (* 24.3.1946) – beide in Wernigerode geboren. Sie starb am 31. Januar 2018 in Wiesbaden.

In Bulgarien wurde Richards Pass von den deutschen Behörden nicht verlängert. Sollte er staatenlos werden? »Ich hatte nur die Wahl, nach Deutschland zurückzukehren oder mich deportieren zu lassen. Die Grenzen nach der Türkei waren hermetisch verschlossen, ein illegaler Übergang für mich und meine hochschwangere Frau unmöglich. Obwohl der Gesandtschaftssekretär Gottlieb meiner Frau gedroht hatte, man würde mich in Deutschland in ein Lager bringen und dort unfruchtbar machen, gingen wir im September 1943 nach Deutschland zurück. Nachdem ich noch ein Jahr in Berlin untertauchen konnte, wurde ich ab Oktober 1944 in ein sogenanntes Mischlingslager[49] verbracht, wo ich bis zum Kriegsende festgehalten wurde.«[50] Hier traf er auf seinen Bruder Fritz, der aus Wernigerode in dieses Lager eingewiesen wurde. Nach der Ermordung von mehr als 1000 KZ-Häftlingen in der Feldscheune Isenschnibbe bei Gardelegen durch die SS war er als Dolmetscher bei der US-Army zur Aufklärung des Verbrechens tätig.

Nach dem Krieg kehrte Richard Regensburger nach Wernigerode zurück, brachte seine juristischen Kenntnisse für kurze Zeit bei der Entnazifizierungskommission ein und arbeitete als Rechts- und Wirtschaftsberater, auch für die Verwaltung des Landkreises Wernigerode, verließ aber die sowjetisch besetzte Zone noch vor Gründung der DDR in Richtung Westen.[51] Dort hatte er bald eine Anstellung in einem Restitution Office in Frankfurt/Main und wurde Mitarbeiter bei der damaligen Internationalen Flüchtlingsorganisation der UNO (IRO). Bis zur Versetzung in den Ruhestand arbeitete er als Regierungsdirektor in der Hessischen Landesverwaltung. Am 7. März 1982 ist er in Wiesbaden gestorben.

Der Jurist Richard Regensburger hatte sich 1975 in einer Erbschaftssache der Familie eingebracht, bei der es um den Nachlass seines Vaters ging. In der Zeit, als Paul Regensburger Oberlehrer in Geestemünde (1907–11) gewesen war, hatte er eine hölzerne Banktruhe mit geschnitzten Füßen, lederbezogen, reich verziert, erworben. Sie stand immer in der Wohnung in der Lindenbergstraße und sollte in den Besitz

48 Informationen von Helmut Regensburger an den Autor.

49 Es handelt sich um das »Mischlingslager« in Sachau, etwa 15 km südwestlich von Gardelegen.

50 »Eidesstattliche Erklärung« von Richard Regensburger vom 1. Februar 1961 in Wiesbaden; Privatarchiv Regensburger.

51 Von »Amts wegen« wurde seine Tätigkeit als Rechts- und Wirtschaftsberater am 8.10.1951 abgemeldet.

von Richard Regensburger übergehen. In Wernigerode bewahrte sie Enkelin Erika auf, die aber für die Truhe keine Verwendung hatte.

Als sie aber zu Richard gebracht werden sollte, verweigerte der Rat des Kreises die Ausfuhr aus der DDR in die Bundesrepublik und wollte sie als »Kulturgut« beschlagnahmen. Dagegen ging Richard Regensburger 1975 rechtsanwaltlich vor. In einem Schreiben an seinen Vertreter in Wernigerode, Rechtsanwalt Dr. Sattler jun., beauftragte er ihn, auf jeden Fall Klage zu erheben und forderte, falls die Truhe in ein Museum gebracht werden sollte, einen entsprechenden Hinweis anzubringen: »Truhe aus dem Hausrat eines der wenigen jüdischen Mitbürger der Stadt Wernigerode, der [...] gezwungen wurde, seinen Namen wie folgt zu schreiben: Dr. Paul Israel Regensburger. Rechtmäßiger Eigentümer: Richard Regensburger, Wiesbaden, der aus der Stadt Wernigerode im Jahre 1933 emigrieren musste und von den Nazis über ein Jahrzehnt von einem Land Europas ins andere gejagt wurde, bis er wie seine Brüder in einem sogenannten Mischlingslager eingesperrt wurde. Die Truhe wurde ihm aus Dankbarkeit für seine Leistungen um den demokratischen Aufbau des Landkreises Wernigerode beschlagnahmt.« Regensburger spielt damit auf seine Tätigkeit bei der Entnazifizierung in Wernigerode an.

Ebenso wandte sich Richard Regensburger an den Vorsitzenden des Rates des Kreises (heute: Landrat) und beschwerte sich darüber, dass ein Vertreter des Kreises bei Dr. Sattler vorgesprochen und erklärt habe, dass »die Truhe für den Kreis Wernigerode von kulturhistorischer Bedeutung sei (der Wert wurde mit 200,- [Mark der DDR] angegeben!) und deswegen keinesfalls an mich in der BRD ausgeführt werden dürfe«. Daraufhin verfügte er: Die Truhe soll nicht in Wernigerode verbleiben, »dessen Bürger mir und meiner Familie einst so viel Unrecht zugefügt haben. Sie soll in das Museum des Konzentrationslagers Buchenwald kommen.« Und wenn das nicht realisierbar wäre und eine Ausfuhrgenehmigung nicht erteilt werden könne, wolle er, dass die Truhe in den Besitz seines Bruder Karl Regensburger übergehe.[52] Die Angelegenheit verlief sich im Sande. Der Rat des Kreises meldete sich nie wieder. Die Truhe blieb bei Erika Regensburger in der Lindenbergstraße, bis sie selber in ein Heim umziehen musste und die Wohnung aufgelöst wurde.

Dabei gelangte die Truhe zu Jutta Winter geborene Regensburger, Erikas Schwester, die im Hermann-Löns-Weg 4 wohnte und blieb dort untergestellt, bis sie nach Bad Harzburg umzog. Der eigentliche Eigentümer Richard Regensburger war inzwischen gestorben. Dessen Sohn hatte keine Beziehung zu der Truhe und auch keine Verwendung. Jutta fragte ihren Cousin Helmut in Leipzig und der wiederum seine Tochter Friederike Spengler geborene Regensburger[53] (* 1968). Als Pfarrerin bewohnt

52 Die zitierten Briefe befinden sich im Privatbesitz von Helmut Regensburger.

53 Nach Theologiestudium und Promotion war sie Wissenschaftliche Mitarbeiterin am Lehrstuhl »Systematische Theologie und Ethik« an der Universität Jena. Sie heiratete 1993 den Schlossermeister und Pfarrer Ulrich Spengler. Tätig wurde sie als persönliche Referentin der Präsidentin des Landeskirchenamtes in Erfurt, in der Trauerakademie Erfurt, im Thüringer Hospiz- und

sie und ihr Mann mit den heranwachsenden Kindern das Pfarrhaus in Bad Berka, das groß genug ist, um die Truhe aufzunehmen. Die Truhe wurde aus Bad Harzburg abgeholt, aufwändig restauriert und erinnert an eine lange Geschichte. Jutta Winter sagte in einem Gespräch: »Mein ganzes Leben ist diese Truhe.«[54]

Nachwort

In der Aula des Landesgymnasiums für Musik, dem ehemaligen Lyzeum in Wernigerode, fand zum Gedenken an die Pogromnacht 1938 am 9. November 2009 eine Veranstaltung statt, in deren Mittelpunkt der ehemalige Rektor Dr. Paul Regensburger stand. Schülerinnen und Schüler hatten sich mit seinem Leben und seinem Wirken am Fürstin-Anna-Lyzeum befasst. Regina Winkelmann, ehemalige Schülerin und inzwischen 86 Jahre alt, und Helmut Regensburger (* 1935), Enkel des damaligen Rektors, waren als Ehrengäste eingeladen und berichteten eindrucksvoll über ihren Lehrer und Großvater. Bei dieser Gelegenheit wurde – unterstützt von Renate Goetz, die 1991ff. durch Zeitzeugengespräche die Forschung zu Wernigeröder jüdischen Mitbürgern begründet hat – eine Gedenktafel im Geschichtsraum des Landesmusikgymnasiums für Dr. Paul Regensburger enthüllt. Die Presse und der Offene Kanal Wernigerode berichteten ausführlich.

Als im gleichen Jahr in Wernigerode 22 Stolpersteine an den letzten frei gewählten Wohnorten von Verfolgten des Naziregimes verlegt wurden, schrieb Helmut Regensburger in einem Brief an die Initiatoren: Er und sein älterer Bruder Martin hätten ihren »Vater nach den Erniedrigungen in der Zeit des Nationalsozialismus kaum gefragt. So weiß ich auch wenig über die Drangsale, die mein Großvater [Paul Regensburger] erlitten hat. Unser Vater konnte über diese schlimme Zeit mit uns Kindern wohl nicht sprechen.« Und dennoch konnten viele Details aus Briefen und Erinnerungen zusammengetragen werden. Der Autor dankt Helmut Regensburger[55] besonders für die Auskünfte und Dokumente aus der privaten Sammlung über die Familie.

Eine Weisheit von Paul Regensburger soll die Familiengeschichte beschließen. In einer Rede zum Beginn des zweiten Schulhalbjahres im Herbst 1925 sagte er: »Zwei Dinge sind es, die der Mensch an höchster Stelle vor anderen voraushaben muss: ganz tiefgefasstes Pflichtgefühl und große Güte. Verstand, und sei er noch so groß, – und praktische Erfolge – seien sie noch umfassend – können uns wohl zu Achtung und Anerkennung veranlassen, zur Liebe und Ehrfurcht können sie uns nicht zwingen.«

Palliativverbandes. 2018 wurde sie zur Regionalbischöfin (Pröpstin) im Propstsprengel Gera-Weimar gewählt, seit 2021 Regionalbischöfin im neu gegründeten Bischofssprengel Erfurt, der den südlichen Teil der Evangelischen Kirche in Mitteldeutschland abbildet.

54 Die Geschichte der Truhe hat Jutta Winter dem Autor am 28.8.2021 erzählt.

55 Helmut und Barbara Regensburger leben heute (2022) in Leipzig. Sie haben zwei Kinder: Bernhard Regensburger ist Tierarzt in Leipzig und Dr. Friederike Spengler ist Regionalbischöfin (Pröpstin) in Erfurt.

Geschäfts- und Wohnhaus der Familie Reichenbach in Wernigerode, Breite Straße 7 (1883–1938), Foto: Michael Lumme

Vom Nachbarn übernommen – Fritz Reichenbach*

Er war einer der ersten, der sich nach den entsprechenden Verordnungen des Königreiches Preußen in Wernigerode niederlassen durfte. Lange hatte sich die Grafschaft Wernigerode geweigert, Juden hier wohnen zu lassen. Nun stand sein Name auf der Liste, die der Magistrat der Stadt 1874 einreichte, weil es so das Gesetz forderte. Und das Adressbuch der Stadt von 1876/77 verzeichnet seinen Namen auch: Gustav Reichenbach, wohnhaft Breite Straße 697 (heute: Nr. 7).

Über die Herkunft der Familie Reichenbach ist wenig bekannt. Nur so viel: Die Reichenbachs kamen aus Halberstadt. Dort war Jacob Reichenbach als Kaufmann tätig, der sich gern auch als »Herzoglicher Hoflieferant« tituliert. Sein Sohn Gustav wurde am 19. August 1848 geboren. Als Gustav Reichenbach nach dem Tod seines Vaters nach Wernigerode zog, baute er in der Tradition der Familie einen Textilwarenhandel auf und annoncierte ebenfalls unter dem Titel »Herzoglicher Hoflieferant«, obwohl er jetzt in der Grafschaft Wernigerode lebte. »Er gehört zu den angesehensten und wohl auch vermögendsten Juden der Stadt.«[1] Doch wollte er nicht nur ein Geschäft aufbauen, sondern auch eine Familie gründen. Seine Frau fand er in der Kaufmannsfamilie Rosenbaum in Göttingen auf der anderen Seite des Harzes. Jeanette Rosenbaum, wie Gustav »jüdischer Religion«, war am 26. Oktober 1859 in Ebergötzen bei Göttingen geboren. Beide heirateten am 4. Juni 1883 in Göttingen.[2] Ihr einziger Sohn Fritz wurde in Wernigerode geboren.

Offensichtlich reichte die Mitgift der Eltern für Jeanette Reichenbach aus, das Geschäft in der Breiten Straße 7 auszubauen. Das Warenangebot variierte in den Anzeigen: Gelegentlich wurden Stoffe, Teppiche und Gardinen angegeben, dann auch Tuch- und Manufakturwaren oder Herren- und Damenkonfektion. Bemerkenswert ist, dass nicht der Ehemann, sondern Jeanette Reichenbach die Eigentümerin des Geschäftes war und auch blieb. Auf alten Fotos ist über den Fenstern mit den Auslagen in großer Schrift »J. Reichenbach« zu lesen. Sie hatte offensichtlich das Geschäft fest in der Hand und saß bis in die 1930er Jahre immer an der Kasse, wie Zeitzeugen berichten. Als Geschäftsführer der Firma war aber Gustav Reichenbach eingetragen. Er hatte das Geschäft 1905 angemeldet und am 1. April 1905 den Betrieb begonnen, wie das Handelsregister vermerkt. Als Gustav Reichenbach am 19. Juni

* Überarbeiteter Auszug aus einer Vorlesung des Autors in der Generationenhochschule Harz am 12.1.2016: Deutsch. Jude. Christ – Geschichte und Geschichten Wernigeröder Mitbürger.

1 Hermann D. Oemler: Geschichte der Juden in Wernigerode; Manuskript 2000, Harzbücherei Wernigerode.

2 Alle Angaben aus dem Heiratshauptregister 1883 im Stadtarchiv Göttingen, C 39 Nr. 164.

1928 starb, führte seine Frau Jeanette Reichenbach das Geschäft fort und übergab es ihrem Sohn Fritz Reichenbach, der es bis zur »Arisierung« 1938 geleitet hat.

Fritz Reichenbach – geboren am 14. März 1884 in Wernigerode[3] – heiratete Martha Reichenbach geborene Pohly – geboren am 15. November 1889 in Göttingen. Offensichtlich gab es dorthin engere Beziehungen, denn auch sein Vater hatte in Göttingen geheiratet. Gemeinsam hatten Fritz und Martha einen Sohn: Werner Reichenbach – geboren am 13. März 1914 in Wernigerode. Die kleine Familie kam offensichtlich gut durch den Ersten Weltkrieg, jedenfalls sind keine Besonderheiten zu entdecken.

Vor allem in den 1920er Jahren blühte das Geschäft in der Nähe des Marktes Breite Straße 7 (heute: Elka Kaufhaus). Gustav Reichenbach geht der Ruf nach, dass er sehr großzügig gewesen sei.[4] Ärmeren Kunden habe er immer etwas vom Preis nachgelassen, Kindern gelegentlich »einen Taler« zugesteckt.[5] Jährlich soll er drei Konfirmanden von Kopf bis Fuß eingekleidet haben. Das ist insofern bemerkenswert, da er diese Großzügigkeit ja auch jüdischen Jungen hätte zukommen lassen können, wenn sie mit dreizehn Jahren die Bar Mizwa – also die Religionsmündigkeit und die Aufnahme in die jüdische Erwachsenengemeinde – feiern. Aber offensichtlich war der Kontakt zur Synagogengemeinde in Halberstadt nicht mehr eng, wenn sie überhaupt bestand.

Die Pogromnacht am 9. November 1938 ging an dem Konfektionsgeschäft für Damen und Herren nicht spurlos vorbei. Fensterscheiben wurden eingeworfen und das Geschäft geplündert. Hans Bülow aus Köln berichtet:[6] »Als Kind erlebte ich die Auseinandersetzung meiner Großmutter mit SA-Leuten vor dem Textilgeschäft Reichenbach in der Breiten Straße. Großmutter Bülow schalt die SA, die vor diesem Geschäft ihr Machwerk bewachten. Daraufhin wurde sie aufgefordert zu schweigen. ›Sie wissen doch, Frau Bülow, Ihr Mann. Sein Sie bloß stille. Wir haben mit der ganzen Sache nichts zu tun, das waren die aus Halberstadt.‹« Letzteres wird nicht ganz unwahrscheinlich sein. Denn bei den organisierten Aktionen in jener Nacht war weniger der aufgebrachte »Volkszorn« tätig, sondern die Parteigenossen in einer geplanten Aktion der Nazis an deren Gedenktag der »Blutzeugen der Bewegung«, dem Hitler-Putsch 1923. Da war es allerorten ratsam, weniger bekannte Personen in den Städten agieren zu lassen. Die Anspielung auf »Ihren Mann« beruht darauf, dass Wilhelm Bülow der Freimaurerloge »Zur Eiche am Scharfenstein« angehörte, die 1935 bereits verboten worden war und sich selbst auflösen musste. »Bei vielen Menschen löste es Trauer und verbissene Wut aus, als auch dieses Geschäft geplündert wurde.« Einige Wernigeröder sahen schweigend zu, andere waren in den nächsten Tagen mit gestohlenen Mänteln in der Stadt zu sehen.

---

3 Stadtarchiv Wernigerode, Geburtsregister – Hauptregister 1884 Nr. 62.

4 Hermann D. Oemler: Geschichte der Juden in Wernigerode; Manuskript 2000, Harzbücherei Wernigerode.

5 Ruth Nickschick in einem Brief vom Anfang 1991 an Renate Goetz; Privatarchiv Goetz.

6 In der Neuen Wernigeröder Zeitung 1992, Nr. 10.

Familie Reichenbach wurde ebenso wie die anderen jüdischen Geschäfte nicht nur durch ständige Boykottaufrufe bedrängt – »Kauft nicht bei Juden!« –, sondern vor allem durch die »Arisierung«, die verstärkt im Bereich Wirtschaft und Handel seit der Rassegesetzgebung 1935 durchgesetzt wurde: Juden durften keine Geschäftsführer sein, durften keinen Besitz haben (es fanden zahlreiche Enteignungen statt) oder wurden zu Zwangsverkäufen gedrängt.

Am Morgen nach der Pogromnacht wurde auch Fritz Reichenbach verhaftet und im Polizeigefängnis Wernigerode Unterengengasse 2 festgehalten. Am nächsten Tag ist er mit anderen »Juden« wie Pfarrer Bruno Benfey zunächst nach Magdeburg überstellt und von dort in das KZ Buchenwald gebracht worden. Seine Frau musste ihren 49. Geburtstag am 15. November ohne ihn feiern. Eine Nachricht, was mit ihrem Mann geschah, erhielt sie nicht. Erst später erfuhr sie, dass Fritz Reichenbach mit 54 Jahren am 22. November 1938 auf dem Transport nach Buchenwald »verstorben« sei. Es ist möglich, dass er gar nicht bis in das Konzentrationslager gekommen ist, sondern auf dem »Carachoweg« totgeprügelt wurde. Dieser Weg führte von der Straße bzw. dem ehemaligen Bahnhof Buchenwald direkt in das Lager. Später mussten Häftlinge das etwa 3,5 km lange Verbindungsstück zwischen der Landstraße von Weimar her hinauf zum KZ, die »Blutstraße«, bauen. Auf diesem Weg wurden alle Gefangenen getrieben, getreten, geschlagen – am besten im Laufschritt. Wer umfiel, blieb einfach liegen. Fritz Reichenbach hatte als »Pogromopfer Buchenwald« die Nr. 23976.[7] Etwa vier Wochen später, so berichtet Herta Stanke[8], Anwaltsgehilfin in der Kanzlei Dr. Friedrich Sander im selben Haus über Reichenbachs Geschäft, wurde »Frau Reichenbach zur Behörde bestellt und ihr die Urne ihres angeblich im Lager verstorbenen Mannes hingestellt. Sie brach zusammen und wurde nach Hause geschleppt.« Bald danach verließ sie Wernigerode und zog nach Berlin zu ihrer Schwiegermutter. Möglicherweise hat sie dort mit Straßenfegen ihren Lebensunterhalt bestritten.

Mutter Jeanette Reichenbach war wohl kurz nach dem Tod ihres Sohnes Fritz nach Berlin gezogen. Inge Stremme, eine Nichte von Fritz Reichenbach, schreibt: »Ich kann mich noch erinnern, dass meine Großmutter und ich Besuche bei den Damen Martha und Jeanette Reichenbach in Berlin-Nikolassee machten, um ihnen, da sie keine Lebensmittelkarten mehr erhielten, Lebensmittel zu bringen. Eines Tages gab es die beiden nicht mehr, man hatte sie als Juden abtransportiert, wohin wussten wir seinerzeit noch nicht.«[9]

---

7 Angabe nach der Zentralen Datenbank der Namen der Holocaustopfer in Yad Vashem.

8 Herta Stanke (* 1919 / † ?) hat am 3. März 1991 einen Bericht über ihre Kenntnisse zu Wernigeröder Juden verfasst (Privatarchiv Goetz). Sie begann 1935 ihre Ausbildung als Anwaltsgehilfin in der Kanzlei von Rechtsanwalt Dr. Sander und bezeugt sowohl das Testament von Justizrat Kaufmann und Frau (s. dort) als auch, dass Dr. Sander gelegentlich Eidesstattliche Erklärungen von Müttern widerrufen hat, die erklärten, ihre Kinder hätten einen »jüdischen« Vater. Er stellte Notarielle Bescheinigungen aus, in denen er vermerkte: das Kind sei »arisch«; dadurch habe er sie vor Verfolgung nach den Rassegesetzen geschützt.

9 Brief von Inge Stremme vom 24.3.1992 an Renate Goetz; Privatarchiv Goetz.

Heute wissen wir: Die alte Dame Jeanette Reichenbach, die Jahrzehnte das Konfektionshaus in der Breiten Straße 7 leitete, wurde im Alter von 83 Jahren am 11. September 1942 mit dem Transport I/64 unter der Nr. 6551 vom Anhalter Bahnhof in Berlin über Dresden in das KZ Theresienstadt, dem sogenannten »Altersghetto«, deportiert. Der Transport bestand aus 68 Frauen und 32 Männern im Altersdurchschnitt von 71 Jahren. Erst wurden sie zum Sammellager in der Großen Hamburger Straße gebracht, nachdem sie ihre Wohnungen »sauber übergeben« hatten. Dann wurden sie gezwungen zu unterschreiben, dass sie den Staat zum Einzug ihres Vermögens bevollmächtigen. Nachdem alle mit Lastwagen und Straßenbahn zum Anhalter Bahnhof gebracht waren, stiegen sie in zwei alte Waggons der dritten Klasse ein, die an einen planmäßigen Zug angehängt wurden, der sie schließlich nach Bohusovice (Bauschowitz) brachte. Die letzten etwa drei Kilometer bis in die ehemalige Festung Theresienstadt liefen die Deportierten zu Fuß.[10] Nur vier von den 100 Frauen und Männern waren noch älter als Jeanette Reichenbach. Viele von ihnen starben bereits nach kurzer Zeit an Krankheiten und Seuchen, an Unterernährung oder der furchtbaren Enge in den Unterkünften. Einen Tag vor ihrem 84. Geburtstag starb Jeanette Reichenbach am 25. Oktober 1942. Die im Lager ausgestellte Todesfallanzeige[11] vermerkt, dass sie im Gebäude L 315 (Lange Straße), Zimmer III gewohnt habe und an einer akuten Enteritis/ Darmkatarrh gestorben sei.

Ihre Schwiegertochter Martha Reichenbach geborene Pohly wurde mit dem Transport 33 am 3. März 1943 gemeinsam mit 1750 Juden von Berlin-Moabit aus nach Auschwitz-Birkenau deportiert. Bei der Selektion an der berüchtigten Rampe wurden nur 517 Männer und 200 Frauen für Arbeitseinsätze aussortiert, die anderen wurden sofort in die Gaskammern geschickt. Das SS-Wirtschafts-Verwaltungshauptamt beschwerte sich: »Wenn die Transporte aus Berlin weiter mit so vielen Frauen und Kindern nebst alten Juden anrollen, verspreche ich mir im Punkt Einsatz nicht viel. Buna braucht vor allen Dingen jüngere bzw. kräftige Gestalten.«[12] Ob die 53-jährige Martha Reichenbach noch zum Arbeitseinsatz herangezogen wurde, ist nicht zu ermitteln. Das Amtsgericht Zehlendorf hat einen Totenschein auf den 1. April 1943 ausgestellt: gestorben in Auschwitz.

Und was wurde aus dem Geschäft in Wernigerode? Das war schon lange vor 1938 den Nationalsozialisten ein Dorn im Auge. Schließlich forderte die Handwerkerschaft die Stadtverwaltung im September auf, Firmen von Aufträgen der Stadt auszuschließen, die mit jüdischen Unternehmen geschäftliche Verbindungen unterhielten.[13] Dabei

---

10 Nach der Dokumentation in Yad Vashem zum Transport I/64 von Berlin nach Theresienstadt am 11.9.1942.

11 Terezinska Pametni Kniha [Theresienstädter Gedenkbuch], Terezinska Iniciativa, vol. I-II Melantrich, Praha 1995, vol. III Academia Verlag, Prag 2000 (Memorial Book Theresienstadt, Terezin Initiative).

12 Nach N. Blumental (Hg.): Dokumenty i materialy, Bd. 1, Obozy, Łódź 1946, S. 109]; in: Statistik des Holocaust, 33. Osttransport, https://www.statistik-des-holocaust.de/list_ger_ber_ot33.html (gelesen am 18.3.2022).

wurde bereits mitgeteilt: Das »jüdische Konfektionsgeschäft Reichenbach geht am 1.10.38 in arischen Besitz über«. Was war geschehen?

Der »Übergang« des Besitzes lässt sich relativ gut rekonstruieren. Im Zuge der »Entjudung« von Wirtschaftsbetrieben hatte Reichenbachs Nachbar Fritz (Friedrich) Bode in der Breiten Straße 7 schon längst dessen Modegeschäft im Blick. Bode führte die Firma Wilhelm Duderstadt[14] als Nachfolger fort. Bereits 1889 hatte sie in einer Anzeige als »Leinen- und Wäschehandlung geworben, die «fertige Wäsche» ebenso anbietet wie die «Anfertigung nach Maß und Moden». 1935 hatte Bode den Betrieb als Wäschegeschäft, Näherei und Anfertigung von Matratzen angemeldet. Um seinen Wirkungskreis zu vergrößern, wollte er sich einen Konkurrenten vom Leibe halten. Bereits 1936 hatte er die »jüdische Firma J. Reichenbach« wegen Verstoßes gegen die Bestimmungen für den Inventurverkauf angezeigt.[15] Die entsprechenden Vorschriften des Reichswirtschaftsministers regelten peinlich genau die Dekoration, die Werbung und die Zurschaustellung. Bode teilte in seiner Anzeige mit, dass Reichenbach bereits am Tag vor dem Verkaufstag alles »fix und fertig für den Inventurverkauf dekoriert« habe, wenn er dies auch dadurch tarne, dass er das Schaufenster »nach der Straße hinzugezogen« habe. Es sei aber »vom Ladeneingang ca. 1 ½ Meter genau zu übersehen«. Es handele sich um eine »auffallende Dekoration« mit Aufschriften »billig«. Sogar eine »aus Pappe gefertigte Mickimaus« sei aufgestellt. Diese Anzeige wurde natürlich von der Polizei geprüft und mit dem Vermerk »Verstöße gegen die Ausverkaufsvorschriften konnten nicht festgestellt werden« ad acta gelegt.

Am 26. August 1938 erschienen Bode und Reichenbach im Büro des Rechtsanwaltes Dr. Friedrich Sander, der im Haus Reichenbach über dem Geschäft seine Kanzlei führte, und schlossen miteinander einen Kaufvertrag.[16] Der Vertrag lautet auf das Warenlager mit einem Bestand im Wert von 125 000 RM und das Inventar im Wert von 2500 RM. Vermerkt ist: »Nicht übernommen wird die im Büro befindliche Schreibmaschine.« – warum auch immer. Sowohl Warenlager als auch Inventar blieben bis zur Bezahlung des Kaufpreises Eigentum des Verkäufers. Es wurde eine vierteljährliche Ratenzahlung ab Januar 1939 vereinbart. Die Wohnung des Verkäufers im 2. Stock wurde ihm bis zum 1. Oktober 1939 kostenlos überlassen. In der Liste der wohlhabenden Juden[17] werden Fritz und Martha Reichenbach mit einem Vermögen von 182 000 RM geführt.

Wenige Tage später, am 7. September 1938, zeigt Fritz Bode dem Landrat an, dass er die Firma von Fritz Reichenbach am 1. Oktober 1938 übernehme. In seinem Schreiben teilte er außerdem mit, dass er – geboren am 15.9.1890 in Dedeleben – bereits die Textil-Einzelhandelsfirma W. Duderstadt als Inhaber führe, bis 1907

---

13 Vergleiche dazu den Vorgang oben unter »Aus der Geschichte der Juden in Wernigerode«, S. 29f.

14 Duderstadt konnte im Adressbuch von 1909 ganzseitig annoncieren.

15 Stadtarchiv Wernigerode: WR II 4459 (Ausverkäufe, Inventurschlussverkäufe).

16 Landesarchiv Magdeburg Rep. C 110 Halberstadt Nr. 49.

17 Landesarchiv Magdeburg G11 Nr. 3209, Ziffer 104.

eine Lehrausbildung erhalten und im Weltkrieg vier Jahre an der Front seinen Militärdienst geleistet habe. Er sei verheiratet mit Elisabeth geborene Kaps und versichere eidesstattlich, dass beide rein arischer Abstammung seien. Er wäre seit 1933 Mitglied der NSDAP sowie der Deutschen Arbeitsfront (DAF), dem Einheitsverband der Arbeitgeber und Arbeitnehmer, und Mitglied des Nationalsozialistischen Kraftfahrkorps (einer paramilitärischen Organisation der NSDAP), in der er als Obertruppführer und Adjutant der Motorstaffel III / M39 fungiere. Das Geld zum Erwerb komme »aus arischer Hand«.[18]

Am 16.9.1938 bestätigte Bürgermeister Fresenius als Ortspolizeibehörde dem Landrat Stosch diesen Vorgang und teilte mit, dass Fritz Bode bereits seit 1918 in der Breiten Straße 5 ein Wäschegeschäft betreibe. »Er will jetzt das ebenfalls seit Jahren bestehende Tuch- und Manufakturwarengeschäft des Juden Fritz Reichenbach, Wernigerode, Breite Straße 7 neben seinem Geschäft übernehmen. Reichenbach hat sein Geschäft im Rahmen der Arisierung der jüdischen Geschäfte in Wernigerode an Bode verkauft.«[19] Seitens der Stadt bestanden keine Bedenken gegen das Geschäft.

Die Presse jubelte: »Wieder einer weniger. Die Firma Friedrich Bode, W. Duderstadt Nachf., übernimmt mit dem kommenden 1. Oktober das Geschäft des Juden Reichenbach. Damit haben wir einen Judenladen weniger in Wernigerode. Einige sind bereits verschwunden, darunter der Trödelladen des Rassenschänders Kirschstein[20] aus der Burgstraße.«

Allerdings gab es kurz darauf noch Ärger wegen des Kaufvertrages. Die IHK Halberstadt forderte Bode am 3. November 1938 auf, den Kaufvertrag zu ändern. Der vereinbarte Preis sei viel zu hoch. Grundsätzlich seien keine Zuschläge zu zahlen und das Grundstück zum Einheitswert zu kaufen. Außerdem müssten sämtliche Preise im Vertrag durch einen Sachverständigen der NSDAP aus Magdeburg geschätzt werden. Das Ergebnis dieser Schätzung wurde neu als Übernahmepreis festgestellt: Warenlager 35 521,80 RM, Inventar 2100 RM und Preis des Grundstücks 44 400 RM.[21]

Die Anwaltsgehilfin Herta Stanke aus der Kanzlei Dr. Sander berichtet: Fritz Reichenbach wurde ständig »von den Nazis bedrängt, sein Haus zu verkaufen. Endlich willigte er ein. Vom Rechtsanwaltsbüro aus schrieb ich dann den Kaufvertrag mit ihm und dem Käufer Fritz [Friedrich] Bode. Der Preis war um die 50 000 Reichsmark.«

Überraschend meldete sich später – am 28. Januar 1939 – die IHK Halberstadt noch einmal mit einem Schreiben an das Gaugericht der NSDAP in Magdeburg: »Die Firma J. Reichenbach – Wernigerode – ist nicht aufgelöst, sondern von dem Kaufmann Friedrich Bode in Wernigerode übernommen worden. Der Kaufvertrag

18 Ebenda.
19 Landesarchiv Magdeburg Rep. C 28 If (Regierung Magdeburg) Nr. 933, Bd. 2.
20 Siehe unter »Weitere Familien und Mitbürger«, S. 172ff.
21 Nach Mitteilung von Enkel Peter Reichenbach handelte es sich um genau 44 000 Reichsmark.

wurde abgeschlossen am 26. August 1938. Die Übernahme ist durch Bescheid des Regierungspräsidenten vom 23. November 1938 genehmigt worden.« Der Wert des Warenlagers sei bei Abschluss des Vertrages auf 125 000 RM festgestellt worden und Bode wäre einverstanden gewesen, das Warenlager durch einen Engros-Verkauf zu verkleinern.[22] Die Geschäftsbücher der Firma J. Reichenbach seien ausgewertet worden. Dabei wurde festgestellt, dass Reichenbach Ende September 1938 noch Waren mit einem Abschlag von 33 ⅓ % beim Großhandel Hatex in Halberstadt eingekauft habe, die nicht in die Verkaufsverhandlungen eingeflossen seien.

Nach dem Handelsregister ist das Konfektionshaus »J. Reichenbach« am 1. Dezember 1938 an Friedrich Bode »übergegangen«. Vielleicht ist dies der Grund, dass das Konfektionsgeschäft in der Pogromnacht des 9./10. November 1938 dennoch als ein jüdisches Geschäft zerstört und geplündert worden ist. Es lag ja auch am Wege des Heldengedenkmarsches vom Lustgarten zum Marktplatz.

Der »Kaufpreis« für Haus und Geschäft »J. Reichenbach« wurde auf ein Sperrkonto eingezahlt und dort »zu Gunsten des Staates« abgebucht. Wie ist es dazu gekommen? Fritz Reichenbach hatte schon lange vor dem Zwangsverkauf seines Hauses die Ausreise seines Sohnes Werner vorbereitet, der mit Margarete, geboren am 14.11.1910 in Quedlinburg, eine geborene Reichenbach, verheiratet war (die Namensgleichheit ist reiner Zufall). Bestätigt wird das durch eine Eingabe des Dipl.-Optikers Hartz aus der Westernstraße 8 (heute Optiker Veith) im Vorgang 1938/39, als Gewerbetreibende aufgefordert wurden, ihre Geschäftsbeziehungen mit Juden aufzugeben.[23] Der war nämlich auch angezeigt worden, mit Reichenbach Geschäfte zu machen. Am 5. Januar 1939 beklagte er sich beim Magistrat der Stadt als Vertreter der Hamburg-Amerika Linie, dass ihm nach 1 ½ Jahren ein Auftrag wegen der Ausreise von Reichenbachs an eine französische Firma verloren gegangen sei. Und mit Reichenbach habe er sowieso keine Geschäfte gemacht, außer dass er ihm vor langer Zeit eine der teuersten deutschen Kameras verkauft habe.

Wann die Juniorfamilie Reichenbach Wernigerode verlassen hat, ist nicht feststellbar, wahrscheinlich kurz nach dem Tod des Vaters, sicher aber Anfang 1939. Zu dieser Zeit war es noch möglich »auszuwandern«, zumal Werner und Margarete Reichenbach nach den Rassegesetzen in einer sogenannten »privilegierten Mischehe« lebten, da sie eine »Halbjüdin« war, also nur einen jüdischen Elternteil hatte. Solche Ehen waren noch bis Anfang der 1940er Jahre geduldet. Werner und Margarete Reichenbach verließen Wernigerode mit ihrem zweieinhalbjährigen Sohn Peter in Richtung Brasilien und lebten dort in Sao Paulo. Bei der Ausreise mussten sie wie alle anderen »Juden« unterschreiben, dass ihr Vermögen durch das Deutsche Reich eingezogen wird. Von dem Erlös aus dem Zwangsverkauf haben die Erben nie einen Pfennig gesehen.

22 Landesarchiv Magdeburg Rep. C 110 Halberstadt Nr. 49.
23 Vgl. den Vorgang in dem Beitrag zur Geschichte der Juden in Wernigerode, S. 29f.

In Brasilien bauten sich Reichenbachs eine neue Existenz auf. Rechtsanwalt Felix Busse, selber Wernigeröder Jahrgang 1940, sein Vater Max Arthur Busse war als Lehrer tätig, schreibt:[24] »Mein Vater und meine Mutter Magdalene Busse waren eng mit der Kaufmannsfamilie Reichenbach, Breite Straße 7, befreundet. Sie haben Reichenbachs seinerzeit schon etwa 1934 sehr zugeredet, Deutschland zu verlassen. Sie konnten nur die jungen Reichenbachs nach jahrelangem Zögern überzeugen, dass dies die richtige Entscheidung sein würde. Die alten Reichenbachs glaubten bis zuletzt, der Spuk würde vorbei gehen. Sie haben mit dem Leben bezahlt. Meine Mutter hat zu Margarete Reichenbach brieflich auch nach der Auswanderung nach Brasilien Kontakt bis zu deren Tod gehalten. Ich kann mich auch erinnern, dass Margarete Reichenbach noch einmal nach Wernigerode gekommen ist und ich sie dadurch kennengelernt habe. Das war, bevor ich 1958 aus Wernigerode in die Bundesrepublik geflohen bin. Sie wollte klären, ob es Restitutionsmöglichkeiten in Bezug auf den Reichenbach'schen Besitz geben würde, was nicht der Fall war.«

Margarete Reichenbach starb am 26. Dezember 1991 in Sao Paulo, ihr Mann Werner Reichenbach kurz danach am 19. Januar 1992. Ihr Sohn Peter Reichenbach betrieb in Sao Paulo ein Antiquitätengeschäft. Eine Begegnung mit ihm aus dem Jahr 1978 sei hier noch mitgeteilt:[25]

»Eines Tages schlenderte ich in der Gegend herum und entdeckte nicht weit von der Paulista in der Rua Augusta ein Antiquitätengeschäft, das auch Andenken und Schmuck führte. Da ich noch Mitbringsel brauchte, wollte ich groß einkaufen. Ich ging hinein und fragte auf Englisch, ob man zufällig Deutsch spräche. Welche Freude – man konnte! Ein netter Herr bediente mich, und kurz darauf erschien eine elegante Dame (ich schätzte sie um die 70), die Mutter des Ladeninhabers. Wir kamen sofort ins Gespräch. Warum ich in Brasilien sei? Zu einem Freundschaftsbesuch. Wo ich denn in Deutschland wohne? In Saarbrücken. Nein, die Gegend kenne sie leider gar nicht. Mir war sofort aufgefallen: sie sprachen ›nach Harz‹. Prompt sagte ich: ›Sie kommen aus Mitteldeutschland.‹ – ›Ja.‹ – ›Dann kommen Sie aus Wernigerode! ‹ Ich war selbst erstaunt, dass ich ihnen das so auf den Kopf zugesagt hatte. Die beiden waren sprachlos: ›Ja, wir kommen tatsächlich aus Wernigerode, wir heißen Reichenbach! ‹ – ›Ach und ihr Geschäft war doch in der Breiten Straße gegenüber von Möbius, und an dem Eingang war ein Schild, dass Sie Hoflieferant vom Fürsten Stolberg-Wernigerode sind!‹ – ›Ja, das stimmt alles!‹ Und dann erzählten sie von ihrer Flucht kurz nach der Kristallnacht 1938 und von dem schweren Beginn in einem fremden Land ohne Sprachkenntnisse, ohne Geld und mit einem Kleinkind. Es sei ihnen aber von vielen Seiten geholfen worden und heute (also 1978) gehe es ihnen gut.«

24 In einem Brief an Peter Lehmann vom 27. Oktober 2018.

25 Erzählt von Dorothee Mahlberg geborene Baßler in Neue Wernigeröder Zeitung 1992 Nr. 10.

Peter Reichenbach hat sich 1992 noch einmal kurz gemeldet, um einige Zeitzeugen-Berichte zu korrigieren.[26] Er wisse nicht, wie seine Großeltern gestorben sind. Seine Eltern, besonders sein Vater sprachen kaum davon. Er habe sie öfter danach gefragt, allerdings ohne großen Erfolg.

26 Schreiben an Renate Goetz vom 1. April 1992; Privatarchiv Goetz.

Geschäfts- und Wohnhaus der Familie Rosenthal in Wernigerode, Breite Straße 11 (1911–1938), Foto: Michael Lumme

Verlorenes Land neu gewonnen – Siegfried Rosenthal

Alles fing am 25. August 1994 mit einer Fernsehsendung an. Renate Goetz, Erzieherin in einem Kinderheim und damals Stadträtin in Wernigerode, kam erst spät in der Nacht von einer Sitzung im Rathaus nach Hause. Um ein wenig auf andere Gedanken zu kommen, schaltete sie den Sender ARTE ein. Dort lief gerade der Dokumentarfilm »Lissabon – Hafen der Hoffnung«.[1] Ein älterer Herr entnahm einer Kassette Fotos, Briefe und Dokumente. Er hielt einen Pass mit einem großen »J« in der Hand, der Vorname war durch den Namen »Israel« ergänzt, auf dem Foto war der Stempel der »Ortspolizei Wernigerode« zu erkennen – und dann fiel der Name: Siegfried Rosenthal. Renate Goetz war hellwach. Seit drei Jahren hatte sie bereits alles, was in Wernigerode über Mitbürger jüdischer Herkunft zu erfahren war, gesammelt, Zeitzeugen befragt und in Archiven gesucht. Natürlich kannte sie den Namen der Familie Rosenthal, aber alle Spuren verliefen sich in Paris. Jetzt erfuhr sie, dass in Lissabon Siegfried Rosenthal lebte und aus seinem Leben erzählte. Sie setzte sich mit dem Autor des Films Pavel Schnabel und der Journalistin Christa Heinrich in Verbindung, erhielt nicht nur eine Kopie des Films, sondern auch die Adresse von Siegfried Rosenthal und schrieb ihm wenige Tage später einen ausführlichen Brief. »Sicher wird Sie der Absenderstempel schon etwas verwundern, aber ich denke, auch meine Zeilen werden für Sie überraschend sein.«[2] Dann schilderte sie, was ihr andere in Wernigerode bereits über die Rosenthals erzählt hatten und wie sich freue, dass er am Leben sei. »Ich hoffe und wünsche mir jedoch, dass meine Zeilen ein ganz klein wenig die schlechten Erinnerungen verdrängen und Sie die Gewissheit haben, dass Familie Rosenthal aus der Breiten Straße 11 nicht vergessen ist. Es würde mich sehr freuen, von Ihnen zu hören... Wenn ich richtig beobachtet habe, war auch Ihre Frau zu sehen. Bitte auch freundliche Grüße an sie.«

Nur drei Wochen später kam eine Antwort zurück. »Dass Sie mich durch die Fernsehsendung gefunden haben, ist tatsächlich ein Wunder. Doch noch ein größeres Wunder ist für mich, dass es in Wernigerode jemanden gibt, der diese Gelegenheit benutzt hat, mich zu suchen. Jemand, der sich für das Schicksal der wenigen jüdischen Familien interessiert...«[3]

Es war der Beginn einer jahrelangen Freundschaft. Es folgten gegenseitige Besuche, ein Wiedersehen mit Wernigerode, ein ehrenvoller Empfang durch den

---

1 Film von Pavel Schnabel; Recherche und Text: Christa Heinrich und Jens Brüning; NDR/arte 1994.

2 Brief vom 4.9.1994; Privatarchiv Renate Goetz.

3 Brief von 24.9.1994; Privatarchiv Renate Goetz.

Oberbürgermeister, Begegnungen mit Schülerinnen und Schülern, das Pflanzen eines Mammutbaumes im Gelände des Bürgerparks. Doch davon später mehr.

Wer ist dieser Siegfried Rosenthal, der der Shoah entkommen ist, was hat er erlebt, wie ist er nach Lissabon gekommen und wer war seine Familie?

Väterlicherseits stammt die Familie aus Krofdorf (Wettenberg) bei Gießen, dem Geburtsort von Siegmund Rosenthal (1886–1942) und mit dem Friedhof, auf dem dessen Eltern, die Großeltern von Siegfried, begraben liegen.[4] Hier und in der Gegend hatten schon seit Jahrhunderten die Vorfahren gelebt. Im Haus des Arztes Jehuda Löw im nahen Vetzberg befand sich ein Zimmer, in dem eine kleine Synagoge eingerichtet war und wo die Juden aus Krofdorf und anderen Orten zum Gottesdienst zusammenkamen. Am 9. November 2008 wurde an der Friedhofsmauer bei der Evangelischen Margarethenkirche eine Gedenkplatte angebracht, die an die ermordeten jüdischen Einwohner von Krofdorf erinnert.[5] Auf ihr sind die Namen Gustav Rosenthal, Rosa Rosenthal geborene Goldwein und Siegbert Rosenthal zu lesen, die alle 1942 im KZ Theresienstadt umgekommen sind. Als die drei damals abgeholt wurden, hatte der Ortsdiener die am Haus versammelten Nachbarn aufgefordert, ihm nachzusprechen: »Nun danket alle Gott, jetzt sind die Juden fort.« Der Kraftfahrer des Transportes widersprach mutig und drohte, nicht loszufahren, wenn dies geschehe. Darauf schwieg der Sprechchor. Vor der nationalsozialistischen Machtergreifung waren Gustav Rosenthals Brüder Isidor, Siegmund, Simon und Gottlieb aus Krofdorf weggezogen. Bei der Enthüllung der Gedenktafel konnte der Neffe Siegfried Rosenthal mit seiner Familie dabei sein. Er hatte Erinnerungen an frohe Ferientage bei seinen Großeltern. Von den fünf Brüdern ist nur Simon »nicht den Todeslagern der Nazis zum Opfer gefallen«. Seine Tochter Anita, die in Australien lebt und er selbst sind die letzten Überlebenden seiner Familie. »Fünf Cousins und Cousinen wurden ermordet, ebenso wie ihre Eltern.« Sein Vetter Jean-Paul Bier hat in einem Buch geschrieben: »Sie glaubten Deutsche zu sein und sind daran gestorben.«

»Mein Vater ist vor 1912 nach Wernigerode gekommen, ich denke um 1906. [korrekt nach Adressbuch 1909/10] Er war zunächst Angestellter in der Firma Reichenbach [Bekleidungshaus Breite Straße 7] und wohnte, wie es damals so üblich war, in deren Hause. Nach kurzer Zeit hat er dann mit seinem Arbeitskollegen Thiele die eigene Firma aufgemacht, die also Rosenthal und Thiele hieß. Möglich, dass das 1912 [korrekt: 1911[6]] war. Thiele ist dann nach einiger Zeit ausgeschieden, um die Firma seines Vaters zu übernehmen, ich glaube in Halle.«[7] Das Konfektionsgeschäft, das er in der Breiten Straße 11 – der Hauptstraße zum Marktplatz – gründete, firmierte

4 Die Informationen aus Krofdorf sind der Gießener Allgemeinen Nr. 263 vom 10.11.2008, S. 14 entnommen.

5 Die Evangelische Kirchengemeinde Krofdorf-Gleiberg hat die christlich-jüdische Gedenkveranstaltung umfangreich dokumentiert (2009).

6 Nach den Gewerbeanmeldungen; Stadtarchiv Wernigerode.

7 Brief vom 4.6.1997; Privatarchiv Renate Goetz.

als »Modewaren« und entwickelte sich schnell zu einem gefragten Kaufhaus. Anfang der 1930er Jahre konnte sich Siegmund Rosenthal ein Auto der Marke »Dixi« leisten.

Siegmund Rosenthal heiratete Regina Spiro (1886–1990) aus Heudeber, wahrscheinlich sogar nach jüdischem Ritus. Denn Heudeber gehörte zur Synagogengemeinde in Derenburg wie Wernigerode auch. Über die Familie Spiro ist bisher wenig bekannt. Reginas Mutter Delfine Spiro geborene Strauss (1869–1964) war möglicherweise mit Max Spiro verheiratet, der 1921 starb und auf dem Neuen jüdischen Friedhof im Norden Halberstadts an der Klein Quenstedter Straße beerdigt wurde. Zwischen 1908 und 1939 wirkte an der Klaussynagoge in Halberstadt Rabbiner Dr. Philipp Frankl (1876–1944), auch ein Opfer der Shoah, der mit Bella geborene Spiro verheiratet war, die allerdings aus Schenklengsfeld bei Kassel stammte.[8] Wie dem auch sei, Delfine Spiro zog Anfang der 1920er Jahre nach Wernigerode und wohnte in der Büchtingenstraße 11. Die alte Dame arbeitete im Geschäft ihres Schwiegersohnes mit, saß meist an der Kasse und wurde sehr geschätzt.

In der Breiten Straße 11 wurde am 10. Juni 1920 Siegfried Rosenthal geboren. An seine Kindheit kann er sich noch gut erinnern, an Nachbarn und Spielkameraden. Besonders beeindruckte ihn das Christianental, wo er gern mit seiner Großmutter Delfine Spiro spazieren ging und unter einem »uralten majestätischen Kastanienbaum« spielte. Er hat sich sehr gefreut, als er bei einem späteren Besuch diesen Baum wiederfand.

»Mit sechs Jahren trug ich stolz meine Wundertüte zum ersten Schultag in der Volksschule zu Lehrer Renke und nach vier Jahren [1930] kam ich in das damalige Fürst-Otto-Gymnasium [heute: Gerhart-Hauptmann-Gymnasium]«, so berichtet Siegfried Rosenthal 1995 vor Gymnasiasten.[9] Es hat ihm »die unveränderlichen humanistischen Werte … mit auf den Weg gegeben«, wie er später einmal den heutigen Gymnasiasten erzählte. Seinerzeit trug ein Stein auf dem Schulhof die Inschrift: »Dulce et decorum est pro patria mori.« (Süß und ehrenvoll ist es, für das Vaterland zu sterben.). Siegfried Rosenthal sagte dazu: »Sorgt dafür, dass es heißen wird ›Dulce et decorum est pro humanitate vivere.‹ (Süß und ehrenvoll ist es, für die Menschlichkeit zu leben). Das ist meine Hoffnung.«[10] Rosenthal spielte damit auf den Gedenkstein auf dem Schulhof an, der 1933 – als er dort zur Schule ging – aufgestellt wurde und der bei einer Feierstunde mit Hakenkreuzfahnen den Namen »Albert Leo Schlageter« erhielt, einem nationalsozialistischen Fanatiker, der im Ruhrgebiet sein Unwesen trieb und bei den Nazis als Märtyrer galt. Nach dem Krieg erhielt dieser Stein eine neue Inschrift zu Ehren von Gerhart Hauptmann, dem Namensgeber des heutigen Gymnasiums. Hauptmann hatte anlässlich des 100. Geburtstages von Goethe in einer viel beachteten Rede gesagt: »Die Welt wird weder mit Gold noch

---

8 Nach Informationen aus der Moses-Mendelssohn-Akademie in Halberstadt.

9 Aus der Rede von Siegfried Rosenthal im Rathaus Wernigerode am 9.5.1995; so auch die weiteren Zitate aus der Schulzeit.

10 Grußwort vom 9.9.2002 an Gymnasiasten des Gerhart-Hauptmann-Gymnasiums.

durch Gewalttat erlöst, sondern allein durch Menschlichkeit, Menschenachtung und Humanität.« In Kurzfassung ist dieses Wort heute auf dem Stein zu lesen.

Bis 1933, dem Jahr der Machtergreifung Hitlers, verlief Siegfrieds »Schülerleben in normalen Bahnen. Ich war der einzige jüdische Schüler des Gymnasiums, wie ich es auch vorher auf der Volksschule gewesen war.« Am Fürst-Otto-Gymnasium erhielt er eine humanistische Bildung. Er schwärmte von manchem Lehrer, besonders von Walter Sasse, der ihm Latein beigebracht hatte, was ihm später eine große Hilfe beim Erlernen des Portugiesischen war. Er war äußerst sprachbegabt und lernte recht gut Englisch und Französisch. Als bester Schüler seines Jahrganges erhielt er 1932 für einen Aufsatz im Deutschunterricht die Goethe-Medaille, die er bis an sein Lebensende in Ehren hielt. Noch später ist er nicht verlegen, bei jeder passenden Gelegenheit Goethe zu zitieren.

Als dann ab 1933 in der Schule das Lehrfach »Rassenkunde« eingeführt wurde und das Thema »Juden« dran war, »schickte mich unser Lehrer für diese Stunde nach Hause«. Das sollte er als einziger Jude nicht mit anhören müssen. Nach dem Abitur wurde ihm das Studieren an einer Universität wie jedem Juden verwehrt. Siegfried begann eine Ausbildung in Halberstadt bei der privaten Bank Boeck & Co. Als dessen Inhaber Deutschland verließ und das Institut von der Dresdner Bank »übernommen« wurde, war für ihn diese Ausbildung auch beendet.

Immer mehr schränkten die von der nationalsozialistischen Regierung ergriffenen Maßnahmen gegen die Juden deren Leben ein. Doch lebten sie überhaupt als Juden? »Einen Unterschied gegenüber meinen Freunden sah ich damals nur an den hohen jüdischen Feiertagen wie dem Versöhnungsfest Jom Kippur«, berichtete Siegfried Rosenthal. Eine Gemeinde gab es in Wernigerode nicht. Wollten Wernigeröder Juden an einem Gottesdienst teilnehmen, mussten sie in die Synagoge nach Halberstadt fahren, mit der sich in den 1920er Jahren auch die Derenburger Gemeinde vereinigt hatte. Zu Hause wurden jüdische Traditionen kaum noch gefeiert. Die zwei oder drei wichtigsten Feiertage im Jahr »waren die einzigen religiösen Gebräuche, die in meinem Elternhaus gewahrt wurden«. Die strengen religiösen Speisegebote wurden gar nicht eingehalten. Freilich war der Sabbat immer noch ein besonderer Tag, aber die Riten wurden wenig oder gar nicht praktiziert. Mitunter näherte man sich den christlichen Gebräuchen an. »So kam zum jüdischen Osterfest, Pessach, das ungesäuerte Brot, die Mazzot, auf den Tisch – allerdings nicht unter Ausschluss des normalen Brotes, das die religiösen Vorschriften eine Woche lang verbieten. Daneben fehlten nie die bunten Ostereier, die ich suchen musste, ebenso wenig wie zu Weihnachten der festlich geschmückte Tannenbaum fehlte.«[11] Es ist nicht zu erfahren, ob bei den Rosenthals die Feierlichkeiten zu Pessach oder zu Ostern stattfanden, da beide im christlichen und jüdischen Kalender meistens nicht zusammenfallen. Ob das in die Adventszeit fallende Chanukka gefeiert wurde, ist ebenso wenig bekannt,

---

11 Aus der Rede im Rathaus Wernigerode am 9.5.1995.

wie die anderen jüdischen Feste wie Purim – das Befreiungs- und Freudenfest im Frühjahr, das oft in die Faschingszeit fällt – oder das Laubhüttenfest im Herbst.

Allerdings berichtete Siegfried 1998 in einem Brief aus Lissabon, dass sein Enkel Daniel (Danny) sich auf die Bar Mizwa vorbereiten müsse, »denn er wird 13 Jahre und damit reif zur Aufnahme als vollgültiges Mitglied in die jüdische Religionsgemeinschaft. Dazu muss er dann einen Absatz aus der Tora in der Synagoge vorlesen. Zunächst muss er also die hebräische Schrift lesen lernen.« Er habe das seinerzeit 1933 »auch schnell gelernt und noch viel schneller wieder völlig verlernt«. Also wurde die Bar Mizwa in der Rosenthal-Familie gefeiert. Nur eines sei heute anders als bei seiner Mizwa-Feier: »Ich hoffe, dass die Atmosphäre weniger bedrückend sein wird als damals in Wernigerode 1933, als die SA grölend durch die Breite Straße marschierte«.[12]

Zunächst dachten die Rosenthals wie viele andere Deutsche: der nationalsozialistische Spuk geht schnell vorüber. Freunde des Vaters meinten: »Dir kann nichts geschehen, denn du bist ja Frontkämpfer.« Noch bei der Hochzeit zeigte sich Siegmund stolz in Uniform. Aber »eines Tages[13] wurden dann die wenigen jüdischen Männer, die es in Wernigerode gab, in ›Schutzhaft‹ genommen, allerdings nach ein oder zwei Tagen wieder freigesetzt«.

Nach den Nürnberger Rassegesetzen von 1935 wurde das Leben für Juden in Deutschland immer unerträglicher. In den Kinos und am Schwimmbad, auf Bänken und an manchen Türen erschienen Schilder mit der Aufschrift »Für Juden verboten«. »Wir durften keine weibliche Hausangestellte im Alter von – ich glaube – weniger als 35 Jahren mehr haben.« Unsicherheit und die Angst vor der Zukunft wuchsen. »Es wurde also klar, dass ein Verbleiben in Deutschland unmöglich war und an Auswanderung gedacht werden musste.«

In seiner Lebensgeschichte, die Siegfried Rosenthal 1995 in Wernigerode Jugendlichen erzählte, sagte er: »Nach vielen vergeblichen Bemühungen um Einwanderungsvisen ergab sich endlich 1938 die Möglichkeit, nach Portugal zu gehen, wo ein Vetter meiner Mutter bereits seit einiger Zeit lebte. Mein Vater wollte Wernigerode nicht verlassen, ohne alle seine geschäftlichen und finanziellen Angelegenheiten geregelt zu haben. Deshalb wurde beschlossen, dass meine Mutter und ich vorausfahren und schon eine Wohnung suchen würden. Mein Vater würde in spätestens sechs bis acht Wochen nachkommen. So reiste ich dann am 15. Juni 1938, wenige Tage nach meinem 18. Geburtstag, mit dem Dampfer ›Nyassa‹ von Hamburg nach Lissabon ab. Wir durften 800 Reichsmark plus 10 RM pro Person mitnehmen – nicht eben ein großartiges Startkapital für eine Familie in einem unbekannten Land. Deshalb sollte meine Großmutter auch noch in Wernigerode bleiben, bis wir in Portugal eine Existenzgrundlage gefunden hatten. Alle waren überzeugt, dass einer alten Frau in Wernigerode nichts geschehen würde.«

12 Ebenda.
13 Gemeint ist der 9. November 1938.

Eine Reise auf dem Landweg war unmöglich, weil in Spanien der Bürgerkrieg tobte. Portugal war zu jener Zeit das einzige Land in Europa, das eine visafreie Einreise und einen kurzzeitigen Aufenthalt erlaubte. Als Mutter und Sohn in Lissabon an Land gingen, empfing sie ein Cousin der Mutter und nahm beide zunächst in die alte Universitätsstadt Coimbra mit, rund 200 km nördlich der Hauptstadt. Hier wollten sie eine Wohnung suchen, bis der Vater kurze Zeit später nachkommen sollte.

Wie verabredet machte sich Siegmund Rosental einige Wochen später auf, um Deutschland zu verlassen. Aber Portugal hatte gerade eine Visumpflicht eingeführt, die einige Probleme mit sich brachte. Zwar konnte Vater Rosenthal beim portugiesischen Konsulat in Stuttgart noch ein Visum erhalten, als er es aber beim Besteigen des Schiffes in Hamburg vorlegte, wurde er zurückgewiesen. Es fehlte eine Bestätigung der vorgesetzten Dienststelle in Lissabon. Was tun? Eine direkte Einreise nach Portugal per Schiff war unmöglich, also versuchte er es auf dem Landweg, erhielt trotz des ungültigen portugiesischen Visums ein Transitvisum für Frankreich und gelangte wenigstens bis nach Paris. Weiter kam er nicht, weil die nötigen Bescheinigungen für die Reise durch Frankreich und Spanien nach Portugal fehlten. Da eine »Familienzusammenführung« aussichtslos geworden war, bemühte er sich nun um eine Daueraufenthaltsgenehmigung für sich in Frankreich, um umgekehrt eine Einreiseerlaubnis für seine Frau und Sohn Siegfried zu erwirken. Kurz bevor er die Papiere in der Hand halten konnte, begann der Zweite Weltkrieg und Siegmund wurde als Deutscher und damit Angehöriger des Kriegsgegners sofort interniert. Damit waren alle Hoffnungen auf eine Vereinigung der Familie beendet. Er schrieb noch Briefe und Karten an seine Familie, bat um Geld und manche Kleinigkeit; seine Brille war ihm verloren gegangen und er hoffte auf einen Ersatz aus Portugal.

Aber es sollte noch schlimmer kommen. Nach der Niederlage und der Besetzung Frankreichs durch deutsche Truppen 1940, zog sich die französische Regierung nach Vichy in die sogenannte unbesetzte Zone Frankreichs zurück und kollaborierte mit der nationalsozialistischen Besatzungsmacht. Plötzlich war Siegmund Rosenthal kein Deutscher mehr, sondern Jude und wurde in das Camp Les Milles im Süden Frankreichs gebracht. Inzwischen hatte die deutsche Besatzungsmacht damit begonnen, französische Juden »in den Osten« zu deportieren. Im September 1942 konnten die »Transportquoten« für Deportationen aus Frankreich nicht mehr erfüllt werden. Das Vichy-Regime half aus, indem es internierte Juden aus dem »unbesetzten Gebiet« in das berüchtigte Sammellager Drancy, 20 km nördlich von Paris transportierte – unter ihnen auch Siegmund Rosenthal. Die deutsche Besatzungsmacht deportierte die Internierten, teilweise mit dem Hinweis, sie kämen in Arbeitslager in Deutschland, von Drancy direkt in das Vernichtungslager Auschwitz-Birkenau. Die »Endlösung der Judenfrage« war seit der Wannseekonferenz im Januar des gleichen Jahres beschlossene Sache. Siegmund Rosenthal war einer von den 1003 Juden, die mit dem Transport 33 am 16. September 1942 nach Auschwitz gebracht wurden. Dort wurden die meisten von ihnen sofort nach der Ankunft ermordet, unter ihnen Siegmund Rosenthal – 56-jährig – am 21. September 1942. Die Familie hat dies erst im Dezember 1947 aus dem französischen Ministerium für Kriegsteilnehmer und Kriegsopfer erfahren.

Großmutter Delfine Spiro geborene Strauss war in Wernigerode geblieben, einer alten Frau würde ja niemand etwas antun. Sie musste wie andere Juden ab dem 1. September 1941 den berüchtigten »Gelben Stern« tragen. Ihr wurde es verboten bei Luftangriffen Schutzkeller aufzusuchen. Einkaufen durfte sie nur in zwei ausgewählten Geschäften. Am 21. Juli 1942 wurde sie in das jüdische Altenheim in der Wilhelmstraße 15 in Halberstadt gebracht und von dort mit dem letzten Judentransport Nr. XX/2 unter der Ziffer 149 am 23. November 1942 im Alter von 73 Jahren in das KZ Theresienstadt deportiert, das von den Nationalsozialisten gern als »jüdische Mustersiedlung« ausländischen Besuchern vorgeführt wurde. Für die Besichtigung durch eine Kommission des Internationalen Roten Kreuzes im Juni 1944 wurden extra Cafés, ein Kinderpavillon, ein Zentralbad eingerichtet und die Kinderoper Brundibar aufgeführt. Ebenfalls zu Propagandazwecken wurde Ende Januar 1945 ein Transport mit alten und pflegebedürftigen Menschen zusammengestellt und mit einem Zug am 5. Februar in die Schweiz transportiert, wo er vom Roten Kreuz empfangen wurde. In diesem Zug war auch Delfine Spiro. Über den Suchdienst des DRK fand Tochter Regina ihre Mutter 1948 wieder und holte sie nach Lissabon. Dort starb sie 1990 friedlich im Alter von fast 94 Jahren.

Für Regina Rosenthal und ihren Sohn wurde Portugal zur neuen Heimat. In jenem Film »Lissabon – Hafen der Hoffnung«, der die Verbindung zwischen Wernigerödern und der geflüchteten Familie wieder hergestellt hat, schildert Siegfried Rosenthal, wie es seiner Mutter und ihm erging. Sein ursprünglicher Traum, einmal Jura oder Staatswissenschaften zu studieren, hatte sich zerschlagen. Zudem habe es wenig Sinn, nicht realisierbaren Träumen nachzueilen. Erst einmal war er dankbar, in Portugal angekommen zu sein. Wie sollte es nun weitergehen? Die Portugiesen bestanden trotz aller Freundlichkeit darauf, ihr Land bitteschön nur zur Durchreise zu nutzen. Auf dem deutschen Konsulat in Lissabon war das demütigende »J« für Jude in den Reisepass gestempelt worden. Und damit auch jedermann wusste, dass es sich bei dem Inhaber um einen Juden handelte, wurde der so deutsche Vorname Siegfried durch ein »Israel« und bei der Mutter Regina durch ein »Sarah« ergänzt. Schließlich wurden ihre Reisepässe für ungültig erklärt und sie selber ausgebürgert, also zu Staatenlosen gemacht. Damit war jeglicher Versuch, einen Aufenthalt in einem anderen Land zu erhalten, so gut wie aussichtslos. Die portugiesischen Behörden stellten einen Ersatzpass aus. Der musste aber alle 30 Tage verlängert werden.

Was nun? Mit ihren 800 RM plus zweimal 10 RM, von denen einiges bereits aufgebraucht war, kamen sie nicht weit. Dazu kam, dass Vater Siegmund in Frankreich völlig mittellos war und immer wieder um Geld, auch Wäsche, Schuhe und Lebensmittel bat. Das war erniedrigend. Die letzten Telegramme vom Vater im August und September 1942 trieben dem jungen Mann von 21 Jahren die Tränen ins Gesicht. Das letzte kam am 14. September 1942, zwei Tage vor der Deportation des Vaters ins Vernichtungslager. Dann gab es nur noch Schweigen, Bangen und wenig Hoffnung.

Um in Portugal zu überleben, verdiente sich Siegfried etwas Geld, indem er Deutsch unterrichtete. Dass diese Schüler »wirklich Deutsch gelernt haben, kann ich nicht beschwören. Ich habe jedenfalls dabei Portugiesisch gelernt.«[14] Da wegen des Aufenthalts in Portugal ständig Behördengänge notwendig wurden, riet man, in die Hauptstadt umzuziehen. Dort könne die jüdische Gemeinde sie auch besser unterstützen. In Lissabon setzte Siegfried seinen Deutsch-Unterricht fort, weil viele Franzosen nach dem Einmarsch der Deutschen nach Portugal geflohen waren und sie meinten, man müsse mit den Besatzern deutsch sprechen können. »1941 ergab sich die Möglichkeit, eine Arbeit in dem Büro einer amerikanischen Hilfsorganisation aufzunehmen.« Als dann die portugiesischen Behörden 1942 beschlossen, »eine größere Anzahl von ›Kriegsflüchtlingen‹ über mehrere Orte des Landes zu verteilen, mussten wir nach Caldas da Rainha [rund 90 km nördlich von Lissabon] umziehen. [...] Dort trafen wir auf Hunderte von Menschen aus vieler Herren Länder, deren Lebensunterhalt zumeist von verschiedenen internationalen Hilfsorganisationen gesichert wurde. [...] Wieder kamen mir meine Sprachkenntnisse zugute und ich fand als Dolmetscher, Lehrer und Korrespondent reichlich Beschäftigung.« Immer wieder waren Formulare auszufüllen und bei Behörden vorzusprechen, Briefe zu schreiben und in Englisch, Deutsch, Französisch und Portugiesisch zu vermitteln.

Unmittelbar nach Kriegsende, »das Einheimische und Ausländer gemeinsam bejubelten«, erhielten die Rosenthals die Erlaubnis, nach Lissabon zurückzukehren und auf Dauer in Portugal zu bleiben. Siegfried nahm eine Arbeit in einem Exportbüro auf, »in dem ich bis 1948 blieb, als mir angeboten wurde, in eine junge Firma einzutreten, die Maschinen und Materialien für die graphische Industrie importierte. Sie sollte mein Lebenswerk werden.« 52 Jahre lang, ab 1965 als geschäftsführender Partner, steckte er sein Wissen und seine Energie in diese Firma. »Wir vertraten bekannte Hersteller aus verschiedenen Ländern: Bundesrepublik, Schweiz, England, Dänemark, Schweden, Holland, Italien, Frankreich und später auch zunehmend Japan.« Ein Kuriosum jener Zeit. Als die Firma auch zur DDR Kontakt aufnahm, wurden die eingeführten deutschen Maschinen nicht mit Geld, sondern lieber mit Kork von den Eichen in Portugal bezahlt, eine Mangelware in der DDR. Dennoch »entwickelten sich unsere Beziehungen zu VEB Polygraph Export sehr erfolgreich«.

Die »Nelkenrevolution« 1974, die das diktatorische Regime von Salazar und seinen wenigen Nachfolgern seit 1932 hinwegfegte und das Kolonialreich Portugals seit 1961 endgültig auflöste, sah Siegfried Rosenthal wegen des entstandenen innenpolitischen Chaos durchaus kritisch. Etwa 500 000 Portugiesen kamen aus unterschiedlichen Ländern bis 1980 wieder in ihr kleines Land zurück. Mit einem Wirtschaftsboom konnte in der »Dritten Demokratie« Portugals nach den Wahlen von 1976 nicht gerechnet werden. Seine Firma wurde von einer »Arbeiterkommission« besetzt und sein Partner enteignet. Da Rosenthal zu dieser Zeit gerade bei zwei Niederlassungen

14 Siegfried Rosenthal: Mein verlorenes Land; in: Neue Wernigeröder Zeitung Nr. 7/2009, S. 7–8 (so auch die nachfolgenden Zitate).

in Spanien (Barcelona und Madrid) war, gründete er von dort aus mit einigen Mitarbeitern in Lissabon eine neue Firma, die nun nicht unter Leitung einer »Arbeiterkommission« stand und der alle Vertretungen übertragen wurden – nur VEB Polygraph Export spielte nicht mit. Die wollten lieber mit einer »sozialistischen« und nicht einer »kapitalistischen« Firma Geschäfte machen. Aus Sicherheitsgründen verlegte Rosenthal mit seiner Familie den Wohnsitz nach Barcelona.

In Portugal war Siegfried Rosenthal nicht nur ein geschätzter Geschäftsmann geworden, hier hatte er auch eine Familie gegründet. 1956 heiratete er die Portugiesin Rosy geborene Cassuto; ihre Eltern kamen 1933 aus Hamburg. Einziges Kind ist Tochter Anita, geboren 1958. Als sie nach Barcelona umzogen, hatte Anita gerade ihr Abitur bestanden und studierte nun an der Universität in Barcelona Psychologie.

Nachdem sich die Situation in Portugal einigermaßen demokratisiert hatte, kehrte Siegfried Rosenthal mit seiner Familie nach Lissabon zurück. 1991 wurde er zum ersten Präsidenten des neu gegründeten Verbandes graphischer Fachhändler gewählt. »Anno 2000 [...] zog ich mich von allen Geschäften zurück.« Aber immer wieder griff er zum Telefon oder fuhr ins Büro, nahm zwar Abschied von seiner alten Schreibmaschine, ließ sich aber von einem seiner Enkel dessen zu langsamen Computer schenken, um damit Post zu erledigen. Ruhestand muss eben auch gelernt werden.

Anita war inzwischen Kinderpsychologin geworden, heiratete Jaime Ayash, einem Portugiesen, der als Marketing-Manager in einer größeren Firmengruppe tätig war, und hat drei Söhne: Daniel, Filipe und Tomas. Daniel studierte in England, hat 2014 geheiratet und einen Sohn Levi. Felipe gründete 2017 eine Familie und absolvierte ein Management-Studium. Und den Jüngsten, Tomas, hat es zum Studium der Betriebswirtschaft nach Bath in England gezogen.

An dieser Entwicklung seiner Familie haben Siegfried und Rosy Rosenthal mit Freude regen Anteil genommen. Zwar war Siegfried Rosenthal in Portugal sesshaft geworden, aber seine Herkunft aus Deutschland hat er nie vergessen oder gar verleugnet. Einmal erzählte er, er habe in Portugal eine neue zweite Heimat gefunden. »Dafür bin ich diesem Lande und seinen Menschen zu tiefem Dank verpflichtet. Ich bin heute vertraut mit seinen Gegebenheiten, seinen Traditionen, seiner Kultur und seiner Sprache. Meine Frau, meine Tochter und meine Enkelkinder sind dort geboren. Aber wenn ich mit meinen Enkeln singe, dann sind es deutsche Kinderlieder: ›Hänschen klein‹, ›Alle meine Entchen‹ usw. Ich habe also meine Wurzeln nicht vergessen, die hier im Harz liegen.«[15]

Als er später im Ruhestand aus dem umtriebigen Lissabon in sein Haus in Monte Estoril etwa 25 westlich der Hauptstadt gezogen war, »wenige Kilometer entfernt vom Cabo da Roca, dem Felsenkap, der westlichsten Spitze des europäischen Kontinents«, hat er »zwei deutsche Tannen eingepflanzt, die dort neben Feigenbäumen und Magnolien gedeihen«.

---

15 Dies und das folgende Zitat aus der Rede vom 9.5.1995.

Zeitlebens blieb er seiner alten Heimat und dem Land Goethes trotz allem Leid, das er erfahren musste, verbunden – und das nicht nur beruflich.

In einem Brief von 1994 gesteht er: »Ich war im Laufe der Jahre wiederholt im Westharz bis an die damalige Zonengrenze gekommen und habe meiner Frau von weitem den Brocken gezeigt und ihr gesagt: Siehst du, da hinten liegt Wernigerode. Nach dem Fall der Mauer haben wir im Mai 1990 die Gelegenheit eines Messebesuchs in Düsseldorf benutzt, uns mit portugiesischen Freunden ein Auto zu mieten und den Harz zu besuchen, einschließlich eines Abstechers von wenigen Stunden nach Wernigerode. Ich wollte meine Gefühle und mein Gedächtnis testen und es war wie das Erwachen aus einem Dornröschenschlaf, denn ich fand alles fast unverändert, wie ich es 1938 verlassen hatte: den Westerntorturm, das Schulgebäude, Markt und Rathaus, die Breite Straße mit meinem Geburtshaus.« Am meisten aber bewegte ihn der Kurzbesuch im Christianental, wo er den alten Kastanienbaum wiedersah, unter dem er als Kind gespielt hatte. Begegnungen mit früheren Freunden und Bekannten hat er dieses erste Mal gemieden. Er wollte sich »zusätzliche Gefühlskonflikte ersparen«.[16]

Das aber sollte sich ändern. Nachdem Renate Goetz 1994 über den Film »Lissabon – Hafen der Hoffnung« den Kontakt zu Siegfried Rosenthal in Lissabon aufgenommen hatte, gingen nicht nur Briefe hin und her, sondern es entwickelte sich eine persönliche Freundschaft, die zu Begegnungen in der alten Heimat und in Lissabon führten. Freimütig erzählte Siegfried Rosenthal aus seinem Leben. Vieles davon ist hier nacherzählt. Mancher frühere Schulfreund wurde wieder entdeckt, manche Geschichte wurde wieder lebendig. Die Fernsehsendung habe »weitere Kreise gezogen«, erzählt er. »So hat mich eine Cousine in Paris wiedergefunden, von der ich seit Jahrzehnten nichts mehr gehört hatte. Geschäftsfreunde in Nord- und Süddeutschland riefen mich daraufhin an.«

Neue Töne mischten sich ein, als sich 1995 am 8. Mai der »Tag der Befreiung [...] von dem menschenverachtenden System der nationalsozialistischen Gewaltherrschaft«, wie ihn Bundespräsident Richard von Weizsäcker zehn Jahre zuvor in seiner viel beachteten Rede genannt hatte, zum 50. Mal näherte. Oberbürgermeister Ludwig Hoffmann lud den einst aus Wernigerode Vertriebenen zur Gedenkveranstaltung in das Rathaus ein. Siegfried Rosenthal zögerte erst: »Ich frage mich, ob meine Anwesenheit an diesem 50. Jahrestag des Endes des Nazi-Albtraums ein ganz klein Weniges dazu beitragen könnte, der Jugend von heute durch einen Zeugen der Vergangenheit zu zeigen, dass der Weg in die Zukunft nur dann an neuen Katastrophen vorbeiführen kann, wenn alle, ohne Trennung durch Nationalität, Rasse oder Religion zu einem friedlichen Zusammenleben bereit sind.«

Dann sagte er doch zu und reiste nach fast 57 Jahren Trennung von seiner Geburtsstadt mit seiner Frau Rosy und seiner Tochter Anita in Wernigerode an. Der

16 Erster Brief an Renate Goetz vom 24.9.1994; Privatarchiv Goetz.

Empfang und das persönliche Kennenlernen waren herzlich. Es blieb Zeit für eine Stadtbesichtigung einschließlich Schloss, natürlich Besuch seines Geburtshauses. Er nahm an der Feier in der Mahn- und Gedenkstätte Veckenstedter Weg teil, zeitweise eine Außenstelle des KZ Buchenwalds, fuhr auch nach Heudeber, wo seine Mutter geboren war (es war fast völlig unverändert, hatte lediglich aus DDR-Zeiten noch den Schriftzug »Konsum«), trug sich in das »Goldene Buch« der Stadt mit dem Satz ein: »Ich habe alte Freunde wiedergesehen und neue Freunde gefunden.« Schließlich gab es noch eine Harzrundfahrt nach Schierke, Königshütte und Elbingerode und einen Besuch in Halberstadt an den »Steinen der Erinnerung« vor dem Dom. Vier beeindruckende Tage in der alten Heimat.

Höhepunkt bei diesem Wiedersehen war die Begegnung mit jungen Menschen im Rathaussaal. Die 14- bis 18jährigen hatten sich im Vorfeld mit dem Ende des Zweiten Weltkrieges befasst, einige hatten Zeitzeugen befragt, andere waren Konfirmanden und Jugendliche aus dem Kirchenkreis, die das erste Mal einem Juden begegneten.

Siegfried Rosenthal knüpfte an die Gedenktafel im Rathaussaal an, die der Wernigeröder Holzgestalter Karl-Heinz Ziomek geschaffen hat und die ein Jahr zuvor 1994 für die »verfolgten jüdischen Bürger unserer Stadt« angebracht worden war. In Anlehnung an ein Wort des jüdischen Gelehrten Baal Shem Tov aus dem 18. Jahrhundert ist zu lesen: »Das Geheimnis aller Erlösung liegt in der Erinnerung.« Rosenthal ergänzte: »Geschehenes Unrecht darf nicht vergessen werden, damit man weiß, wie eine Wiederholung vermieden werden kann. Die Erlösung liegt aber auch in der Erinnerung an freundlichere Zeiten mit nachahmenswerten Beispielen, so wie es die Jahre meiner Kindheit in Wernigerode für mich waren. Deshalb bin ich heute hier.«

Ohne zu dramatisieren, weder Mitleid heischend noch anklagend, schilderte er sein Leben vor den jungen Leuten, die ihm gebannt zuhörten. Er endete mit jenen zwei deutschen Tannen, die er in der Nähe seines Hauses gepflanzt hatte und die zwischen Magnolien und Feigenbäumen wachsen. »Als Symbol des Gedankens, dass in der Natur überall Raum ist für ein gemeinsames Gedeihen von Geschöpfen unterschiedlichen Ursprungs und Aussehens. Dass Sie, liebe junge Wernigeröder, dies lernen mögen, ist der Wunsch, den ich Ihnen übermitteln wollte.«

Länger als eine Stunde beantwortete Siegfried Rosenthal die Fragen seiner jungen und älteren Zuhörer. Geduldig und ohne Groll erzählte er von seinen Gefühlen, als er Wernigerode verlassen musste und dass er nie daran gedacht hätte, Wernigerode je wieder zu sehen. Er ergänzte auch, danach gefragt, dass er damals in der Nazizeit Menschen kannte, die den Rassenwahn nicht mitgemacht haben. Aber von Zivilcourage oder gar Widerstand habe er nichts gespürt. Wie fast alle Deutschen hängten auch die Nachbarn die Hakenkreuzfahne heraus, rissen den Arm hoch zum Gruß und bejubelten die Aufmärsche der SA. Das alles solle nicht vergessen werden, aber die Zeiten hätten sich geändert. Und damit sich jenes menschenverachtende Unheil nicht wiederhole, müssten Menschen in aller Welt, in Europa, in Wernigerode und Lissabon fest zueinanderstehen und lieber auf dem Fußballplatz gegeneinander kämpfen. Damit spielte er auf seine Enkel an, die in Lissabon begeisterte Fußballspieler sind.

»Rosenthal jedenfalls fiel ein Stein vom Herzen, und wir wünschen uns, dass er künftig ohne Groll an Wernigerode zurückdenken kann.« resümierte die Neue Wernigeröder Zeitung.

Aus diesem ersten Besuch entstanden neue persönliche Freundschaften, die durch gegenseitige Besuche in den nächsten Jahren vertieft wurden. 1997 machte Familie Rosenthal sogar Urlaub in Wernigerode. An den gesellschaftlichen Ereignissen in der Stadt nahm er regen Anteil, erkundigte sich nach dem politischen Geschehen, verfolgte die Nachrichten im MDR und las immer wieder die Neue Wernigeröder Zeitung. Die Verlegung von »Stolpersteinen« in der Stadt 2009, die vor den Häusern des letzten frei gewählten Wohnortes für Bürger, die Opfer des Nationalsozialismus geworden sind, eingelassen werden, bewegte ihn sehr. Eine Reihe liegt auch vor seinem Geburtshaus in der Breiten Straße 11.

Im Jahr 2006 gab es zwei besondere Ereignisse, die die Rosenthals veranlassten, Deutschland besuchten. Da fand das »Sommermärchen« der Fußball-Weltmeisterschaft statt. Und die fußballbegeisterten Kinder und Enkel mussten unbedingt das Vorrundenspiel Portugal gegen Mexiko in Gelsenkirchen sehen. Portugal siegte 2:1, was die Angereisten zu Begeisterungsstürmen hinriss. Die Eltern jedoch machten eine Reise nach Dresden. Dann aber war Wernigerode mit der Landesgartenschau dran. Besonders Rosy hat sich darauf gefreut. Und die Wernigeröder Freunde bereiteten mit der Stadt für Siegfried heimlich eine Überraschung vor, nur Rosy war eingeweiht. Auf der Höhe der nun sanierten ehemaligen Mülldeponie war am Pavillon der Kirchen ein Treffpunkt verabredet. Stadtratspräsident und stellvertretender Oberbürgermeister waren ebenso anwesend wie zahlreiche Freunde aus Wernigerode. Es war eine große Schar, die sich zu einem Rundgang aufmachte und am Themengarten »Steinerne Renne« anhielt. Der Blick weitete sich über den Schreiberteich, Schüler des Landesgymnasiums für Musik sangen. Der 86jährige Gast stieg ein paar Stufen hinab. Hier wurde für Siegfried Rosenthal ein Mammutbaum gepflanzt. Bewegt hörte er den Worten des stellvertretenden Oberbürgermeister zu. Andreas Heinrich erinnerte an den Kastanienbaum, unter dem Siegfried Rosenthal im Christianental gespielt hatte, an die Wurzeln, die der aus Wernigerode Vertriebene nie vergessen hat, an den Mut, zu diesen Wurzeln zurückzukehren. Es bedürfe schon der Stärke eines Mammutbaumes, den die Stadt jetzt für ihren ehemaligen Bürger hier im Bürgerpark pflanze, das Schwere zu ertragen und trotzdem die Zukunft zu wagen. »In der jüdisch-christlichen Bilderwelt, in der wir alle leben, steht der Baum für das Leben, für Gerechtigkeit und Erkenntnis und: der Gerechte hat Anrecht auf den Baum des Lebens!« Heinrich erinnerte an den 1. Psalm aus dem Liederbuch der Bibel: »Wohl dem Manne, der nicht dem Rat der Frevler folgt, der nicht auf dem Weg der Sünder geht und nicht bei den Spöttern sitzt, der ist wie ein Baum, der an Wasserbächen gepflanzt ist, der zur rechten Zeit seine Frucht bringt und dessen Blätter nie welken.« Seine Rede schließt: »Ein solcher Baum der Gerechtigkeit soll unser Mammutbaum sein – eine Mahnung: Gerechtigkeit und Güte, Wahrheit und Großherzigkeit zu leben, Leben zu schützen und dem Leben Freiräume zu schaffen.«

Der 10. Juni 2010 wurde noch so ein schöner Tag, diesmal allerdings in Lissabon. Vier Wernigeröder hatten sich nach geheimen Absprachen aufgemacht, um in der neuen Heimat Portugal zusammen mit der Familie den 90. Geburtstag von Siegfried Rosenthal zu feiern. Die Gästeschar war bunt wie das Leben und aus halb Europa angereist: Spanier, Belgier, Deutsche – natürlich die portugiesischen Freunde. »Begeistert waren alle von seinen drei wunderbaren Enkelsöhnen«, schreibt Renate Goetz. »Während sein Ältester es verstand, in französischer Sprache seinem Großvater einen Lebensrückblick zu halten, überraschte der mittlere Enkelsohn, seinen Dank in deutscher Sprache zu formulieren und am Gesichtsausdruck des Jubilars war zu erkennen, dass der portugiesisch gehaltene Redebeitrag des jüngsten Enkelsohnes gespickt war mit humorvollen Beiträgen.«

Drei Jahre später sagte Siegfried Rosenthal einen Besuch in Wernigerode ab. Zwar möchte er gern »alle Freunde sehen und sprechen, alle Orte der Erinnerung besuchen«, doch das würde er »nur mit großer Anstrengung schaffen«, da müsse der Verstand über das Herz die Oberhand behalten. Zu seinem 93. Geburtstag gingen Grüße über die Neue Wernigeröder Zeitung in das ferne Lissabon. Zum Jahreswechsel auf 2014 musste Siegfried Rosenthal wegen Herzrhythmusstörungen das Krankenhaus aufsuchen. »Ein Elektroschock hat wirklich großartig gewirkt«, schrieb er kurz danach, »ich fühle mich fit und zu allen Untaten bereit.« Doch dann kam alles anders. Ende Juli stürzte er zu Hause und musste ins Krankenhaus gebracht werden. Er hat sich von dem Sturz nicht erholen können. Am 3. August 2014 ist Siegfried Rosenthal gestorben. Ein bewegtes Leben hat sein Ende gefunden.

In einem Beitrag für die Neue Wernigeröder Zeitung im Jahr 2009 mit dem Titel »Mein verlorenes Land« berichtete er über sein Leben in Portugal: »Hier lebe ich nun seit 70 Jahren in diesem ›Garten Europas, am Meeresrand gepflanzt‹, wie der Dichter Tomas Ribeiro (1831–1901) sein Land beschrieb. Hier wurde ich als Deutscher, als Jude, als Mensch aufgenommen, hier ist Rosy geboren, die Frau, die seit 52 Jahren mit mir ›durch dick und dünn‹ geht und ohne deren Hilfe ich vieles nicht geschafft hätte. Hier stehen die Wiegen unserer Tochter und der drei Enkel. Doch das Land, in dem ich das Licht erblickt habe und das nun für mich kein verlorenes Land mehr ist, den Harz, habe ich nicht vergessen. Seit dem Fall der Mauer haben wir, Rosy und ich, die ›Bunte Stadt‹ bereits viermal besucht. Ich habe dort nur noch wenige alte Freunde gefunden, jedoch einige neue gewonnen.«

Wohnhaus der Familie Russo in Wernigerode, Feldstraße 7 (1890–1938), Foto: Michael Lumme

Der Fabrikant und seine Sängerin – Clara und Benno Russo*

Die einen lieben ihn, die anderen rümpfen die Nase. Es geht um den Harzer Käse, einen fettarmen Sauermilchkäse mit einem hohen Anteil Eiweiß. Die einen essen ihn gern »mit Musik«, also mit Zwiebeln, Essig, Öl, Pfeffer und Kümmel, die anderen legen ihn auf eine Scheibe Schwarzbrot, die mit Schmalz bestrichen ist und genießen ihn mit etwas Senf. Wie der Name sagt, kommt dieser Magerkäse aus dem Harz, hat sich aber heute in viele deutsche Länder ausgebreitet, wegen seiner Form auch als »Harzer Roller« bekannt.

In Wernigerode wurde dieser Käse seit 1883 in einer kleinen Fabrik produziert, die der aus Leipzig kommende 25jährige Moritz Russo in der Feldstraße 7 gründete, unmittelbar am Bahnhof der zehn Jahre zuvor eingerichteten Eisenbahnlinie von Heudeber-Danstedt nach Ilsenburg. Compagnon war zunächst sein um ein Jahr jüngerer Bruder Jaques (1862–1885), der allerdings kurze Zeit später auf tragische Weise beim Biertrinken starb. Etwa 1896 stieg sein 13 Jahre jüngerer Bruder Benno Russo in die Firma ein und führte sie noch bis 1936 weiter, bis er von den Nationalsozialisten erst in den Bankrott getrieben, dann zusammen mit seiner Frau aus Haus und Grundstück vertrieben und schließlich in der Shoah umgebracht wurde.

Die Russos gehörten dem sephardischen Judentum an, wie es sich bis zur Vertreibung von der iberischen Halbinsel 1492 entwickelt hatte. Zuvor lebten dort die Sepharden jahrhundertelang friedlich zusammen mit Christen und Muslimen. Unter ihnen fanden sich viele Gelehrte und Wissenschaftler, Dichter, Philosophen, Ärzte und Unternehmer. Die meisten von ihnen flohen seinerzeit in das Osmanische Reich, das bis zum Balkan reichte, andere über Frankreich nach Deutschland, wo sie auf aschkenasische Juden trafen, die das typische Jiddisch sprachen und meist zu den ärmeren Volksschichten gehörten. Die Familie Russo siedelte ursprünglich im griechischen Saloniki, wanderte dann aber weiter nach Norden über Belgrad und Wien bis Leipzig.

Die Eltern von Moritz und Benno Russo – Mathilde Amar (31.5.1838–4.6.1899) und Isaak Russo (30.5.1835–28.8.1916) – stammten aus traditionellen Familien und hielten sich streng an die Riten und Regeln des Judentums. Mathilde war in Sofia geboren, Isaak in Belgrad. Deren Eltern arrangierten die Hochzeit 1854 in Belgrad über eine Heiratsvermittlerin, als beide erst 16 und 19 Jahre alt waren. Vier Jahre später wanderten

* Dieses Kapitel beruht wesentlich auf der Familienforschung von Wolf Nelki (1911–1992), wie sie dargestellt ist in Julia Nelki: Villa Russo – Eine deutsche Geschichte, Offizin-Verlag Hannover 2019. Der Autor dankt Julia Nelki für viele Gespräche und die Nutzung ihres Werkes.

sie mit ihrem Erstgeborenen Moritz (11.11.1858–5.2.1931) nach Wien aus, wo sie in der türkisch-israelitischen Gemeinde lebten, einen kleinen Laden gründeten und in den nächsten zwanzig Jahren weitere zwölf Kinder aufzogen. In Wien wurde auch Benno am 1.1.1871 geboren. Die Familie siedelte 1880 nach Leipzig über, hier wurde noch Sophie (1882–1917?) geboren. Sechs der zwölf Kinder starben bereits im Kindesalter.

In Leipzig schlossen sich die Russos dem deutsch-israelitischen Gemeindebund an, der sich weniger den religiösen Fragen widmete als vielmehr politischen Themen und vor allem den Herausforderungen des Antisemitismus im letzten Drittel des 19. Jahrhunderts. Als der Gemeindebund aus Sachsen ausgewiesen wurde, verlegte die Familie ihren Sitz in das preußische Berlin. Ob Vater Isaak Russo seinen Söhnen Moritz und Jaques den Tipp gab, in Wernigerode der besonders rationellen Käseherstellung aus Magerquark nachzugehen, ist nicht geklärt, obwohl der von der Provinzialregierung in Magdeburg abgeforderte Bericht über die Juden in der Stadt aus dem Jahr 1883 vermerkt, dass in der Breiten Straße 79 der Käsehändler Isaak Russo und Familie zugezogen sei.[1] Wahrscheinlich hat er aber das Grundkapital für die »Harzer Käsefabrik Russo & Comp.« zur Verfügung gestellt. Isaak Russo war inzwischen fast 50 Jahre alt. Er war »vor allem bestrebt, dass seine Kinder ihre eigenen Wege finden. Er bot ihnen durch eine finanzielle Grundausstattung die Chance, ihr eigenes Glück zu versuchen«.[2]

Die Käsefabrik prosperierte und eroberte den Markt, so dass Moritz Russo Werbeanzeigen schalten konnte, in denen er auf die »vollendeten mechanischen Einrichtungen, Reinheit und reelle Zusammenstellung der Rohprodukte« ebenso hinwies wie auf die »fürstlichen und herrschaftlichen Haushaltungen, Offiziers-Casinos, Seminare, Institute und Consumvereine«, die in Deutschland, Ungarn, Schweiz, Belgien, Holland, Luxemburg und Dänemark zu seinen Kunden zählten.[3] Die Produktionsstätte in Wernigerode gewann nahezu eine Monopolstellung für den Harzer Käse, wurde im Kaiserreich Armeelieferant und in der Weimarer Republik bis 1923 auch Lieferant für die neu gegründete Reichswehr.

Moritz Russo hatte es als Zugezogener nicht leicht, sich in die Wernigeröder Gesellschaft einzuführen und für ihn wichtige Kontakte herzustellen. Aber mit zunehmendem wirtschaftlichem Erfolg gelang ihm das mehr und mehr. Die geschäftliche Beziehung zum Unternehmer Gottlieb Jordan, der eine kleine Papierfabrik für Löschpapier und Kartonagen betrieb, brachte es mit sich, dass er sich in dessen Tochter Marie verliebte, die 12 Jahre jünger war als er. Als sie 18 Jahre alt war, bat er den Vater um ihr Hand und durfte schließlich sechs Jahre später 1894 endlich heirateten. Zum Zeichen seiner Bindung ließ er für sie auf seinem Grundstück in der Feldstraße eine Villa bauen.[4] Hier wurden die gemeinsamen Kinder Elisabeth (1896–1970), Charlotte-Sophie (1897–1932), Margareta [»Grete«] (1899–1966) und Wilhelm (1900–nach 1953) geboren.

1 Stadtarchiv Wernigerode: Verhältnisse der Juden, WR II 8394 (1883).
2 Julia Nelki: Villa Russo, S. 73.
3 Ebenda, Seite 76.
4 Eine kurz gefasste Geschichte der Villa findet sich im Nachtrag.

Die Heirat hatte allerdings eine Bedingung. Die Familie Jordan lebte seit Generationen in der Gegend und war tief im protestantischen Glauben verwurzelt. Sie gehörte zur Johannisgemeinde in Wernigerode. Die Eltern von Marie konnten sich überhaupt nicht vorstellen, dass ihre Tochter in der Johanniskirche mit einem Juden vermählt werden könnte. Da Jordans Papierfabrik nicht so gut ging und später verkauft werden musste, war Moritz mit seiner Käsefabrik jedoch eine willkommene Partie für Tochter Marie. Einzige Bedingung für das glückliche Paar war aber: Moritz musste zum Christentum konvertieren. Offensichtlich fiel dies dem liberalen Juden nicht so schwer. Er hatte sich längst aus der jüdischen Gemeinde gelöst, zumal es in Wernigerode gar keine Gemeinde gab und der Weg zur Gemeinde in Derenburg oder gar Halberstadt für ihn offensichtlich zu weit war. Längst hatte sich Moritz Russo assimiliert, feierte die christlichen Feiertage und löste sich von den jüdischen Traditionen. So ließ er sich Ende November 1894 in der Johanniskirche Wernigerodes taufen. Eine Woche später fand die Hochzeit statt.

Da Moritz' Bruder Jaques gestorben war und die expandierende Käsefabrik viel Arbeit machte, holte er seinen jüngeren Bruder Benno Russo mit ins Haus und ins Geschäft. Ab 1897 wurde er als Mitinhaber geführt. Benno – inzwischen 26 Jahre alt und unverheiratet – hatte bis dahin bei seinen Eltern in Berlin-Charlottenburg, Kantstraße 14 gelebt. Weil er noch nicht auf einen bestimmten Geschäftsbereich orientiert war, folgte er gern seinem Bruder nach Wernigerode in die Villa. Geräumig genug war sie ja. Auch Elisabeth Breustedt zog als Haushälterin ein, die sich um die Wirtschaft und die heranwachsenden Kinder kümmerte.

»Moritz Russo und seine Familie ebenso wie sein Bruder Benno waren vollständig integriert, fühlten sich ganz als Deutsche wie die übrigen Bürger. Das Leben war gut, so schien es.«[5]

1912 übernahm Benno Russo als Mitinhaber der »Harzer Käsefabrik Russo & Co.« die Geschäftsführung. Die Hintergründe sind nicht ganz zu klären. Auch ist nicht bekannt, weswegen die beiden Brüder nicht zum Waffendienst in der kaiserlichen Armee während des Ersten Weltkrieges eingezogen wurden. Die Niederlage Deutschlands 1918 und den Beginn der Weimarer Republik haben sie wohl nicht so deprimierend wie viele Deutsche erlebt. Vielmehr knüpften sich manche Hoffnungen an die gesellschaftlichen Veränderungen, da eine vollständige Anerkennung von Juden als gleichberechtigte Bürger und ein Ende der Jahrhunderte andauernden Diskriminierung zu erwarten war – so schien es.

Benno Russo holte 1918 seine Verlobte Clara Jaffé aus Berlin nach Wernigerode. Ein Jahr später heirateten sie in Berlin-Schöneberg. Wie und wo sie sich kennengelernt haben, ist nicht bekannt. Als sie heirateten war Benno 48 Jahre und Clara 43 Jahre alt.

Clara Jaffé wurde am 14. Juni 1878 in Eberswalde bei Berlin geboren. Ihr Vater Moritz Jaffé war 1875 aus Stettin zugezogen, hatte einen kleinen Handelsbetrieb gegründet

---

5 Julia Nelki: Villa Russo, S. 85.

und Caroline (Cäcilie) geborene Levinsohn geheiratet. In Eberswalde wurde noch drei Brüder geboren: James (1878–nach 1939), Max (1879–1940) und Hugo (1880–1937). Noch vor 1890 muss die Familie nach Berlin gezogen sein, da sie seitdem nicht mehr im Adressbuch von Eberswalde geführt wird. In Berlin hat Clara eine musikalische Ausbildung als Sängerin erfahren und brachte es zu einer gewissen Anerkennung auf vielen Opern- und Theaterbühnen.[6] Sie trat in Posen und Metz, zwei Jahre in Aachen, nach einer kurzen Zeit in Augsburg schließlich fünf Jahre in Breslau auf und war nach einem Arrangement in London[7] ab 1914 an verschiedenen Bühnen in Berlin tätig. Möglich ist es, dass sich Benno und Clara in dieser Zeit in Berlin kennengelernt haben, wenn er von Wernigerode aus seine Eltern besuchte.

Wie sich das Zusammenleben von Moritz und Marie Russo mit ihren inzwischen vier erwachsenen Kindern sowie Benno und Clara Russo in der Villa in Wernigerode ab 1918 gestaltet hat, ist unbekannt. Vermutlich ist nicht alles harmonisch zugegangen. Denn kurz nach dem Einzug von Clara in die Villa verließ Moritz Wernigerode und ging nach Berlin. »Ob wirtschaftliche oder private Gründe der Anlass für diese Entscheidung waren, ist unklar.« Die Geschäftsführung hatte ja inzwischen Benno Russo übernommen. Er schrieb später an seine ältere Schwester Ernestine (geboren 1867) »über offenbar auffällige Verhaltensweisen seines Bruders, die er ›Lamentos‹ nennt, die ihm ›aus früheren Jahren zur Genüge bekannt‹ seien. Gut möglich, dass sie zu innerfamiliären Verstimmungen beigetragen haben könnten.«[8] Aber auch Moritz' Frau Marie zog aus der Villa aus und wohnte wieder bei ihren Eltern. Allerdings verließ sie 1925 zusammen mit den erwachsenen Kindern Wernigerode und lebte wieder mit ihrem Mann zusammen in einer neuen Wohnung in Berlin. Tochter Elisabeth begann hier ein Medizinstudium. Moritz Russo starb 1931 und entging dadurch Flucht, Vertreibung und Mord im nationalsozialistischen Deutschland.

Über die Ereignisse während der Weimarer Republik ist so gut wie nichts bekannt. Jedenfalls wohnten Clara und Benno Russo jetzt allein in der Villa. Die Haushälterin lebte mit im Haus und arbeitete auch in der Käsefabrik. Das Geschäft ging gut, zumal nach dem verlorenen Krieg anfangs auch die neu gebildete Reichswehr, später sogar die Wehrmacht mit Käse zu beliefern war. Denkbar ist, dass Clara bei gesellschaftlichen Abenden in der Villa ihre Gesangskünste zum Besten gab. Jedenfalls waren die Russos in der Stadt gut vernetzt.

Doch in der Stadt häuften sich die politischen Auseinandersetzungen. Ende des 19. Jahrhunderts gab es gute deutsch-nationale Beziehungen des Fürstenhauses auf

---

6 Unter der Nr. 4960 wird Clara Jaffé als Mitglied ohne Pensionsberechtigung bei der Genossenschaft Deutscher Bühnen-Angehöriger (GDBA) und in den Deutschen Bühnenhandbüchern ab 1900 geführt.

7 Julia Nelki erzählt in ihrem Buch Seite 86, dass Clara Jaffé in London in der Oper La Juive / Die Jüdin von Jacques Fromental Halévy mitwirkte, in der es um Liebe und Tod eines christlich-jüdischen Paares zur Zeit des Konzils von Konstanz 1414 geht.

8 Zitiert aus Julia Nelki: Villa Russo, S. 89.

dem Schloss bis zum Kaiser in Berlin. Das war nach dem Krieg auch der Nährboden für die nationalsozialistische Ideologie im bürgerlichen Kleinstädtchen, in dem die Sozialdemokraten eigentlich das Sagen hatten. Doch bereits bei den Reichstagswahlen 1932 erreichte die NSDAP mehr Stimmen in Wernigerode als die SPD. Zuvor war ihr Parteichef Hitler zu Gast in der Stadt. Bei der Kommunalwahl 1933 gewann die NSDAP die absolute Mehrheit im Stadtparlament. Das spielte aber nach der Machtergreifung vom 30. Januar keine Rolle mehr. Denn bald wurden die Parteien abgeschafft, das »Führerprinzip« eingeführt und der nationalsozialistische Terror entfaltete sich.

»Bis Anfang der 1930er Jahre glaubten sich Clara und Benno noch als vollwertiger Teil der Wernigeröder Bürger, feierten mit Maries Familie Weihnachten und erhielten aus Berlin regelmäßig verwandtschaftlichen Besuch. Nun aber wurde die Lage zunehmend unsicher und sie fühlten sich zunächst auf subtile Weise isoliert. Sie wurden seltener zu anderen Familien eingeladen, und umgekehrt erfand man Ausreden, um nicht zu ihren häuslichen Geselligkeiten erscheinen zu müssen. Sie glaubten, dass dies nur ein vorübergehender Zustand sei, der unmöglich andauern könne.«[9]

Vom Boykott »Kauft nicht bei Juden!« am 1. April 1933 blieb Benno Russo noch verschont, da er kein Ladengeschäft führte. Ein Jahr später war die Käsefabrik von der »Arisierung« jüdischer Geschäfte und Betriebe betroffen. Sie wurden vom Rohstoffbezug, nämlich dem entrahmten Magerquark, abgeschnitten und der Absatz des Harzer Käse aus dem jüdischen Betrieb ging zurück, zumal auch die Wehrmacht den Bezug einstellte. Dieser Wirtschaftsboykott brachte Benno Russo bald in finanzielle Schieflage, da auch die Reserven dahinschmolzen.

Unter dem Vorwand einer ausstehenden Feuerversicherung wurde am 18. September 1935 das erste Mal eine Zwangsversteigerung der Käsefabrik beantragt. Sie scheiterte, weil die vorgeschriebene Mindestsumme des Einheitswertes nicht erreicht wurde. Erst im zweiten Versuch war Benno Russo gezwungen, seinen Betrieb an den Schweizer Staatsbürger Humbert Raymann zu verkaufen, der in Eilenstedt (Gemeinde Huy) nördlich von Halberstadt eine große Molkerei betrieb, die Russos Fabrik mit den Rohprodukten für die Käseherstellung belieferte. Raymann hatte zuvor seine Molkerei verkaufen müssen, weil er durch den Verband der Milchwirtschaft von der Belieferung mit Milch ausgeschlossen worden war. Er hatte sich geweigert, in seiner Molkerei Nazi-Propaganda zu dulden, wurde daraufhin terrorisiert und musste seinen Betrieb schließen. Jetzt erwarb er Russos Käsefabrik samt Grundstück, ließ aber Clara und Benno Russo weiter in der Villa wohnen. Benno Russo eröffnete am 1. Oktober 1936 in der Grünen Straße 9 einen »Käseversand« (Großhandel).[10]

Das ging noch etwa zwei Jahre lang einigermaßen gut, bis die Nazis Raymann wie zuvor Russo durch Kürzung der Milch- und Quarklieferungen in den Bankrott trieben. Benno Russo musste seinen Laden auch schließen. Dem Novemberpogrom

---

9 Julia Nelki: Villa Russo, S. 93.

10 Nach Angaben des Stadtarchives Wernigerode (Gewerbeanmeldungen). Die Anmeldung erfolgte aber erst am 7. Mai 1937. Über eine Abmeldung oder Einstellung des Betriebes ist nichts bekannt.

1938 entgingen Benno und Clara Russo noch, aber ihre Villa mussten sie verlassen und sich in der Lindenbergstraße 30 eine kleine möblierte Unterkunft mieten.

Raymann verkaufte am 17. Juni 1939 die Käsefabrik, Villa und Grundstück an den NSDAP-Funktionär und SS-Mitglied Paul Rockstedt und zog zu seinem Bruder in die Nähe von Braunschweig. Der Kaufvertrag war so gestaltet, dass die kreditierte Kaufsumme in Raten bis über zehn Jahre gestreckt war, so dass kaum Geld geflossen ist und die Zahlungen nach 1945 ganz ausfielen.

1948 ließ Raymann in das Grundbuch eintragen, dass es sich beim Eigentumsübergang der Villa an Rockstedt »um ehemals jüdisches Eigentum handelt, dessen Übertragung unter Anwendung von Gewalt und Zwang zustande gekommen ist«.[11]

Clara und Benno Russo hatten – anders als der Großteil der Geschwister – den Zeitpunkt verpasst, Deutschland rechtzeitig zu verlassen. Benno konnte sich nicht vorstellen, wie er für sich und seine Frau mit über 60 Jahren noch irgendwo im Ausland eine neue Existenz aufbauen könnte. Die freundschaftlichen Beziehungen in der Stadt waren zerbrochen. Nur wenige Leute grüßten die Russos noch. Auch der Kontakt zur Familie Jordan war nach dem Tod von Bruder Moritz abgebrochen. Benno und Clara Russo gerieten in eine nie erwartete oder auch nur vorstellbare Isolation. Nur ihre frühere Haushälterin Elisabeth Breustedt, die sie 1933 entlassen mussten, weil es Juden verboten war, »Arier« zu beschäftigen, hielt zu ihnen. Sie besuchte beide in der Lindenbergstraße, versuchte ihnen Mut zu machen, brachte auch gelegentlich etwas zu Essen mit oder kam nur vorbei, um sich mit beiden zu unterhalten. Die Villa wandelte sich vom Haus einer jüdischen Familie in ein Nazigebäude, an dem die Hakenkreuzfahne aufgezogen wurde und in dem sich ein Lebensmittelgroßhandel etablierte.

Zu der großen Familie von Isaak und Mathilde Russo gehörten neben Benno Russo noch zwölf Geschwister[12], unter ihnen Ernestine Russo (1867–1950) und deren Ehemann Hermann Nelki (1863–1941). Beide hatten gemeinsam zehn Kinder, deren Geschichte hier nur in Auszügen erzählt werden kann. Bennos Schwager Hermann Nelki wurde anlässlich seines 70. Geburtstages unmittelbar vor der Machtergreifung Hitlers am 30. Januar 1933 wegen seiner besonderen Leistungen als angesehener Zahnarzt auch öffentlich gefeiert. Als am 7. April 1933 das »Gesetz zur Wiederherstellung des Berufsbeamtentums« in Kraft trat und jüdische Ärzte in öffentlichen Einrichtungen entlassen wurden, änderte sich die Situation für die ganze Familie. Hermann Nelki verließ zusammen mit seiner Frau Ernestine und ihrem gesundheitlich angeschlagenen Sohn Heinrich, ebenfalls Zahnarzt, unmittelbar darauf Deutschland in Richtung Belgien, wo sie in Brüssel bei einer entfernten Verwandten unterkamen und Heinrich Nelki noch gelegentlich als Zahnarzt arbeiten konnte. Er entging damit dem Entzug seiner Zulassung als Arzt im Deutschen Reich.

---

11 Zitiert bei Julia Nelki: Villa Russo, S. 96.

12 Ausführlich nachzulesen bei Julia Nelki: Villa Russo.

Benno Russos Neffen Fritz und Otto Nelki waren in Berlin Mediziner geworden, der eine Zahnarzt wie ihr Vater, der andere HNO-Arzt. Fritz verkaufte seine Praxis und wanderte 1934 nach London aus, wo er bald eine gut gehende Praxis aufbaute. Otto war schon 1933 zu den Eltern nach Brüssel geflohen, studierte noch zwei Jahre Medizin in Dublin und ließ sich dann als Allgemeinmediziner ebenfalls in London nieder. Beide Brüder konnten dadurch ihre Eltern in Brüssel unterstützen, bis beide mit Heinrich 1936 auch nach London emigrierten.

Wolf Nelki (1911–1992), der Jüngste in der Familie[13], stand 1933 kurz vor seinem juristischen Examen an der Berliner Humboldt-Universität, verließ aber Berlin nach dem Judenboykott vom 1. April 1933 und nächtlichen Beratungen mit Lehrern und Freunden über Brüssel nach Paris, wo er sich an der Sorbonne erneut für Jura einschrieb. Das Studium brach er nach knapp drei Jahren ab, da es für ihn als Ausländer verboten war, in Frankreich als Anwalt tätig zu werden. Er ließ sich zum Zahntechniker ausbilden und wurde 1937 in Brüssel zum Studium der Zahnmedizin zugelassen. So oft er konnte pendelte er zu seiner Familie in London. Als der Zweite Weltkrieg begann und Wolf gerade bei seinen Eltern war, kehrte er nicht wieder nach Belgien zurück.

In London traf er Erna Liesegang (1914–2002), die er flüchtig aus Berlin her kannte. Sie stammte aus einer Arbeiterfamilie und hatte an einer Neuköllner Reformschule (damals Karl-Marx-Schule, heute Fritz-Karsen-Schule) – vergleichbar einer Gesamtschule – kurz vor deren Schließung 1933 das Abitur bestanden. Um eine Kindergärtnerin-Ausbildung zu beginnen, ließ sie sich konfirmieren. Sie trat dem Sozialistischen Schülerbund bei, wurde von der Gestapo verhört und musste ihre Ausbildung abbrechen, denn sie war als »Volkserzieherin« nicht tragbar. Im Mai 1937 verließ sie Deutschland in Richtung England, wo sich Erna und Wolf wieder begegneten, weil er in Berlin beim Sozialistischen Schülerbund eine wichtige Rolle gespielt hatte.

Als der Krieg ausbrach, wurde sie als Deutsche in England unter unwürdigen Bedingungen interniert und erst nach einem Prozess rehabilitiert und als politischer Flüchtling anerkannt. Wolf Nelki und Erna Liesegang heirateten 1940. Unmittelbar danach wurden beide als »feindliche Ausländer« in getrennte Lager auf die Isle of Man gebracht. Erst nach einer sorgfältigen Überprüfung wurde Wolf entlassen, während Erna erst ein Jahr später freikam. Ihre »Opposition gegen das Nazi-Regime« wurde anerkannt. Ab Mai 1941 konnten beide erstmals eine kleine Kellerwohnung in London beziehen. Sie arbeitete bei einer Frauenrechtlerin als Sekretärin. Nach dem Krieg absolvierte sie noch die englische Lehrerausbildung und konnte damit ihrem Mann ein Zusatzstudium finanzieren, um in England als Zahnarzt anerkannt zu werden. Gemeinsam hatten sie die Kinder Michael (geb. 1944) und Julia (geb. 1953).

Julia Nelki schreibt: »Meine Eltern waren erleichtert und stets dankbar, den Krieg in Großbritannien überlebt zu haben. Aber es gab immer eine Spur von Überlebens-

---

13 Julia Nelki: Villa Russo, S. 123ff.

14 Ebenda, S. 160.

schuld. Sie begannen, mit Hilfe des Roten Kreuzes nach Freunden und Verwandten zu suchen…«[14] 1945 unternahm Wolf Nelki mit dem Journalisten und sozialistischen Politiker Fenner Brockway, einem Freund der Familie Nelki, eine 14-tägige Reise nach Deutschland. Seine Erfahrungen und Erlebnisse erschütterten ihn: zerstörte Städte, die Konzentrationslager, verstörte Menschen ohne Zukunftshoffnung. Nelkis überlegten noch, ob sie nach 1945 wieder in Deutschland leben wollten. Sie blieben in England, wo ein Großteil ihrer Familie lebte, und erwarben die englische Staatsbürgerschaft, behielten aber die deutsche lebenslang bei.

Während Wolf Nelkis Familie, seine Eltern Ernestine und Hermann Nelki Deutschland rechtzeitig verlassen hatten und darum überlebten, erging es seinem Onkel Benno Russo und dessen Frau Clara ganz anders. Aus welchen Gründen auch immer, beide hatten die Hilfe der Familie ausgeschlagen, blieben in Wernigerode und »waren der antisemitischen Vernichtungsmaschine der Nazis ausgesetzt«.[15] Nach dem Umzug in die Lindenbergstraße hatten sie nicht nur ihr Zuhause und ihre Arbeit, sondern auch ihre freundschaftlichen und sozialen Kontakte verloren. In ihren Ausweisen waren das rote »J« gestempelt und die verordneten Zwangsnamen Israel und Sara eingetragen. Deutschland zu verlassen war jetzt nicht mehr möglich, schon gar nicht, als Hitler 1939 den Zweiten Weltkrieg begann. Benno – jetzt 67 Jahre alt – und Clara – 62 Jahre alt – waren isoliert, ausgegrenzt, den diskriminierenden Maßnahmen der Nazis ausgesetzt, durften nur in ausgewählten Geschäften einkaufen. Der Besuch von öffentlichen Veranstaltungen oder Kino war ihnen untersagt, ständig drohte die Umsiedlung in »Judenhäuser«, wie sie in Halberstadt eingerichtet wurden. Ab 1941 waren beide Russos gezwungen, den »Gelben Stern« zu tragen. Ob sie je einen Kontakt mit dem aus dem Lyzeum vertriebenen Rektor Dr. Paul Regensburger aufnahmen, der gegenüber in der Lindenbergstraße 19 wohnte, ist nicht bekannt, auch nicht, ob sie Justizrat Emil Kaufmann aus der nahen Hornstraße 31 kannten, der ebenfalls den »Gelben Stern« tragen musste. Als assimilierte, areligiöse Juden wagten sie auch nicht, wenigstens mal bei den Bekennenden Christen vorbeizuschauen, die sich zwei Häuser weiter im Gemeindehaus der Kreuzkirche versammelten. Elisabeth Breustedt, die Haushälterin, die noch zu Benno und Clara Russo hielt, erzählte, »dass sie mit gesenktem Kopf durch die Straßen gegangen seien, nie nach rechts oder links sahen und nie auf einen Gruß antworteten«.[16]

Nach der Wannseekonferenz am 20. Januar 1942, auf der unter Vorsitz von Reinhard Heydrich (Leiter des SS-Reichssicherheitshauptamtes) und Protokollführer Adolf Eichmann die »Endlösung« der »Judenfrage« beschlossen wurde, begannen die systematischen Deportationen und Morde in den Vernichtungslagern. Clara

15 Julia Nelki: Villa Russo, S. 159.
16 Ebenda.
17 Ehemaliges jüdisches Altersheim; heute Straße der Opfer des Faschismus.
18 Ehemalige jüdische Schule.

und Benno Russo mussten im Frühjahr 1942 nach Halberstadt in die »Judenhäuser« Wilhelmstraße 15[17] und Westendorf 15[18] umziehen. Ob sie sich vor ihrem Transport in das KZ Theresienstadt noch einmal gesehen haben, obwohl beide Häuser nur rund 200 m auseinander liegen, ist nicht bekannt. Die faschistische Vernichtungsmaschinerie lief gerade in diesen Kriegsjahren auf vollen Touren. Fast alle Juden, die in Halberstadt zusammengetrieben wurden, standen auf der ersten Transportliste vom 12. April 1942. Auf der Deportationsliste Nr. XX/2 aus Halberstadt über Magdeburg in das KZ Theresienstadt am 23. November 1942 finden sich unter den Nummern 147 und 148 Benno und Clara Russo. Unter Nummer 149 ist Delfine Spiro aus der Familie Rosenthal in Wernigerode vermerkt.

Im September 1942 befanden sich in Theresienstadt, das die Nazis beschönigend »Altersghetto« nannten, 50 000 Menschen – jedem Häftling blieben etwa zwei Quadratmeter Raum. Die Deportierten mussten sich in das Lager »einkaufen«. Korrekt: Ihr Vermögen wurde »zu Gunsten des Deutschen Reiches« eingezogen. Obwohl das Konzentrationslager kein Vernichtungslager war, starben die meisten bereits kurz nach ihrem Eintreffen an Unterernährung oder Krankheiten. Das geht aus den Vermerken auf den Deportationslisten hervor.

Es ist möglich, dass Benno Russo in Theresienstadt seine ältere Schwester Bertha (1865–1943) getroffen hat. Sie wurde schon vor ihm am 24. Februar 1942 mit dem 66. »Altentransport« I/69 zusammen mit 100 Menschen von Berlin nach Theresienstadt deportiert. Auf der Todesfallanzeige ist der 22. Januar 1943 als ihr Sterbetag angegeben.

Benno Russo starb in Theresienstadt vier Monate nach seinem Eintreffen am 18. April 1943 wahrscheinlich an Typhus. Am 18. Dezember 1943 wurde Clara Russo zusammen mit 2504 Menschen unter der Nummer 395 mit dem Transport DS von Theresienstadt in das Vernichtungslager Auschwitz gebracht und wahrscheinlich sofort nach Ankunft ermordet.

Und was ist aus der Familie Moritz und Marie Russo geworden? Moritz war 1931 in Berlin gestorben und so dem Terror der Nazizeit entkommen. Seine Frau Marie zog zu ihren Eltern nach Wernigerode zurück. Nach den Rassegesetzen war sie eine »Arierin« und blieb darum unbehelligt. Aber die gemeinsamen Kinder wurden als »Halbjuden« eingeordnet, da ihr Vater ein getaufter »Deutsch sprechender« Jude war. Elisabeth – 1896 geboren – wurde Ärztin in Berlin, durfte aber nach 1933 nicht mehr praktizieren; erst nach dem Krieg arbeitete sie wieder in einem Berliner Krankenhaus. Sie starb 1970. Ihre Schwester Charlotte starb bereits 1932 mit nur 35 Jahren. Grete Sweede geborene Russo (1899–1966) heiratete einen Kohlenhändler und überlebte in Berlin. Eine nicht eindeutig geklärte Geschichte ist ihr Eintritt 1932 in die NSDAP und ein Jahr später wieder ihr Austritt. Möglicherweise hängt das damit zusammen, dass ihre nicht »reinrassige arische Abstammung« bekannt wurde. Der jüngste von den vier Kindern, Wilhelm (1900–?) hatte Theaterwissenschaften studiert und war promoviert, arbeitete als Regieassistent am Stadttheater Gera. Er wurde wegen kommunistischer Umtriebe inhaftiert, war im KZ Buchenwald, wurde von dort nach Prag entlassen und emigrierte nach der Besetzung des Sudetenlandes 1938 über Polen nach England, wo er nur als Ungelernter Arbeit fand. Wie andere Deutsche wurde auch er nach Kriegsausbruch auf Isle of Man interniert und 1940 mit über 2500 Männern – emigrierte Juden, geflüchtete deutsche Politiker, Künstler und andere, auch Kriegsgefangene – als »feindlicher Ausländer« per Schiff wie einst im 18. Jahrhunderte die Strafgefangenen von Liverpool nach Australien gebracht. Nach dem Krieg kam Wilhelm Russo nach Ost-Berlin zurück und arbeitete als Bibliothekar. Seine Spur verliert sich nach dem 17. Juni 1953 als er nach West-Berlin geflohen ist.

Benno Russos Neffe Wolf Nelki verfolgte nach Ende des Zweiten Weltkrieges die Entwicklung in Deutschland, besonders auch die sogenannte Entnazifizierung in Ost und West. Seine Tochter Julia Nelki hält fest: »Die Verdrängung der Schuldfrage angesichts dessen, was die Deutschen in der Welt angerichtet hatten, gelang massenpsychologisch vordergründig über ein fast besessenes Wegarbeiten der zerstörten Städte und des Wiederaufbaus der Industrie.« Man sei »in die Verleugnung der Vergangenheit getreten«.[19] In der (alten) Bundesrepublik habe man sich durch »Entschädigungsleistungen« (Wiedergutmachung genannt) mehr oder weniger der Bearbeitung begangener Verbrechen zu entledigen versucht. Aber bedenkenlos kamen ehemalige nationalsozialistische Funktionsträger wie Hans Globke, Kommentator der Nürnberger Rassegesetze und ab 1953 Chef des Bundeskanzleramtes, oder Georg Kiesinger, Mitarbeiter des NS-Außenministeriums und 1958–66 Ministerpräsident von Baden-Württemberg, in hohe Staatsämter. Die DDR auf der anderen Seite hatte sich im Warschauer Pakt von 1955 mit der Sowjetunion verbündet, hielt sich für einen »Sieger der Geschichte« und propagierte einen Antifaschismus stalinistischer Art. Und darin kamen Juden nicht vor oder nur so weit, wie sie sich als Kommunisten darstellten. Die offizielle Staatspolitik der DDR unter Führung der SED (Sozialistische Einheitspartei Deutschlands) lehnte jede Art von Reparationsleistungen an Juden ab und ging auf Distanz zum 1948 gegründeten Staat Israel, der als ein »Aggressorstaat« und »Vorposten des amerikanischen Imperialismus« gebrandmarkt wurde.

Wolf Nelki hatte sich der Familienforschung verschrieben und 1979 deswegen Kontakt mit dem Pfarramt der Johannisgemeinde in Wernigerode aufgenommen, um Tauf- und Heiratsdokumente zu seinem Onkel Moritz Russo zu erhalten. Dabei wurde er wegen weiterer Kenntnisse an den Heimatforscher Georg von Gynz-Rekowski verwiesen. Um der Geschichte der Villa Russo und der Käsefabrik in der Feldstraße 7 nachzugehen, besuchte er 1982 Wernigerode, hat aber nur wenige Auskünfte erhalten. 1991 nahm er den Kontakt mit der Familie Gynz-Rekowski wieder auf und erkundigte sich nach dem Erleben der deutschen Wiedervereinigung und was aus der Villa Russo geworden sei. Er erfuhr, dass die Villa nach wie vor als Berufsschule für lernbehinderte Jugendliche diene und dass es ratsam wäre, von einer Rückübertragung an Erben von Russo abzulassen, da die juristischen und behördlichen Klärungen vor Ort viel zu

19 Julia Nelki: Villa Russo, S. 177.

kompliziert seien und es in dieser Hinsicht schon erhebliche Konflikte mit dem Fürstenhaus Stolberg-Wernigerode gebe.

Zur gleichen Zeit hatte aber Stadträtin Renate Goetz ihre Suche nach Juden in Wernigerode aufgenommen und Wolf Nelki um Auskünfte zur Familie Russo gebeten. Sie schrieb: »Die Enteignung und Vertreibung der Wernigeröder Juden wurde totgeschwiegen. [...] Leider gibt es auch jetzt wieder Stimmen, die jenes Kapitel Wernigeröder Geschichte am liebsten mit dem Mantel des Schweigens zudecken würden.«[20] Sie spielte damit auf eine öffentliche Äußerung von Gynz-Rekowski an, der meinte, ein Judenpogrom habe 1938 in Wernigerode nicht stattgefunden, »da es keine jüdischen Einwohner mehr gab«.

Renate Goetz hatte 1991 sowohl der Stadt als auch dem Landkreis ein Dossier mit Namen und Adressen jüdischer Mitbürger in Wernigerode vorgelegt und um Beachtung bei Rückgabe oder Entschädigung von ehemals jüdischem Eigentum gebeten. Die Eingabe wurde nicht berücksichtigt, was zu einem öffentlichen Skandal führte, der den Kreistag und den Landtag wegen einer »zweiten Enteignung« jüdischen Eigentums beschäftigte.

Im selben Jahr kam Wolf Nelki wieder nach Wernigerode und besuchte die Villa Russo und die Berufsschule, traf sich zu einem freundlichen Gespräch mit dem Lehrerkollegium und stellte seine Vorstellungen für die weitere Nutzung von Grundstück und Villa vor: Die Nachkommen von Benno Russo wollten ihr ehemaliges Eigentum nicht zurückerhalten, es solle vielmehr an den Landkreis übertragen werden mit der Maßgabe, »den Bestand der kulturgeschichtlich bedeutsamen Villa der jüdischen Familie Russo zu garantieren und in geeigneter Weise durch eine Gedenkplatte auf das Schicksal der Familie Russo und der während der nationalsozialistischen Gewaltherrschaft ermordeten Juden aufmerksam zu machen, die Gebäude als berufsbildende Schule für Behinderte zu nutzen, zwei Stipendien in der üblichen Höhe öffentlicher Stiftungen auszuloben an rassisch oder politisch Verfolgte«. Diese Absicht trug Wolf Nelki auch im Landratsamt vor. Das alles wurde zwar wohlwollend zur Kenntnis genommen, aber nicht weiterbearbeitet, sondern ging im amtlichen Wirrwarr zwischen Leugnen, Bedauern und Verschieben unter. Schließlich übernahm die Treuhandanstalt das »Volkseigentum« Feldstraße 7, einigte sich mit der Jewish Claims Conference und das Eigentum fiel an die Erben nach Russo zurück. Da die Absicht der Familie in Wernigerode nicht mehr zu realisieren war und weder eine Berufsschule noch ein sozio-kulturelles Zentrum möglich wurden, ist die Villa samt Grundstück 2008 versteigert worden.

Wolf Nelki starb im Januar 1992 und hat dies alles nicht mehr miterlebt. Juristischer Vertreter der Nachkommen wurde Prof. Dr. Michael Buckmiller aus Hannover, der mit einer Reihe von Unterstützern aus Wernigerode die »offene Vermögensfrage« verfolgte. Nur ein Wunsch von Wolf Nelki konnte inzwischen realisiert werden: Am

20 Zitiert nach Julia Nelki: Villa Russo, S. 191.

4. April 1995 wurde in der Villa eine Holztafel zum Gedenken an Clara und Benno Russo angebracht und enthüllt. Sie trägt die Aufschrift:

> Hier lebten
> Clara und Benno Russo
> verfolgt * verschleppt * ermordet
> von den Nationalsozialisten
> weil sie Juden waren
>
> Benno Russo
> gestorben im Ghetto Theresienstadt
> am 18.4.1943
>
> Clara Russo
> vergast im KZ Auschwitz-Birkenau
> im Dezember 1943

Geschnitzt hat sie der Lehrer und Bildhauer Karl-Heinz Ziomek, der auch die Gedenktafel im Festsaal des Rathauses geschaffen hat. Zur Feierstunde waren aus England die Witwe Erna Nelki, deren Sohn Michael Nelki, Tochter Julia Nelki und zwei Enkel angereist.

Bereits 1997 trafen sich Wernigeröder in der Absicht, einen Verein zu gründen, um die jüdische Villa Russo zu schützen und zu erhalten, damit daraus wenigstens ein lebendiger Gedenkort werde. Aber es fehlte Geld, Zeit und Kraft, die Ideen umzusetzen.

Dann aber kam die Versteigerung 2008 wie ein Wunder. Als Barbara und Thomas Toppel, zwei Musiker des Philharmonischen Kammerorchesters Wernigerode davon erfuhren, entschlossen sich beide von einem Tag auf den anderen, die Villa Russo und das Grundstück zu erwerben. Sie verkauften ihr eigenes Haus und nahmen einen hohen Kredit auf, weil sie Gott und Freunden vertrauten und weil sie sagten: Jüdisches Eigentum darf nicht unter den Hammer kommen. Sie beabsichtigten, Schritt für Schritt aus den Nebengebäuden und dem Gelände zusammen mit der Villa Russo aus der Zeit des Jugendstils, die auch noch unter Denkmalschutz steht, ein musisch-kulturelles Zentrum entstehen zu lassen. Mit viel Eigeninitiative ist das eine oder andere bereits renoviert. Inzwischen wurde ein Gästehaus eingerichtet. Der Internationale Bund e. V. (Freier Träger der Jugend-, Sozial- und Bildungsarbeit) hat hier einen Standort. In der Villa finden Meisterkurse für Gesang oder auch für Musikinstrumente, kleine Konzerte, Lesungen und Gedenkstunden statt. Dabei wird Barbara Toppel vom Verein »Clara und Benno Russo Haus. Internationale musische Begegnungsstätte wider das Vergessen e. V.« unterstützt, der sich 2019 neu ausgerichtet und zum Ziel gesetzt hat, »die für öffentliche Veranstaltungen zur Verfügung stehende Villa Russo durch kulturelle, soziale und politische Bildung von Kindern, Jugendlichen und Erwachsenen zur Stärkung demokratischer Haltung mit neuem Leben zu erfüllen«.

Kurze Geschichte der »Villa Russo« in Wernigerode[21]

1883 kam der 25jährige Moritz Russo (1858–1931) zusammen mit seinem jüngeren Bruder Jacques Russo, der kurze Zeit später starb, nach Wernigerode und gründete die »Harzer Käsefabrik Russo & Comp.« in der Feldstraße 7 im »Roten Haus« nahe dem Bahnhof. Da die Harzer-Käse-Produktion in kurzer Zeit expandierte und das »Rote Haus« zu klein dafür war, kaufte Moritz bereits 1886 weitere Grundstücksteile auf dem Gelände dazu.

»Das Rote Haus, ein kleines, etwa 10 Meter langes und 6 Meter breites Backsteingebäude mit einem überhängenden Dach aus gewölbten Dachziegeln, die Wände mit verschiedenfarbigen Schmuckziegeln in einem komplexen Muster verziert, steht heute noch auf dem Grundstück der Feldstraße 7. Die Bogenfenster und der Eingang besitzen farbiges Glas in Bleirahmen, und im Kellergeschoss, wo einst Moritz seinen Käse mit Spezialgewürzen veredelte, sieht man noch die alten Metallhalterungen, auf denen Regalbretter in feuchter Kühle den Käse zur Reife brachten.«[22]

Ende der 1880er Jahre begann Moritz Russo mit dem Bau der Villa auf seinem Grundstück, weil er eine Familie gründen wollte. Aufgrund seiner bescheidenen Lebensweise und durch den Erfolg seiner Käsefabrik hatte er die dafür nötigen finanziellen Mittel zusammengebracht. Möglicherweise konnte er den Architekten Hans Grisebach (1848–1904) aus Berlin gewinnen, denn die »Villa Russo« ist im Stil seines eigenen Hauses in der Fasanenstraße 25 in Berlin errichtet. Grisebach hat in Wernigerode das »Erbprinzenpalais« in der Lindenallee für seinen Cousin Rudolf Grisebach (gräflicher Kammerpräsident) und weitere Gebäude gebaut. Wann die dreigeschossige repräsentative Villa fertig gestellt war, ist unbekannt, da die Bauunterlagen leider verloren gegangen sind.

Das Gebäude liegt etwas zurück gesetzt an der Feldstraße. Über eine relativ kurze Treppe kommt man ins Haus und nach ein paar weiteren Stufen öffnet sich eine große Eingangshalle mit einem Kamin, der mit keramischen Kacheln und Reliefs versehen ist. Zwei der drei unteren Räume sind durch eine große Schiebetür miteinander verbunden. Von der Eingangshalle, deren ursprüngliche Bemalung durch die heutige Eigentümerin Barbara Toppel wieder freigelegt und restauriert werden konnte, führt eine breite Treppe mit Balustrade und kleinen Holzfiguren in die obere Etage. Von Osten her fällt das Licht durch ein großes Glasfenster in den offenen Raum. Das Fenster ist möglicherweise durch den seinerzeit bekannten Glasmaler Hermann Schaper (1853–1911) entworfen worden. Es symbolisiert die christlichen Tugenden Glaube, Liebe und Hoffnung in einem Rondell, das von einem Blüten- und Blätterkranz umrankt ist. Weitere Wohnräume finden sich in der ersten Etage. Zusätzlich ist auf der Rückseite der Villa in einem Turm eine Wendeltreppe angebaut, die das Kellergeschoss mit

21 Die »kleine Geschichte« nimmt im Unterschied zur Familiengeschichte das Gebäude in den Blick. Dabei gibt es einige Wiederholungen, die beabsichtigt sind. Ausführlich ist die Villa-Geschichte bei Julia Nelki: Villa Russo, nachzulesen.

22 Julia Nelki: Villa Russo, S. 78f.

seinen Wirtschaftsräumen in alle Etagen verbindet. Man gelangt in das Obergeschoss mit den Wohnräumen und schließlich in das Dachgeschoss, das kleinere Räume für das Personal vorhält. Die Villa war für ihre Zeit am Ende des 19. Jahrhunderts modern ausgestattet. Sie verfügte über Telefon und einen handbetriebenen Speiseaufzug von der Küche zu den oberen Etagen, später auch über eine Warmwasserheizung.

In der Villa wuchsen nach der Heirat von Moritz Russo mit Marie Jordan aus Wernigerode auch deren vier Kinder auf. 1897 kam der jüngere Bruder Benno Russo dazu, der die Geschäftsführung der Harzer Käsefabrik 1912 übernahm. Kurz nachdem seine Frau Clara Jaffé, verheiratete Russo, in die Villa einzog, verließ Moritz das Haus und zog nach Berlin, seine Frau und die Kinder folgten einige Jahre später. In den 1920er Jahren war die Villa ein Ort für gesellschaftliche Treffen Wernigeröder Bürger, die ein jähes Ende mit dem Beginn der nationalsozialistischen Diktatur fanden.

1935 wurde das Grundstück mit Käsefabrik und Villa zwangsversteigert. Da der Käufer, der Schweizer Staatsbürger Humbert Raymann, der in Eilenstedt bei Halberstadt eine Molkerei betrieb und mit Russo in geschäftlicher Beziehung stand, ebenfalls in den Ruin getrieben wurde, musste das gesamte Grundstück samt allen Gebäuden von ihm 1939 an den NSDAP-Funktionär und SS-Mitglied Paul Rockstedt aus Wernigerode weiterverkauft werden. Dessen Frau richtete in der Villa einen Lebensmittelgroßhandel ein.

Raymann hatte 1948 Villa und Grundstück im Grundbuch als »jüdisches Eigentum« eintragen und vermerken lassen, dass die Eigentumsübertragung »unter Anwendung von Gewalt oder Zwang zustande gekommen« sei.

Weder in der SBZ (Sowjetische Besatzungszone) noch in der 1949 gegründeten DDR (Deutsche Demokratische Republik) bestand ein Interesse an einer Wiedergutmachung von geschehenem Unrecht an Juden in der Nazi-Zeit, schon gar nicht an der Rückübertragung von unter Zwang verkauften jüdischen Grundstücken.

Die Villa samt Grundstück hatte den Krieg unbeschadet überstanden. Aber der Besitzer Rockstedt wurde wegen seiner NS-Vergangenheit »enteignet«. 1946 zog der Direktor der Konsum-Genossenschaft in die Villa ein. Der Besitz der Villa ging in »Volkseigentum« über und wurde 1948 »ohne eine offizielle Entscheidung« an die Konsum-Genossenschaft übertragen. Die Villa diente als Verwaltungssitz und Materiallager. Eine Käseproduktion wurde nicht wieder aufgenommen. Ein Interesse am Erhalt des Gebäudes bestand überhaupt nicht. Als die Konsum-Genossenschaft ihren Sitz verlegte, wurde das Grundstück geteilt in Feldstraße 7 (Villa) und Feldstraße 7a. (Grundstück und übrige Gebäude).

In die Villa zog die »Berufshilfsschule« ein, eine weiterführende Schule für lernbeeinträchtigte Heranwachsende. Die weiteren Gebäude samt Grundstück wurden Sitz des volkseigenen Kreisbetriebes Industriebau Wernigerode, ein Teilbetrieb des VEB Bau- und Montagekombinat (BMK) Magdeburg. Im Zuge des Vereinigungsprozesses 1990 privatisierte die Treuhandanstalt das Teilgrundstück Feldstraße 7a und verkaufte es an die neu gegründete Industriebau Wernigerode GmbH, die es dann an die Andrä-Bau-Montage GmbH weiterverkaufte. Die Villa Feldstraße 7 blieb weiter »Volkseigentum« und wurde vom Landkreis Wernigerode als Berufsschule genutzt.

Bereits bei der Privatisierung wurde das »Gesetz zur Regelung offener Vermögensfragen«, das besonders auf in der Nazi-Zeit enteignetes jüdisches Eigentum anzuwenden war, nicht ausreichend beachtet. Völlig versagt hat die Kreisverwaltung Wernigerode 1991/92, obwohl sie schriftlich auf die Villa Russo und das Grundstück als ehemaliges jüdisches Eigentum aufmerksam gemacht wurde. Ein Sonderausschuss des Kreistages untersuchte den Vorgang, als er bundesweit Aufsehen erreichte.[23] Der Landtag von Sachsen-Anhalt nahm den Fall auf. Die Kommunalaufsicht der Bezirksregierung hob schließlich Verfügungen des Landkreises auf. Das Landesamt für offene Vermögensfragen plädierte für eine vollständige Rückübertragung von Villa und Fabrikgebäude an die Erben nach Russo. Die Jewish Claims Conference unterstützte die Erben. In letzter Instanz bestätigte das Verwaltungsgericht Halle 1997 die Rückübertragung an die Erben.

Was sollte nun daraus werden?

Die Familie Russo-Nelki bot die Villa und das Grundstück dem Landkreis als Geschenk an, damit dort die Arbeit mit lernbehinderten Berufsschülern fortgesetzt werden könnte. Aber der Landkreis Wernigerode lehnte das Angebot ab, da inzwischen völlig neue Pläne für den Bau einer Berufsschule entwickelt worden waren.

Nach langen Gesprächen und Verhandlungen mit Familie Nelki, den Erben nach Russo, und örtlich engagierten sozialen (u. a. dem Paritätischen) und kulturellen Einrichtungen scheiterte auch der Versuch, in der Villa ein sozio-kulturelles Zentrum entstehen zu lassen.

In all dieser Zeit nahmen das Grundstück und die ungenutzte Villa Schaden. Als sich Wolf Nelki, der Neffe von Moritz und Benno Russo, 1979 bei seiner Familienforschung in Wernigerode nach dem Grundstück und der Villa erkundigte, hieß es nur, dass es in einem »üblen Zustand« sei. Zwischen 1949 und 1990 wurden weder vom Baubetrieb noch vom Landkreis wesentliche Substanz erhaltende Arbeiten, sondern lediglich notwendige Renovierungen vorgenommen. Und der Leerstand über etwa 10 Jahre bis in die Jahre nach der Jahrtausendwende hat der Villa auch nicht gutgetan.

Widerstrebend bot die Familie Russo-Nelki 2008 Gebäude und Grundstück zur Versteigerung an. Als die Musiker des Philharmonischen Kammerorchesters Wernigerode Barbara und ihr (früherer) Ehemann Thomas Toppel erfuhren, dass ehemaliges jüdisches Eigentum unter den Hammer kommen sollte, entschieden sie sich spontan zu einem Kauf. Sie wollten aus der Villa einen Gedenkort des Lebens schaffen, in dem Musik und Literatur, Malerei und Theater zu Hause sein können. Heute wird die Villa als »Clara und Benno Russo Haus« Schritt für Schritt wieder zum Leben erweckt, unterstützt von dem Verein »Internationale musische Begegnungsstätte wider das Vergessen e. V.«

23 Vgl. Die Zeit Nr. 46 vom 6. November 1992, S. 13ff.

Geschäfts- und Wohnhaus der Familie Salomon in Wernigerode, Große Bergstraße 1 (1920–1938), Foto: Michael Lumme

Rechtzeitig in Sicherheit – Hermann Salomon

Dort wo die Ringstraße über die Breite Straße in die Große Bergstraße hinauf zum Burgberg mit dem Schloss führt, war die Altstadt Wernigerodes durch Mauer und Tor gegen Osten hin geschützt. Doch kurz nach der Stadtgründung erweiterte sich die Grenze bereits im 13. Jahrhundert um eine vor dieser Mauer liegende neue Siedlung, die sogenannte Neustadt mit Johanniskirche, Neuem Markt und eigenem Rathaus – eine Ackerbürgerstadt, die bis 1529 eigenständig blieb. Große Toreinfahrten in der Johannisstraße, Pfarrstraße und Grünen Straße lassen die ehemaligen Bauernhöfe noch gut erkennen. Später bekam dieser Stadtteil eine Mauer vom Burgberg her mit dem Rimker Tor an der Mauerstraße entlang bis zum Anschluss an die Altstadt in der Ringstraße. Bis in das 19. Jahrhundert waren große Teile dieser Ummauerung der alten Neustadt noch erhalten, heute im Pflaster der Fußwege und durch beschreibende Schilder mühsam erkennbar.

Unternehmensgründer aus Posen

In Wernigerode waren lange Zeit Landwirte sesshaft, die im Zuge neuer Wirtschaftsmethoden auf Arbeitsgeräte, Getreide, Saatgut und Ausstattung für Haus und Hof angewiesen waren. Offensichtlich war das dem gerade verheirateten Ehepaar Hermann und Dora Salomon Grund genug, aus der Region Posen über Sachsen nach Wernigerode zu ziehen, um hier nach dem Ersten Weltkrieg 1920 eine Existenz aufzubauen. Hermann Salomon war am 29.5.1886 in Mogilno (östlich von Posen) und Dora Salomon am 22.8.1893 in Samotschin (nördlich von Posen) geboren.[1] Beide waren jüdischen Glaubens. Ob sie nach jüdischem Ritus geheiratet haben, ist nicht bekannt, ebenso wenig ob sie sich zur Synagogengemeinde in Halberstadt hielten. Bemerkenswert aber ist, dass Hermann Salomon bei der Heirat seinen Nachnamen Itzig ablegte und den Namen seiner Frau annahm, die dann im Amtsdeutsch Dora Salomon geborene Salomon genannt wird.

Das Handelsregister der Stadt Wernigerode weist aus, dass Hermann Salomon zusammen mit seinem Schwager Leo Salomon, also Doras Bruder, die offene Handelsgesellschaft der Firma Ida Meyer Nachf. am 1. Februar 1920 übernommen und um ein Kartoffelgeschäft erweitert hat. Das stattliche Wohnhaus mit großer Toreinfahrt und weitem Hofgelände in der Großen Bergstraße 1 bot dafür ausreichend Platz.

1 Angaben nach der Ausbürgerungsliste Nr. 256 / Ziff. 110ff. im Deutschen Reichsanzeiger Nr. 225 vom 26.9.1941.

Das Geschäft lief gut. Salomon versorgte auch die Mühlen der Stadt mit Getreide. Auf der Boykottliste gegen jüdische Geschäfte 1938[2] tauchen die Mühle Abel an der Holtemme (Rothe Mühle) und die Mühlenwerke R. Küster in der Stadt auf, denen untersagt wurde, mit der jüdischen Firma Handel zu treiben. Ebenso kaufte das Heeresverpflegungsamt Halberstadt zu dieser Zeit bei Salomon ein. Mehrere Bauern protestierten gegen das Verbot, mit der Firma der Salomons zu handeln, da sie als »Reichsnährstand« zur Erfüllung der Wirtschaftspläne auf die Belieferung durch diese Firma angewiesen seien.

Leo Salomon, der Mitinhaber des Getreide- und Futtermittelhandels, war am 14. August 1891 in Samotschin geboren, also zwei Jahre vor seiner Schwester Dora. Gründe warum er mit dem jungen Paar mit nach Wernigerode gezogen ist, sind nicht erkennbar. Auch über die Herkunftsfamilie ist bislang nichts bekannt. Die Salomons sind in den Listen der Volkszählung von 1939 für Wernigerode noch erfasst. Offensichtlich gab es gute nachbarschaftliche Beziehungen zu Löwensteins gleich um die Ecke durch die Steingrube in der Burgstraße 9. Denn als dort die Tochter Ruth 1938 den Optiker Kurt Lorenz heiratete, war Leo Salomon Trauzeuge. Leo selber blieb sein Leben lang unverheiratet.

In Wernigerode wurden den Salomons die Kinder Heinz Gustav am 22. Mai 1920, Kurt Gideon am 27. Dezember 1923 und Eva Rosemarie am 12. Oktober 1925 geboren.

Eine Zeitzeugin erzählt:[3] »Ich war selber noch Kind und habe meine Kindheit mit den Kindern Salomons verbracht. Der Heinz war so alt wie ich. Und es kamen noch zwei danach, das war der Kutta (Kurt) und die Evchen (Eva). Wir haben zusammen gespielt. Und als ich noch Kindergartenkind war und irgendetwas anlag, dann konnte meine Mutter mich zu Salomons reinbringen, die hatten eine Kinderfrau und die hat mich mit betreut... Das Verhältnis war freundschaftlich auch dadurch, dass mein Vater Handwerksmeister (Tischlermeister) war und für Salomons arbeitete... Es entstand ein freundschaftliches Verhältnis zu meinen Eltern, auch zu meinen Großeltern... Die Salomons habe ich harmonisch und lustig und mit den Kindern liebevoll erlebt. Wenn meine Mutter mich mit runtergenommen hat und fragte ›Frau Salomon, ich muss zum Zahnarzt, behalten sie mal Elisabeth?‹ Da hat sie gesagt: ›Das Elisabethchen kann immer bei uns bleiben.‹ Das war immer ihre Art. Und das habe ich nie vergessen. Die Geburtstage, die wir gefeiert haben, waren wunderschön... Ich weiß nur, dass es immer schön war.«

2 Archiv der Mahn- und Gedenkstätte Veckenstedter Weg in Wernigerode; Akte V 1942 T / 911.

3 Interview mit Elisabeth Bollmann (88 Jahre alt) in dem Film »Raus hier«, einem Projekt von Schülerinnen und Schülern Wernigeröder Gymnasien 2008; Produktion: Offener Kanal Wernigerode; hier ein leicht geglättetes Transkript (https://www.youtube.com/watch?v=eiRcRywoYB4 / Das Schicksal von Juden in Wernigerode während der NS-Zeit).

Auseinandersetzung mit Antisemitismus

Hermann Salomon hatte die Gefahr, die der Nationalsozialismus mit sich brachte, offensichtlich sehr zeitig erkannt. Er gehörte dem Central-Verein deutscher Staatsbürger jüdischen Glaubens an[4], der 1893 in Berlin gegründet wurde und dessen Ortsverein Wernigerode von ihm vertreten wurde. Ob andere Wernigeröder seinerzeit ebenfalls Mitglieder waren, ist nicht bekannt. Der Verein repräsentierte die Mehrheit der assimilierten bürgerlich-liberalen Juden in Deutschland, trat für deren Bürgerrechte und ihre gesellschaftliche Gleichstellung ein und setzte sich mit dem seit der Kaiserzeit grassierenden Antisemitismus auseinander.

Noch vor dem Hitlerputsch am 9. November 1923 in München war die NSDAP in Preußen verboten worden, aber dieses Verbot hatte eine deutschlandweite Ersatzgründung hervorgebracht, die regional organisiert war. In Wernigerode trat die »Mitteldeutsche Arbeiterpartei« auf, vertreten durch Bernhard Reiter, der später aus der Stadt floh, weil er steckbrieflich gesucht wurde.

Im September 1923 beabsichtigte diese faschistische Organisation einen »Deutschen Tag« zu veranstalten. Im Vorfeld veröffentlichte Hermann Salomon einen Leserbrief[5] im Auftrag des Ortsvereins deutscher Staatsbürger jüdischen Glaubens. Darin griff er die »national-sozialistische-antisemitische« angebliche Arbeiterpartei heftig an. Ein aus Hannover angereister »Oberhäuptling« namens Seifert hatte behauptet: »Unser Vaterland ist hauptsächlich durch Schiebungen des internationalen Börsenkapitals, durch Machenschaften jüdischer und nichtjüdischer Börsenkreise ins jetzige Elend gerissen worden.« Salomon erwiderte in Frageform: »Haben wir gar keinen demoralisierenden 4½ -jährigen Krieg, kein Kriegs-Schlammbad (und nicht Stahlbad) gehabt? Ist dieser Krieg nicht zum wenigsten durch die Schuld der unzulänglichen, politisch-kurzsichtigen und doch dabei politisierenden Generale verloren worden, nachdem das deutsche Volk Unerhörtes erduldet und erlitten hat? Hat der Krieg nicht Werte in ökonomischer und kultureller Hinsicht vernichtet, zu deren Wiedererlangung ein fleißiges Volk unter einigermaßen günstigen Existenzbedingungen mindestens mehrere Jahrzehnte benötigt? [...] Es ist ganz absurd zu behaupten, dass das internationale Kapital das jetzige namenlose Elend verschuldet hat. Das ist reinste Demagogie, aber nicht auch ein Jota volkswirtschaftlich-wissenschaftliche Erkenntnis.«

Salomon trat dem bis heute immer wieder vorgebrachten antisemitischen Argument entgegen, dass das »jüdische Finanzkapital« die Wurzel allen Übels sei. Er versuchte, den Krieg politisch einzuordnen und sein Ende als eine volkswirtschaftliche Katastrophe.

Dann legte Salomon aber auch Wert darauf, zwischen Kapital und Schieberei zu unterscheiden und verurteilte alles Schiebertum »ohne Einschränkung«. Es könne nicht

---

4 Vgl. https://de.wikipedia.org/wiki/Central-Verein_deutscher_Staatsbürger-jüdischen_Glaubens (gesehen 14.3.2022).

5 Wernigeröder Tageblatt Nr. 204 (31.8.1923); daraus alle Zitate.

angehen, den Juden dafür die Schuld zu geben. Dies sei wieder so eine antisemitische Unterstellung. Es sei völlig egal, »ob es sich um christlich-arische oder jüdisch-semitische Schieber handelt, wie doch ein Verbrecher eben ein Verbrecher bleibt, gleichgültig welchen Stammes oder welcher Konfession er ist.«

Den Hauptgrund »unserer bald trostlosen ökonomischen Lage und der Misere unserer Staatsfinanzen« sah Salomon in dem »berechtigten Ruhrkampf (der Krieg nach dem Frieden)«.[6] Die »Arbeiterpartei« aber fordere »Gerechtigkeit« und die gipfele »nur in der einfachen, weisheitsvollen Erkenntnis: ›Haut den Juden!‹« Er wolle aber nicht dem Irrglauben erliegen, der in solcher Hetze liege. »Wir können ganz besonders dem gesunden Sinn unserer werktätigen Volksbrüder vertrauen, die sich nicht durch verhetzende, total verdrehte, vom Hass eingegebene Auslassungen beeinflussen lassen werden. Gerechtigkeit und Wahrheit bleiben noch immer die Postulate für Menschen mit gesundem Verstand. Jenen Demagogen aber, die im Trüben fischen, sei noch warnend zugerufen: Bedenket das Ende!«

Das alles konnte der Neu-Nazi Bernhard Reiter nicht so stehen lassen. Unter der Überschrift »Jüdische Verdrehungskunst« folgte aus seiner Feder in einer der nächsten Ausgaben des Wernigeröder Tagesblattes[7] ein antisemitisches Pamphlet. Reiter benutzte die bis heute stereotypischen Aussagen: Die »Hungersnot im Lande« sei von einem »Hintenherum-Handel«, der »hauptsächlich unter Leitung von Juden stand«, verursacht durch »Kriegsgesellschaften«, die »der Jude Rathenau« gegründet habe. Kriegsgewinner seien allein »jüdische Banken«, die sich »internationale Werte, Gold, Brillanten usw. zur Sicherung und Hebung unserer Währung« beschafft haben. Dies alles verstehe »der Jude Salomon« nicht »infolge seiner jüdischen Verdrehungstaktik, für die er allerdings nichts kann, da sie ihm angeboren ist und tief im jüdischen Wesen wurzelt«. Am Ende seiner antisemitischen Auslassungen nennt er Salomon und seine etwa 600 000 »Männekens« in Deutschland eine »Spitzbuben-Organisation«, die einer »Mitteldeutschen Arbeiterpartei« mit »braven Deutschen« und »Wohltätern des deutschen Volkes« nichts anhaben könne. Presse, Bankenwelt und Börse dürften nicht weiter »Instrumente der Angehörigen eines fremden Volkes« sein, sondern gehörten in die Hand des deutschen Volkes. »Und deshalb heißt unser Schlachtruf: Juden raus!«

Genug von diesem Antisemitismus in seiner reinen Form vor 100 Jahren. Jener Bernhard Reiter war noch vor Beginn der Hitlerdiktatur von der Bildfläche verschwunden. Aber seine Argumentation, seine Demagogie findet sich ebenso in Hitlers »Mein Kampf«, dessen erster Teil während seiner Festungshaft geschrieben wurde und 1925 erschienen ist. Durch die Weimarer Republik hindurch konnte sich diese menschenverachtende Ideologie entwickeln und schließlich in die Shoah führen.

---

6 Beim »Ruhrkampf« handelte es sich um einen passiven (teilweise auch gewalttätigen) Widerstand gegen die Besetzung des nach dem Ersten Weltkrieg entmilitarisierten Ruhrgebietes durch französische Truppen 1923/24.

7 Zitiert aus Stadtarchiv Wernigerode WR II 9096 (Polizeiakte).

Nur weg von hier

Der Getreide- und Futtermittelhandel Salomons florierte seit den zwanziger Jahren und war offensichtlich kaum von den Boykottmaßnahmen im Nazi-Deutschland betroffen. Der Geschäftszweig wurde für die bäuerliche Landwirtschaft im Landkreis Wernigerode geschätzt. Das Bauerntum war eine der Grundlagen des nationalsozialistischen Staates, gebündelt im »Reichsbauernstand«, gefördert in der nahen »Reichsbauernstadt« Goslar, gefeiert jährlich bis 1937 beim »Reichserntedankfest«.

In Wernigerode ließen sich zahlreiche Landwirte, auch die mit und ohne Parteiabzeichen der NSDAP, von der Firma Salomon gern beliefern. Einige von ihnen erhoben Einspruch, als ihnen von der Stadtverwaltung auferlegt wurde, nicht mehr mit dem jüdischen Geschäft zu handeln.

Dass die Salomons von Nachbarn als freundliche Menschen geschätzt wurden, ist oben schon erzählt worden. Dass sie auch großzügig waren, belegt eine Erinnerung von Jürgen Hecht. In einem Brief an Wolf Nelki, dem Neffen von Benno Russo, Käsefabrikant in Wernigerode, berichtet er auf dessen Bitte, ihm über Juden in Wernigerode zu erzählen:[8] »Wir wohnten im Arbeiterviertel, ›Jerusalem‹ genannt, am Stadtrand in der Nähe des Bahnhofes. Nur 300 Meter von der Wohnung entfernt hatte Vater einen Garten gepachtet, wo er nicht nur Gemüse, Obst und Blumen erntete. In selbsterrichteten Ställen wurde Viehzeug beherbergt: Schweine, Ziegen, Kaninchen und Hühner. Dadurch wurde der mehr als bescheidene Speiseplan erheblich aufgebessert. Nun, unsere Küchenabfälle waren verständlicherweise minimal, und so mussten Futtermittel, besonders für die Schweine und Hühner, hinzugekauft werden. Dieses geschah in der Getreidehandlung Salomon in der Großen Bergstraße. Wie ich schon erwähnte, war Geld immer knapp. [...] So musste Vater den Herrn Salomon oft um Stundung bitten. Noch heute höre ich die Worte unseres Gläubigers: Wilhelm, du bist ein anständiger Kerl, du bringst mir das Geld schon. Ehrensache, dass er sein Geld bekam.«

Hermann Salomon meinte wie andere, dass der Spuk mit Hitler bald vorbei sei. Aber auch er musste bitter hinzulernen, dass dem nicht so war. Als die Maßnahmen der Nationalsozialisten gegenüber jüdischen Betrieben drückender und sie aus dem Wirtschaftsleben verdrängt wurden, sah auch Salomon keinen anderen Ausweg als seinen Betrieb, Haus und Grund rechtzeitig zu verkaufen und Deutschland zu verlassen.

Um einem Zwangsverkauf zu entgehen, bot Hermann Salomon seine Firma und das Grundstück per Annonce Anfang des Jahres 1938 zum Kauf an. Erworben hat es laut Handelsregister der Stadt Wernigerode Paul Liebetrut; am 7.2.1938 ist es auf Rudolf Banse übergegangen, der in die untere Etage des Hauses in der Großen Bergstraße 1 einzog. Hermann Salomon beantragte mit seiner Familie die Ausreise aus Deutsch-

8 Brief von Jürgen Hecht (Kiel) an Wolf Nelki (London) am 27.1.1992; Privatarchiv Renate Goetz.

land, die ihm im Sommer 1938 von den Behörden unter Mitnahme seines Hausrates genehmigt wurde. Der Geldbetrag für den Verkauf in Höhe von 40 000 RM wurde durch Aufnahme eines Kredites bar ausgezahlt.[9] Damit konnte die Ausreise finanziert werden. Der Handel konnte auch später nicht eindeutig geklärt werden, denn die Firma gehörte Hermann Salomon und seinem Schwager Leo Salomon gemeinsam. Nach der Friedlichen Revolution von 1989 hatte sich daraus noch ein rechtsanwaltlicher Streit entwickelt, der niemals zufriedenstellend gelöst wurde.

Im Sommer 1938 verließen Hermann und Dora Salomon zusammen mit ihren drei jugendlichen Kindern Wernigerode und fuhren per Schiff nach Argentinien. Von dort kam noch eine Postkarte an Freunde in Wernigerode. Dann verliert sich – bis heute – jede Spur.[10]

Allerdings kümmerte sich der NS-Staat ordnungsgemäß um die Aberkennung der deutschen Staatsangehörigkeit des »Juden Hermann Israel Salomon« und seiner Familie in Buenos Aires. Sie wurde am 24.9.1941 »für verlustig« erklärt und im Deutschen Reichsanzeiger und Preußischen Staatsanzeiger Nr. 225 am 26.9.1941 verkündet. Unter den Ziffern 110 bis 114 sind Hermann und Dora Salomon sowie ihre Kinder Heinz, Kurt und Eva auf der Liste 256 genannt. Gleichzeitig wurde das Vermögen eingezogen. Die Gestapo Magdeburg teilte am 6. November 1941 dem Finanzamt Moabit-West in Berlin mit, dass ein Hypothekenbrief über 10.031,20 RM bei der Commerz- und Privatbank Filiale Wernigerode »sichergestellt« worden sei. Wenige Tage später antwortete das Finanzamt Wernigerode dem Finanzamt in Moabit, dass der bei der gleichen Bank deponierte Schmuck bereits am 20. Juni 1940 an die Städtische Pfandleihanstalt Berlin mit einem geschätzten Wert von 4750 RM übersandt wurde. Der Oberfinanzpräsident Berlin verfügte am 2. Dezember 1941, dass die »dem Reich verfallenen Vermögenswerte« zu überweisen seien.[11]

Leo Salomon blieb in Wernigerode. Er wollte noch einige Außenstände von Rechnungen einholen und dann seinem Schwager und seiner Schwester folgen. Daraus wurde nichts. Ende 1939 war Leo Salomon immer noch in Wernigerode und bemühte sich um seine Ausreise.[12] Er hatte für die Ausreise nach Chile Umzugslisten vorzulegen. Einige der darin angezeigten Dinge wurden ihm verweigert mitzunehmen. Er hatte sie aber dennoch eingepackt, darunter 7 Bezüge, 17 Kissenbezüge, 4 Betttücher. Daraufhin wurde er wegen »Vergehen gegen das Devisengesetz« angeklagt und zu einer Strafe von 4000 Reichsmark verurteilt, die sein Anwalt um 2000 Reichsmark mindern konnte.

9 Mitteilung aus einem Gespräch zwischen Renate Goetz und Rudolf Banse am 23.7.1991. Ergänzt durch Schreiben von Banse an den Stadtrat zur Sitzung am 3. Mai 2007. Belegt durch Eintragung im Grundbuch.

10 Allerdings findet sich in einem Verfahren in der Schweiz (Claims Resolution Tribunal, 29.12.2005), in dem es um Konten von Opfern des Holocaust ging, eine Aussage einer Verwandten, dass Dora Salomon am 4.10.1954 in Paraná (Provinzhauptstadt im Norden Argentiniens, gegenüber von Santa Fe) gestorben sei.

11 Der Vorgang findet sich im Landesarchiv Magdeburg G 11, Nr. 6405.

12 Der Fall ist dokumentiert im Landesarchiv Sachsen-Anhalt Magdeburg unter G 11, Nr. 5011.

Als Leo Salomon um die Freigabe seines Umzugsgutes ersuchte, zog das Zollamt in Hamburg 25 nicht genehmigte Gegenstände »zu Gunsten des Deutschen Reiches« ein. Die eingezogenen »Gegenstände des Salomon sollen zusammen mit anderen Sachen [1940] versteigert werden«. Den Vollzug der Versteigerung meldete schließlich das Hauptzollamt Magdeburg an die Devisenstelle Magdeburg am 23.4.1941.[13]

Bei der Volkszählung am 17. Mai 1939[14], die vorwiegend der Erfassung der jüdischen Bevölkerung im Deutschen Reich diente, wurde Leo Salomon noch als Einwohner Wernigerodes geführt. Kurze Zeit war er mit der Witwe Martha Reichenbach befreundet, deren Mann auf dem Transport der in »Schutzhaft« genommenen Juden nach der Pogromnacht 1938 in das KZ Buchenwald »verstorben« war. Leo Salomon floh dann nach Berlin und konnte sich dort einige Zeit verstecken. Mit Straßenfegen verdiente er sich ein paar Groschen, ehe er entdeckt wurde. Noch vor der berüchtigten Wannseekonferenz im Januar 1942, auf der die »Endlösung« der Juden in Europa beschlossen worden ist, begannen in Berlin bereits die Deportationen in Richtung Osten. Vom Bahnhof Grunewald ging der IV. Transport am 1. November 1941 in das zweitgrößte Ghetto Litzmannstadt (Lodz) in Polen. Leo Salomon war einer von mehr als 1000 Berlinern, die mit dem Zug deportiert wurden, der einen Tag später an seinem Ziel ankam. Seitdem fehlt von ihm – wie von so vielen anderen – jede Spur.

13 Landesarchiv Magdeburg G11, Nr. 5015.

14 Bundesarchiv Berlin, R 1509 (Reichssippenamt); es handelt sich um »Ergänzungskarten« für jüdische Einwohner.

Wohnhaus der Familie Steigerwald in Wernigerode, Georgiistraße 31 (ca. 1919–1949), Foto: Michael Lumme

Engagiert und kämpferisch – Willy Steigerwald und Familie

»Der Rentenempfänger Willy Israel Steigerwald, glaubenslos, früher mosaisch, wohnhaft in Wernigerode, Georgiistraße 31 ist am 2. Juli 1941 gegen 11 Uhr 30 Minuten im Städtischen Forstort Wernigerode ›am Scharfenstein‹ Abteilung 70 tot aufgefunden worden.« So beginnt die Sterbeurkunde.[1] Am Ende ist vermerkt: »Tod durch Erhängen.« Bis heute konnte nicht geklärt werden, ob er sich selbst getötet hat oder ob er von anderen umgebracht wurde. Eine Untersuchung hat nicht stattgefunden. Möglicherweise war er schon am 20. Juni nicht mehr am Leben. Was danach geschah, ist im Dunkeln geblieben.

Die Sterbeurkunde ist insofern bemerkenswert, als dass sie noch mitteilt: »Eingetragen auf schriftliche Anzeige des Bürgermeisters der Stadt Wernigerode [Dr. Ulrich von Fresenius] als Ortspolizeibehörde vom 4. Juli 1941. Tag und Stunde des Todes konnte nicht festgestellt werden.« Die Familie Steigerwald hatte ausgesagt, dass er am 20. Juni das Haus verlassen habe. Ob eine Suche eingeleitet wurde, ist nicht bekannt.

Derselbe Standesbeamte, der diese Urkunde unterschrieben hatte, fügte am 23. Oktober 1947 eine Randnotiz hinzu: »Aufgrund des Gesetzes Nr. 1 Ziffer 1e des Alliierten Kontrollrates betreffend Aufhebung faschistischer Gesetze ist der zusätzliche Vorname ›Israel‹ ungültig.«

Willy Steigerwald war »früher« Jude, aber offensichtlich kein bekennender oder religiöser Jude, wenn er amtlich als »glaubenslos« geführt wurde. Auf seiner Heiratsurkunde[2] ist das Wort »Religion« gestrichen und stattdessen »Dissident« angegeben.

Viel ist über die Familie Steigerwald nicht zu erfahren, aber das, was bekannt ist, lässt ein engagiertes, teilweise dramatisches Leben in der Weimarer Republik und im Nationalsozialistischen Staat erkennen.

Willy Steigerwald wurde am 20. November 1878 in Frankfurt am Main geboren. Welchen Beruf er erlernt hat, ist nicht eindeutig feststellbar. Später wird Dekorateur, Buchhändler, aber auch Journalist und in der DDR-Zeit Arbeiter angegeben. Möglicherweise war er bereits vor dem Ersten Weltkrieg, an dem er teilgenommen hat, ein erstes Mal verheiratet.[3] Die Ehe wurde geschieden. Weswegen er nach

1 Stadtarchiv Wernigerode, Sterbebuch 1941 Nr. 298.

2 Stadtarchiv Wernigerode, Heiratsregister 1919 Nr. 13.

3 Auskunft seiner Enkelin Doris Klöpfer-Winter in einem Telefonat am 15.3.2021 mit dem Autor. Siehe auch: Mattern, Ralf: Als Jude und Sozialdemokrat ein Opfer der Nazis; in: Harzer Volksstimme 2.7.2021, S. 16.

Wernigerode kam und sich hier niedergelassen hat, ist nicht bekannt. Jedenfalls hat er hier am 4. Oktober 1919 Marta Flohr, geboren am 2. März 1896 in Wernigerode, geheiratet. Auf der Heiratsurkunde wird sie als »evangelisch« und ihres Vaters Beruf mit Maurerpolier angegeben. Willy und Marta Steigerwald hatten zwei Kinder: Ilse (18.7.1920–25.7.2006) und Heinz (16.4.1925–23.2.2002). Angeblich soll es noch ein drittes Kind gegeben haben, das von russischen Soldaten in den Wirren des Kriegsendes 1945 verschleppt worden ist. In Wernigerode lebte die Familie in der Georgiistraße 31.

Unmittelbar nach Ende des Ersten Weltkrieges und dem Ende des Kaiserreiches mit der Ausrufung der Republik am 9. November 1918 wirkten sich die politischen Auseinandersetzungen in Berlin auch auf Wernigerode aus. Auf Versammlungen zur Wahl der Nationalversammlung und des Preußischen Landtages im Januar 1919 trat in Wernigerode neben Gästen aus Magdeburg auch Willy Steigerwald als Mitglied der SPD auf. Die Presse berichtete aus der Rede von Steigerwald: »Die Wähler von hier möchten sich daher stets vorhalten, dass die Reaktion nicht siegen dürfe, sonst: Armes Deutschland. … Alles, Arbeiter, Handwerker, Bauern, Beamte, Gewerbetreibende schloss der Redner dürfen am 19. und 26. Januar nicht anders wählen als rot.«[4] Wobei mit »rot« die SPD und nicht die abgespaltene USPD gemeint war.

Willy Steigerwald war begeisterter Republikaner und aktiv in der SPD verwurzelt, deren Parteisekretär er war. Das »Wernigeröder Tageblatt«, schon immer nah bei den Sozialdemokraten, wurde ab 1919 zur Parteizeitung, in der Steigerwald oft zitiert wurde und in der er auch selber geschrieben hat. Bei den Wahlen zur Nationalversammlung im Januar 1919 erhielten die Sozialdemokraten in Wernigerode 5763 Stimmen, die vier bürgerlichen Parteien zusammen 4408 Stimmen. Und bei den Stadtverordneten-Wahlen am 13. Februar 1919 zog Willy Steigerwald als einer von 15 SPD-Mitgliedern in das Stadtparlament ein. Zahlreiche Anträge gehen auf ihn zurück, was in der politischen Auseinandersetzung zu Angriffen auf ihn führte, wobei es weniger um den Inhalt als mehr um den »Anfragewust« ging. Als Steigerwald deswegen anonym in der Presse angegriffen wurde, verteidigte ihn sein Fraktionsgenosse Keffel, dass er das Vorgehen Steigerwalds nicht nur billige, sondern auch mit allen Mitteln unterstütze. »Die sozialdemokratische Stadtverordnetenfraktion wird sich weder durch Angriffe von rechts noch von links beirren lassen, das zu tun, was sie zum Wohle der Stadt für richtig hält.« Darauf meldete sich der bisher anonyme Leserbrief-Schreiber, Gymnasiallehrer a. D. Karl Wehrenburg, mit einer »Ehrenerklärung«, in der es heißt: Er habe den Stadtverordneten Herrn Steigerwald im »Zustande geistiger Überreiztheit, der hervorgerufen war durch die ganze Staatsumwälzung und den Wahl- und Pressefeldzug, durch mehrere anonyme Postkarten schwer beleidigt.« Wehrenburg nehme »hiermit seine Beleidigungen mit tiefem Bedauern zurück, da er jetzt nach dem ›Wahlfieber‹ einsieht, dass er einem ehrlichen!

4 Aus: Wernigeröder Tageblatt über eine Versammlung am 10.01.1919, zitiert bei Ralf Mattern: »Die schwarze Grafschaft ist rot!« – Die Chronik der Wernigeröder Sozialdemokratie 1848–2013, Wernigerode [2]2013, S. 158.

Manne, der nach gesunden Zuständen im Staate strebt, leider schwer Unrecht getan! Mit der ehrlichen Bitte um Verzeihung für die Beleidigung!«[5]

In der Stadtverordnetenversammlung befasste sich Steigerwald vor allem mit sozialen Fragen. Dabei ging es ihm um die allgemeine Wohnungsnot, um Kauf- und Mietverträge ebenso wie um Tarifverträge und Lohnerhöhungen sowie um den »Wucher beim Handel mit Altmöbeln auf Versteigerungen«.

Bei den Wahlen zum Vorstand des Ortsvereins der SPD 1920 wurde Steigerwald zu einem der beiden Schriftleiter gewählt.

Während des Kapp-Putsches im März 1920 ist Steigerwald in Wernigerode wesentlich an der Organisation des Widerstandes beteiligt. Bei der nationalistischen Verschwörung unter General von Lüttwitz und dem rechten Politiker Kapp musste die Regierung unter Präsident Friedrich Ebert aus Berlin fliehen. Erst ein Generalstreik beendete den Angriff auf die junge Republik. Bei einer Versammlung im »Volksgarten«, dem früheren langjährigen Versammlungsort der SPD an der Ecke Schmatzfelder und Feldstraße, rief Steigerwald zur Einigkeit gegen die Feinde der Republik auf und forderte einen Aktionsausschuss der Besten der Arbeiterschaft, der den Generalstreik in Wernigerode koordiniere. An den Zugangsstraßen zur Stadt wurde ein Sicherungsdienst eingerichtet. Die Stadt sollte vor »Unruhen und Wirren« bewahrt werden. Steigerwald trat bei Versammlungen als Redner auf. Das »Wernigeröder Tageblatt« berichtete: »Die Arbeiterschaft steht heute geschlossen und geeint da, um dem gemeinsamen Feind ein Paroli zu bieten. Disziplin zu üben sei erste Aufgabe aller in Betracht kommender Kreise. Man habe das Vertrauen zu der Wernigeröder Arbeiterschaft, dass sie allen Weisungen des Aktionsausschusses folgen werde. Den Lockrufen einer uns feindlich gegenüberstehenden Clique gilt es mit offenen Augen entgegenzutreten. […] Zeigen Sie, dass Sie sich des historischen Augenblicks bewusst sind, in dem wir uns befinden. Am 9. November galt es, der Revolution zum Siege zu verhelfen, heute geht es um Sein oder Nichtsein des ganzen deutschen Volkes.«

Als der Kapp-Putsch nach wenigen Tagen zusammenbrach, erschien am 19. März im »Wernigeröder Tageblatt« ein Artikel von Willy Steigerwald:[6]

»Des Volkes Sieg um die Zukunft hat in diesen Tagen eine Belastungsprobe bestanden wie sie bisher noch niemals verlangt und auch nicht erbracht werden konnte. Zähneknirschend vernahm am Sonnabend mancher die geradezu unglaubliche Nachricht, dass preußische Junker sich erdreistet hatten, die vom Volke rechtmäßig gewählte Regierung entthronen zu wollen. […] Uferlose Phantasten, wirre Hitzköpfe glaubten, dass die monarchische Saat schon so weit gereift sei, dass man die reife Frucht nur zu pflücken braucht. Die Arbeiterschaft hat den Beweis zäher Disziplin erbracht. […] Gewiss lässt sich am Ende eines solchen Kampfes, wie wir

5 Zitiert nach Ralf Mattern: Die schwarze Grafschaft ist rot!, S. 164.
6 Dokumentiert ebenda, S. 177.

ihn soeben glücklich zu Ende geführt haben, der Maßstab einer Kritik anlegen, aber im gegebenen Augenblick das Richtige zu treffen, das zum siegreichen Gelingen führt, dazu bieten wenige die Hand. Man verkenne nicht die Schwierigkeit, die bei diesem Kampfe es auch zu überwinden galt und durch das Zusammenarbeiten mit den Vertretern der wirtschaftlichen Vereinigungen aus dem Bürgertum. [...] Mag man auch in der Bürgerschaft manche Maßregel als zu hart empfunden haben [...] jetzt nach beendetem Kampf wird man zugeben müssen, dass die Erreichung des Zieles all dies erforderte. [...] Der 18. März 1848 und der 18. März 1920 werden fürderhin Gedenksteine in der Geschichte des deutschen Volkes sein und nur Einigkeit führt zum Ziele!«

Nach dem Mord an Außenminister Walther Rathenau (1867–1922), einem linksliberalen Politiker der Deutschen Demokratischen Partei (DDP), riefen in Wernigerode Gewerkschaften und linksgerichtete Arbeiterparteien zu einer Demonstration am 4. Juli 1922 auf dem Marktplatz auf. Die Presse meldete, dass »eine tausendköpfige Menge den Platz in dichtgedrängten Reihen« füllte. Der Stadtverordnete Willy Steigerwald hielt eine Rede: »Wenn die Arbeiterschaft immer so fest und geschlossen aufgetreten sei wie heute, so wäre die Reaktion schon längst ins Mauseloch gekrochen, in dem sie heute wieder sitzt. Der Feind steht rechts!« wird er vom »Wernigeröder Tageblatt« zitiert. »Die Arbeiterschaft und alle Republikaner müssten endlich einmal entschlossen Ernst machen mit ihren aufgestellten Forderungen, damit der Augiasstall der Reaktion gründlich ausgemistet werde. Aller Zwist, der hinter der Arbeiterschaft liege, müsse abgestreift werden, damit dieser nicht wieder eine Schlappe beigebracht werde.«[7] Der glühende Republikaner wirbt in der ganzen Weimarer Zeit für einen Weg der Geschlossenheit der Arbeiter. Von einer Spaltung etwa auch der SPD hält er gar nichts.

Als 1924 in Magdeburg das »Reichsbanner Schwarz-Rot-Gold, Bund der republikanischen Kriegsteilnehmer« durch eine Initiative aus den Parteien SPD, Zentrum und DDP gegründet wurde, beteiligte sich Willy Steigerwald, um zu zeigen, dass er auch bereit sei, die Republik gegen jeden Feind zu verteidigen. Kurze Zeit später war er Gebiets-Vorsitzender (1925/26) dieser politischen halbmilitärischen Organisation.

Bei der Wahl am 29.11.1925 wurde er zum Mitglied des Kreistages gewählt und gewann bei der folgenden Wahl 1929 ebenfalls einen Sitz im Kreistag, den er allerdings weitergab, weil er zum ehrenamtlichen Kreisdeputierten (Beigeordneten des Landrates) ernannt wurde.

Als am 17. November 1929 die letzten wirklich freien demokratischen Kommunalwahlen in Preußen stattfanden, kandidierte Willy Steigerwald für den Provinziallandtag in Magdeburg, gewann aber kein Mandat. Er blieb als Sozialdemokrat der Stadt erhalten und wurde am 17. Februar 1930 als »unbesoldeter Stadtrat« von Bürgermeister (1920–33) Dr. Ludwig Gepel in den Magistrat berufen.

---

7 Zitiert nach Ralf Mattern: Die schwarze Grafschaft ist rot!, S. 208.

Das letzte Mal stand Willy Steigerwald für die SPD bei der Wahl am 12. März 1933 für den Kreistag auf dem Stimmzettel. Zuvor hatte am 30. Januar Hitler die Macht ergriffen und am 28. Februar war der Reichstag in Berlin abgebrannt. Dennoch erzielte die SPD sieben der 27 Sitze im Kreistag. Ende des Jahres wurden die Stadtverordnetenversammlungen, Gemeinderäte und Kreistage aufgelöst. In der Zeit der Nazidiktatur herrschte das Führerprinzip. Parlamentarische Gremien wurden abgeschafft. Eine Stadtratsversammlung bestand lediglich aus einigen von der NSDAP berufenen Mitgliedern. In Wernigerode regierten ab 23. März 1933 außer dem Bürgermeister Ulrich von Fresenius (1888–1962) nur noch sechs Stadträte. Einen Monat später mussten sieben leitende Beamte ihren Posten verlassen, dazu weitere Angestellte, Tarifangestellte, Arbeiter, auch Mitarbeiter bei der Polizei. Die Verwaltung war »gesäubert«, das Führerprinzip durchgesetzt.

Gegen missliebige Bürger und Andersdenke gingen SA und SS brutal vor. Bereits einen Tag nach der Wahl wurde der Rektor des Lyzeums Dr. Paul Regensburger vor seinen Schülern seines Amtes enthoben und verhaftet.[8] Am 24. Juni fand eine Razzia gegen SPD-Funktionäre statt. 81 Personen wurden festgenommen und in die neu gegründete SA-Führerschule in der Ilsenburger Straße 31, einem Teil der ehemaligen Maulschen Schokoladenfabrik[9], getrieben und misshandelt. Sie mussten einen »Schandpfahl« mit der Aufschrift »S.P.D. Lumpen Wernigerode« tragen, als sie von bewaffneten SA-Männern mit Spott und Hohn durch die Stadt geführt wurden. In der ersten Reihe die aus dem Amt gejagten entlassenen Stadträte Richard Bartels, Paul Menger und Willy Steigerwald.

Am nächsten Tag wurden zwar die meisten SPD-Funktionäre wieder entlassen, sechs aber von ihnen, darunter Willy Steigerwald, ins Amtsgerichtsgefängnis eingeliefert. Drei von ihnen wurden zwei Tage später nach Hause geschickt; weiter festgehalten wurden Willy Steigerwald, der Stadtverordnete Otto Goedecke und Otto Beckmann aus Elbingerode. Viele von den 81 »Schutzhäftlingen« kamen nur mit gebrochenen Rippen, Wunden und blauen Flecken davon, verursacht durch Fußtritte, Prügel und Schläge mit Lederriemen.

Seit dieser Zeit waren Willy Steigerwald und seine Familie ständig unter Aufsicht. Er hatte immer wieder mit Vorladungen zu tun und musste zusehen, wie er seine Familie ernähren konnte. Die Situation verschärfte sich entscheidend durch die Rassegesetzgebung von 1935. Das Reichsbürgergesetz stellte in § 2 fest: »Reichsbürger ist nur der Staatsangehörige deutschen oder artverwandten Blutes, der durch sein Verhalten beweist, dass er gewillt und geeignet ist, in Treue dem Deutschen Volk und Reich zu dienen.« Dabei spielte vor allem das »deutsche oder artverwandte Blut« eine Rolle, die mit der Rassentheorie begründet wurde. »Reichsbürger« konnte demnach

---

8 Siehe unter Regensburger S. 81f.

9 Dabei handelte es sich um das Verwaltungsgebäude an der Straße (abgerissen; heute Parkplatz und Drogeriemarkt) sowie um einen Teil des Fabrikgebäudes, das als Sporthallte genutzt wurde.

nur sein, wer ein »Arier« war. Das wiederum regelte das »Gesetz zum Schutze des deutschen Blutes und der deutschen Ehre«. Es galt »die Reinheit des deutschen Blutes« zu erhalten. Um dies zu erreichen, waren fortan »Eheschließungen zwischen Juden und Staatsangehörigen deutschen oder artverwandten Blutes« verboten. Dennoch »geschlossene Ehen sind nichtig«. Steigerwalds Ehe war noch vor den Rassegesetzen geschlossen und hatte deswegen einen »privilegierten« Status, war eine sogenannten Mischehe.

Aber gerade darum wurde Marta Steigerwald unter Druck gesetzt: Sie solle sich als evangelisch bekennende Frau von ihrem jüdischen Mann trennen und scheiden lassen. Das wollte sie aber nicht. War Willy Steigerwald überhaupt ein »Jude«? Bereits auf seiner Heiratsurkunde ist »glaubenslos« und auf der Sterbeurkunde »Dissident« vermerkt. Die Glaubenszugehörigkeit war den Nationalsozialisten überhaupt nicht von Interesse, es ging ihnen um die »Rassenzugehörigkeit«. Für sie war Steigerwald einerseits ein zu beseitigender »ideologischer Feind« und noch dazu ein rassischer Jude, dem ein großes rotes »J« in den Pass gestempelt und der Name »Israel« zugelegt wurde – nur, weil er jüdisch-gläubige Vorfahren hatte.

Wer seit 1935 heiraten wollte, musste nachweisen, dass er »arischer« Abstammung war. Und das meinte, dass nicht nur seine Eltern, sondern auch die beiden Großeltern »Arier« waren. Das führte dazu, dass Nachweise erbracht und vorgelegt werden mussten. Stellte sich heraus, dass einer oder eine der vier Großeltern »jüdisch« gewesen ist, war eine Eheschließung verboten. In der Auslegung führte das dazu, dass jemand ein Halb- oder ein Vierteljude wurde, je nachdem ob er oder sie zwei oder auch nur ein »jüdisches« Großelternteil hatte. Bei der Volksbefragung von 1939 wurde das akribisch erfragt; es mussten vier Felder für jüdische Großeltern mit Ja oder Nein ausgefüllt werden. Für Steigerwalds bedeutete das: Sie lebten in einer verbotenen Mischehe und ihre beiden Kinder waren »Halbjuden«. Zur Zeit, als die Rassegesetze verabschiedet wurden, war das Tragen des »Gelben Sterns« noch nicht verordnet. Dieses diskriminierende Judenzeichen wurde am 1. September 1941 vorgeschrieben.

Willy Steigerwald wurde wie »sämtliche arbeitsfähigen männliche Juden« – aber nur »reichsdeutsche« – in den Morgenstunden des 10. November 1938 nach der Pogromnacht aufgesucht, im Polizeigefängnis in der Unterengengasse inhaftiert und nach Magdeburg gebracht. Von dort ist er zusammen mit den Löwensteins, Pfarrer Benfey, Fritz Reichenbach und anderen in das seit 1937 eingerichtete Konzentrationslager Buchenwald überführt worden. Steigerwald war einer der etwa 10 000 Menschen, die hier als »Aktionsjuden« – abgeleitet von der »Aktion von Rath«[10] – eingesperrt wurden. Wie auch eine Reihe anderer ist er mit Auflagen nach 10 Tagen freigelassen worden. Geschunden und geschlagen kam er bei seiner Familie an, ständig getrieben von der Angst vor einer erneuten Verhaftung.

---

10 Auf Ernst Eduard von Rath, Botschaftssekretär in Paris, wurde am 7. November 1938 durch Herschel Grynszpan ein Attentat verübt, an dessen Folgen er zwei Tage später starb. Das wurde von NSDAP und Regierung zum Anlass genommen, die »Kristallnacht« in Gang zu setzen.

Auf einer Liste[11] – vermutlich von 1936/37– wurde bei Willy Steigerwald als Beruf »Dekorateur, Redakteur der SPD-Zeitung, Redner und Hetzer« angegeben. Außerdem wurde bei ihm »Jude oder jüdischer Abstammung« vermerkt. Mit ihm wurden Richard Bartels (1896–1979)[12] und Otto Goedecke (1881–1957)[13] genannt. Damit waren sie als Gegner des Nationalsozialismus einer ständigen Überwachung und Beobachtung ausgeliefert und mussten jederzeit mit einer Verhaftung rechnen.

Die Belastungen konnte Willy Steigerwald nicht aushalten. Vermutlich wählte er zwischen dem 20. Juni und dem 2. Juli 1941 den Freitod. Zumindest geht ein Teil seiner Familie davon aus. Jedenfalls verließ er am 20. Juni seine Wohnung und kam nicht zurück. Erst zwölf Tage später wurde er am Scharfenstein zwischen Ernst-Moritz-Arndt-Weg und Pisseckenweg im Wernigeröder Forst tot aufgefunden. Da seinerzeit keine kriminaltechnischen Untersuchungen erfolgten, sind Spekulationen überflüssig.

Noch während der Besatzungszeit, als Wernigerode zur sowjetisch besetzten Zone gehörte, hat Marta Steigerwald für ihren Mann einen Fragebogen der Forschungsstelle beim Landesvorstand der Vereinigung der Verfolgten des Naziregimes (VVN) ausgefüllt.[14] Darin bestätigt sie die Verhaftungen von 1933 und Verletzungen am Kopf, die Willy Steigerwald in der SA-Führungsschule Wernigerode erlitten hat, ebenso wie die Inhaftierung im KZ Buchenwald.

Marta Steigerwald war nach dem Krieg sehr verbittert darüber, dass ihr Antrag auf Anerkennung als Verfolgte des Naziregimes nicht anerkannt wurde und sie keine entsprechende Rente erhielt.[15] Sie starb mit nur 55 Jahren am 15. Mai 1949.

Und die Kinder? Ilse (* 18.7.1920) blieb ohne Beruf. Sie hatte als »Halbjüdin« keinen Ausbildungsplatz erhalten. Sie arbeitete im Hotel, dann auch Gaststätte »Küsters Kamp«, in den 1920er Jahren zu einem Erholungsheim umgewidmet, heute ein Seniorenheim der Gemeinnützigen Gesellschaft für Sozialeinrichtungen Wernigerode mbH (GSW). Auch sie wurde nicht als Opfer des Nationalsozialismus anerkannt, obwohl ihr von der SA – »du Judenkind!« – die Zähne ausgeschlagen worden waren. 1945 trat sie in die neu gegründete SPD ein, heiratete Ernst Heise, hatte ein Kind – Doris (*1947). Ilse Heise geborene Steigerwald ist am 25. Juli 2006 gestorben.[16]

---

11 Landesarchiv Sachsen-Anhalt Magdeburg Rep P 25, Nr. 5 / 3 / 01 / 263.

12 Richard Bartels war u. a. SPD-Vorsitzender in Wernigerode, Stadtverordneter, 1930–1933 unbesoldeter Stadtrat, wurde 1946 in die SED übernommen, später verhaftet, floh in die Bundesrepublik (alt); seine Geschichte findet sich ausführlich bei Ralf Mattern a.a.O. (passim).

13 Otto Goedecke war während der Weimarer Republik Ortsvorsitzender der USPD, Stadtverordneter, schloss sich nach 1945 der SPD an und wurde Stadtrat; auch seine Geschichte ist ausführlich dokumentiert bei Ralf Mattern a.a.O.

14 Stiftung Archiv der Parteien und Massenorganisationen der DDR im Bundesarchiv (SAPMO) Dy 55 / V 278/4/73.

15 Nach Auskunft ihrer Enkelin Doris Klöpfer-Winter.

16 Dies und mehr hat die Tochter Doris Klöpfer-Winter dem Autor am Telefon erzählt (15.3.2021).

Doris Heise (später Klöpfer-Winter) ist behütet in der DDR aufgewachsen. Sie entstammte ja einer Arbeiterfamilie und viele Förderungen des sozialistischen Staates kamen ihr zugute. Sie erhielt eine gute Schulbildung und wurde als Handelskauffrau ausgebildet, war Mitglied der Freien Deutschen Jugend (FDJ) und dann der SED, machte beruflich Karriere und konnte auch ins Ausland reisen. Alles gut? Sie selbst meint, sie konnte oft »nicht die Klappe halten«. Das habe sie von ihrer Mutter geerbt. Im Ruhestand ist sie in die alte Bundesrepublik umgezogen, wurde geschieden, hat sich neu verheiratet. Jetzt sei sie alt geworden. Aber eines hat sich in ihr fest verankert. Die Vergangenheit beschäftigt sie sehr, nur da gibt es nicht mehr viel zu erfahren. Die handelnden Personen sind nicht mehr am Leben. Und gerade über ihre Großeltern Marta und Willy Steigerwald habe sie kaum etwas erfahren. »Gespräche in der Familie waren tabu!« Sie meint, das läge auch an ihren Erfahrungen in der DDR. Der Großvater Willy war eben überzeugter SPDler und nicht bei den Kommunisten. Und ihre Großmutter sei ja auch schon gestorben, als sie noch ein ganz kleines Kind war. Und ihr Onkel Heinz wurde SED-Funktionär, hat sich später von der Familie getrennt. Sie habe versucht, mit ihm in Berlin Kontakt aufzunehmen. Da kam nur eine Postkarte zurück: »Habe kein Interesse.«

Über Heinz Steigerwald ist so viel zu erfahren: Geboren war er in Wernigerode am 16.4.1925. Dreher und Schlosser hatte er gelernt. 1944/45 wurde er – weil als Halbjude nicht zur Wehrmacht verpflichtet – zum Zwangsdienst bei der Organisation Todt[17] herangezogen. Nach dem Krieg arbeitete er als Installateur, trat früh der SED bei, wurde Betriebsrat und 1950/51 Zweiter Sekretär der SED-Kreisleitung in Wernigerode bzw. Haldensleben. Nach einem Lehrgang bei der Landesparteischule Sachsen-Anhalt studierte er in Moskau an der Parteihochschule der KPdSU. Danach übernahm er Funktionen bei der SED-Leitung in Magdeburg und ab 1953 in Berlin. Nachdem er 1958 wegen »revisionistischen Verhaltens« von allen Funktionen abgelöst worden war, arbeitete er in der Verwaltung des VEB Werkzeugmaschinenfabrik in Berlin-Treptow. Seine letzte Funktion war die Leitung Wissenschaft im Staatlichen Amt für Arbeit und Löhne. Heinz Steigerwald starb am 23. Februar 2002 in Berlin.[18]

Für Willy Steigerwald wurde in Wernigerode vor dem letzten frei gewählten Wohnort Georgiistraße 31 ein Stolperstein verlegt.

---

17 Die Organisation Todt war eine paramilitärische Bautruppe im Dritten Reich.

18 Wer war wer in der DDR? Ein Lexikon ostdeutscher Biographien; Helmut Müller-Enbergs (Hg.), Band 2: M–Z; 5., aktualisierte und erweiterte Neuausgabe, Berlin 2010.

NICHT VERGESSEN

Weitere Familien und Mitbürger in Wernigerode

Über die dargestellten Familiengeschichten hinaus sind weitere Mitbürgerinnen und Mitbürger mit jüdischen Wurzeln in Wernigerode namentlich bekannt, über deren Geschichte, Leben und Wirken bisher kaum etwas zu erfahren war. Ihre Namen sollen auf den folgenden Seiten genannt werden. Von einigen gibt es weniges zu erzählen. Von anderen ist nur bekannt, dass sie in Wernigerode geboren sind oder sich hier kurz aufgehalten haben. Noch andere sind vielleicht noch gar nicht entdeckt worden. Leider gibt es größere Lücken, das bedauert der Autor ausdrücklich. Alle die Familien, über die im Hauptteil berichtet wurde, werden hier nicht noch einmal genannt.

Ausgangspunkt für die Recherche ist die Volkszählung von 1939[1], bei der alle Juden auf »Ergänzungskarten« erfasst werden mussten. Dabei wurde gefragt: »War oder ist einer der vier Großelternteile der Rasse nach Volljude?«[2] In den handschriftlichen Angaben der amtlichen Listen (Bundesarchiv Abt. Potsdam) haben sich manche Angaben, sofern sie nicht unleserlich sind, als fehlerhaft erwiesen. Einzelne der aufgeführten Personen sind möglicherweise auch nur für ein paar Tage in Wernigerode gewesen und haben ihre Daten am Tage der Volkszählung hinterlassen, da sie in Adressbüchern nicht genannt werden. Die Namen werden der Vollständigkeit wegen alle genannt; die jeweiligen Anmerkungen geben Auskunft. Außer den Geburtsdaten lassen sich in der Regel keine Sterbedaten finden.

Die hier vorliegenden Daten und Angaben wurden mit den Arolsen Archives, den Yad Vashem Archives, dem Gedenkbuch des Bundesarchives, den Deportationslisten und den Ausbürgerungslisten deutscher Staatsbürger 1933–45[3] abgeglichen. Trotz aller Sorgfalt kann jedoch nicht ausgeschlossen werden, dass in der folgenden Zusammenstellung Fehler enthalten sind. Ergänzungen und Korrekturen bleiben weiterer Forschung überlassen.

Hinweis: Die zahlreichen Wiederholungen bei den Angaben zu den Namen sollen ermöglichen, sie auch je für sich verständlich zu machen.

---

1 Census 1939 (Erfassung der Juden) in Sachsen-Anhalt und Land Anhalt – Ergänzungskarten; Bundesarchiv Abt. Potsdam BArch, R 1509 (Reichssippenamt). Digitalisiert zugänglich unter Mapping the lives (www.mappingthelieves.org); unter »Wernigerode« finden sich 127 Daten, davon allerdings viele mit NNNN gekennzeichnet (viermal Nein bei Großeltern) oder aus heutigen Ortsteilen wie Schierke oder Minsleben. Leider sind zahlreiche Schreibfehler zu finden.

2 Umstritten ist in der Forschung, ob die Rassezugehörigkeit trotz des Verbotes der Weitergabe von statistischen Erhebungen dennoch an die Gestapo weitergegeben wurde, um für die Erstellung von Deportationslisten zu dienen. Die Gestapo hatte über Melderegister auch andere Möglichkeiten, an Namen und Daten von Juden zu kommen.

3 Hepp, Michael (Hg.): Die Ausbürgerungen deutscher Staatsangehöriger 1933–45, Bd. 1–3, München 1985/88.

Barner, Gerhard
* 1.9.1927 in Braunlage; Wohnung in Wernigerode, Sylvestristraße 3; fehlt im Adressbuch 1939/40, wird aber in den Ergänzungskarten der Volkszählung von 1939 geführt.

Barner, Liselotte
* 26.8.1924 in Hamburg und

Barner, Juliane
* 27.8.1928 in Göttingen; wohnen beide in Wernigerode, Schülerstraße 12 (heute: Louis-Braille-Straße); sie fehlen im Adressbuch 1939/40, werden aber in den Ergänzungskarten der Volkszählung 1939 erfasst.

Baumann, Walter
* 28.1.1909 in Wernigerode; Beruf: Buchhalter; Wohnung in Wernigerode, Ilsenburger Straße 36 (so das Adressbuch 1939/40), vorher in der Breiten Straße 110 (1934); früher in Wernigerode nicht bekannt.

Begach, Paula
* 3.3.1889 in Wernigerode; ihre Eltern sind Kaufmann Nathan Begach und Clara geborene Sachs in der Burgstraße 50 – beide »mosaischer Religion«.[4] Später hatte sie ihren Wohnsitz bei ihrem Vater in Berlin-Charlottenburg, Suarezstraße 50. Von dort wurde sie mit dem 18. Osttransport am 15.8.1942 in das Ghetto Riga deportiert; sie hatte unter den rund 1000 Deportierten die laufende Nr. 408, wurde mit 54 Jahren als arbeitsfähig eingestuft und erhielt die Kennzeichen-Nr. 15600. Zwei Tage später wurde sie ermordet.

Paula hatte noch Geschwister: die ältere Ludmilla Minna (* 6.2.1888) und die jüngeren Anna (* 20.12.1891) und Gertrud (* 13.4.1894 – † 1973 in Kaufbeuren).[5]

Während bei Paula, Gertrud und Ludmilla Minna auf der Geburtsurkunde im Jahr 1939 der verpflichtende Zusatz »hat den Namen Sara angenommen« angebracht ist, der dann 1948/1949 für »ungültig« erklärt wurde, fehlt diese Kennzeichnung bei Anna – warum auch immer.

Von Ludmilla Minna ist noch bekannt, dass sie verheiratet war, den Namen Sachs trug und in Frankfurt am Main, Sandweg 28 III zu Hause war.[6] Am frühen Morgen des 22. November 1941 wurde sie mit weiteren Juden aus Frankfurt in die Kellerräume der Großmarkthalle Ostend gebracht, während oben der Handel wie jeden Tag weiter ging. Nachdem den 990 Frauen, Männern und Kindern die letzten Habseligkeiten weggenommen waren, wurden sie in Güterwagen gepfercht und mit dem Ziel Riga deportiert. Da dort das Ghetto bereits überfüllt war, wurde der

4 Stadtarchiv Wernigerode, Hauptarchiv 1889 (Geburtsregister), Nr. 72.
5 Alle Angaben aus den Geburtsregistern des Stadtarchives Wernigerode.
6 So angegeben in der Ergänzungskarte zur Volksbefragung 1939.

Zug nach Kowno (Kaunas) umgeleitet und die Deportierten in die Festung Fort IX getrieben. Am nächsten Tag (25. November 1941) mussten sie und weitere mehr als 2000 Juden beim »Morgensport« durch den Wald laufen. Heckenschützen haben mit Maschinengewehren alle erschossen, es gab keine Überlebenden.[7]

Vater Nathan Begach hatte im Adressbuch Wernigerodes aus dem Jahr 1889 eine Anzeige geschaltet, mit der er sein Geschäft vorstellte: »Handelt mit Corsets, Regen- und Sonnenschirmen, Strickgarne, Strumpf- und Wollwaren, Tapisserie-Waren, Decken, Tricotagen. – Grösste Auswahl! Billigste Preise!« Ab 1897 fehlt jeder weitere Eintrag. Er war am 10. März 1856 in Tuchola (Tuchel/ Pommern) geboren. Was ihn veranlasst hat, nach Wernigerode zu kommen, ist ebenso nicht zu erkennen wie sein Abschied nach Berlin noch vor der Jahrhundertwende.

Boehnke, Sophie geborene Hempel
* 14.7.1854 in Magdeburg; wohnhaft in Wernigerode, Malzmühle 6; Witwe; so im Adressbuch 1939/40, fehlt aber in allen früheren Adressbüchern.

Brodnitz, Dr. phil. Lilly
* 23.10.1897 in Berlin – † 1942 Ghetto Warschau.
Dr. phil. Lilly Charlotte Brodnitz ist im Einwohnerbuch Wernigerodes von 1934 noch nicht genannt, möglicherweise ist sie in dieser Zeit in Schierke zu Hause.[8] Sie hatte in Jena studiert und promoviert; in welchem Fachbereich ist nicht bekannt, vermutlich aber in einem pädagogischen, da sie als Studienreferendarin a. D. geführt wird. Verheiratet war sie nicht, hatte auch keine Kinder. 1939/40 ist sie im Wernigeröder Adressbuch verzeichnet: Pulvergarten 5a. In diesem Haus lebten außer ihr u. a. die Heimatschriftstellerin Käthe Papke (1872–1951) und Pastor i. R. Karl Hohbohm.

Lilly Brodnitz wohnte um 1940 noch kurz in der Hornstraße 31 im Hause von Justizrat Emil Kaufmann[9], musste aber im Januar 1942 ebenso wie ihr Vermieter, die Löwensteins[10] und andere in eines der »Judenhäuser« von Halberstadt umziehen, wo sie unter erbärmlichen Umständen hauste. Angeblich war sie angezeigt worden, weil sie den Judenstern nicht getragen hatte; sie wurde deswegen zu einer Geldstrafe von 1000 RM verurteilt, die sie an das Rote Kreuz zu zahlen hatte.[11] Den Zwangsumzug nach Halberstadt musste sie mit 50 RM selber bezahlen. Von ihrem Vermögen auf einem Sperrkonto hatte sie noch 100 RM und 250 RM an die Jüdische Kultusvereinigung in Magdeburg überweisen können.

---

7 Bildungsstätte Anne Frank, Blog »On this day: Deportation Frankfurter Jüdinnen und Juden nach Kowno, Litauen«; www.bs-anne-frank.de/mediathek/blog (abgerufen am 15.6.2022).

8 So der Text zum Stolperstein der Familie in Berlin, Zimmermannstraße 7.

9 Siehe unter Kaufmann, S. 59.

10 Siehe unter Löwenstein, S. 76.

11 Nach Hermann D. Oemler: Geschichte der Juden in Wernigerode, Manuskript 2000, Harzbücherei Wernigerode.

Am 12. April 1942 stand sie mit weiteren über 100 Juden beim Einwohneramt auf dem Domplatz in Halberstadt, dort wo heute die Gedenkstelen erinnern, und wurde mit den anderen in ein Sammellager nach Magdeburg gebracht. Von dort ging der Transport über Potsdam nach Berlin weiter, bevor sie mit fast 1000 Menschen in das Warschauer Ghetto deportiert wurde. Auf der Deportationsliste der Gestapo hatte sie die Nr. 400; Käthe und Willy Benjamin Löwenstein aus Wernigerode hatten die Nummer 401 und 402. Ob sie miteinander gesprochen haben? Der Transport kam am 14. April 1942 in Warschau an. An welchem Tag Dr. Lilly Brodnitz dort umgekommen ist, ist nicht bekannt.

Wie aus einem Schriftwechsel zwischen der Kreissparkasse Wernigerode und der Oberfinanzdirektion Magdeburg 1942 hervorgeht, hatte ihr Wertpapierdepot am 6. Mai 1942 einem Bestand von 20175 RM. Die Sparkasse fragte, ob die Inhaberin des Depots überhaupt noch deutsche Staatsangehörige sei. Worauf der Oberfinanzpräsident umgehend antwortete: »Die genannte Jüdin hat mit der Abschiebung nach dem Generalgouvernement [Warschau] die deutsche Staatsangehörigkeit verloren, ihr inländisches Vermögen ist verfallen und Eigentum des Reiches geworden.«[12] Eigentlich müsste für Dr. Lilly Brodnitz noch ein Stolperstein an ihrem letzten frei gewählten Wohnsitz verlegt werden.[13]

Cohn, Julius
Cohn, Lina geborene Ullmann
Cohn, Max
Cohn, Hedwig
Cohn, Richard
Cohn, Frieda
Cohn, Sidonie Emilie
Cohn, Josua

Die Familie mit ihren (zunächst) drei Kindern wohnte gemeinsam mit Großvater Josua Cohn in der früheren Judengasse, heute Oberengengasse 6. Sie gehörte zu den ersten jüdischen Bürgern, die nach der Aufhebung des Verbotes, sich in der Grafschaft Wernigerode niederzulassen, zugezogen sind. In der ersten Erfassung der Juden 1874 wird Julius Cohn noch als Trödelhändler geführt. Nach dem Adressbuch 1875 ist die Familie in die Unterengengasse 12 umgezogen, wird dann aber 1877 nahe dem Westerntor in der Westernstraße 28 sesshaft. Josua Cohn wird nicht mehr erwähnt, der Großvater ist wahrscheinlich gestorben. Dafür wird aber Frieda Cohn als Tochter in der Familie genannt. Und ein Jahr später auch noch die Tochter Sidonie Emilie.

---

12 Landesarchiv Magdeburg G 11 Nr. 3066; in den amtlichen Ausbürgerungslisten des Reichsanzeigers wird ihr Name nicht geführt.

13 Zur Familie Brodnitz siehe unter https://www.stolpersteine-berlin.de/sites/default/files/stolpersteine/dateien/flyer_brodnitz_familie-zimmermannstr_7- 2020_0.pdf (Abruf 23.11.2021).

Da erst 1874 in Preußen Standesämter eingeführt wurden, ließ sich nur für Sidonie Emilie eine Eintragung finden. Darin zeigt Kaufmann Julius Cohn (mosaischer Religion) an, dass seine Ehefrau Linna (sic!) Cohn, geborene Ullmann am 9. Juni 1878 ein Kind geboren hat, das den Namen Sidonie Emilie erhalten habe. Die Urkunde ergänzt noch, dass diese Cohn-Tochter 1961 in Berlin, Prenzlauer Berg gestorben sei. Eine Randeintragung vermerkt, dass Sidonie Emilie verheiratete Witschel 1943 in Berlin, Greifswalder Straße 51, gewohnt und den Namen »Sara« angenommen habe, aber dieser zusätzliche Name aufgrund der Aufhebung faschistischer Gesetze seit 1948 ungültig sei.[14]

Das Ansehen des Familienhauptes war offensichtlich gestiegen. Er wurde jetzt als Kaufmann geführt, der ein Schuh- und Stiefelgeschäft betreibt. Ab 1879 wird die Familie Cohn nicht mehr in den jährlichen Berichten des Magistrates an die Königliche Regierung in Magdeburg erwähnt. Auch in den Adressbüchern wird sie nicht genannt. Es verliert sich jede Spur. In das Haus Westernstraße 28 zog die Familie Meyerstein[15] ein.

Fischer, Martha geborene Schwartz
*16.10.1869 in Berlin; »verwitwete Frau Steuerinspektor«; wohnhaft in Wernigerode, Mettestraße 15a; so auch im Adressbuch 1939/40.
Steuerinspektor Franz Fischer war am 10.12.1866 in Breslau geboren, hatte am 5.10.1895 in Königsberg/Neumark Martha Schwartz geheiratet. Ende der 1920er Jahre ist das Ehepaar nach Wernigerode gezogen. Ob sie Kinder hatten, war bisher nicht zu erfahren. Sie wohnten zunächst in der Mettestraße 7, später Mettestraße 14. Als Franz Fischer am 22.6.1932 starb, ist die Witwe schließlich in das Haus ihrer Nachbarin Auguste Brachmann in der Mettestraße 15a umgezogen. Die Todesurkunde zeigt die damalige Rechtsordnung: Frauen waren ohne Männer nur bedingt rechtsfähig, denn erst der Magistratssekretär Willi Rinke musste die Witwe Auguste Brachmann als Anzeigende bestätigen, nicht etwa die Ehefrau. Und Witwe Bachmann wiederum musste ausdrücklich erklären, »dass sie von diesem Sterbefall aus eigener Wissenschaft unterrichtet« sei.[16]

Geißler, Marta geborene Barthold
* 1.12.1880 in Zerbst; wohnhaft in Wernigerode, Marktstraße 8; Witwe; so im Adressbuch 1939/40, in allen früheren nicht nachweisbar.

Henius, Agnes geborene Fried
* 24.8.1868 in Berlin; Witwe, wohnhaft in Wernigerode, Gartenstraße. 10; so im Adressbuch 1939/40. In den Adressbüchern von 1922 bis 1934 wird Oskar Henius als Kaufmann geführt, zuletzt als Privatmann.

---

14 Stadtarchiv Wernigerode, Hauptregister 1878 Nr. 136.
15 Siehe unter Weitere Familien und Mitbürger S. 174f.
16 Stadtarchiv Wernigerode, Sterbeurkunde Nr. 184 vom 23. Juni 1932.

Das Bankhaus Schoof, Wilkens & Co. in Wernigerode hat sich am 8. April 1942 an den Oberfinanzpräsidenten in Magdeburg gewandt, um mitzuteilen, dass die »Jüdin Agnes Sara Henius« ein Sicherheitskonto unterhält, auf dem 87 RM stehen und über ein Depot mit Wertpapieren in Höhe von 150 RM mit einem Rückzahlungswert von 750 RM verfügt. Daraus ist zu schließen, dass die Guthaben zugunsten des Deutschen Reiches eingezogen werden könnten oder sollten.

Auf Deportationslisten und auf den Ausbürgerungslisten ist ihr Name nicht zu finden. Sie soll in ihrer Wohnung tot aufgefunden worden sein, als sie am 13. April 1942 abgeholt werden sollte, um mit den Halberstädtern deportiert zu werden. Der Schlüssel zur Wohnung wurde dem Wohlfahrtsamt in Wernigerode übergeben.[17]

Herz, Wilhelm
* 18.2.1873 in Halle/Saale; Wernigerode, Ilsenburger Straße 40.[18]

Hildesheimer, Gert
* 1.12.1930 in Berlin-Schöneberg; nach den Ergänzungskarten bei der Volkszählung 1939 ein sogenannter Halbjude. Möglicherweise ist Olga Hildesheimer geborene Büring * 26.11.1905 in Berge (Mark Brandenburg) seine Mutter, die er 1939 besuchte – eine »Arierin«. Im Adressbuch 1939/40 wird nur Olga Hildesheimer, Am Eichberg 2 genannt; in allen früheren ist sie nicht zu finden.

Holldack, Hans[19]
Holldack, Helene
Holldack, Ilse-Lisa
Holldack, Klaus
Holldack, Gerda
Hans Holldack war am 22.8.1879 in Königsberg (Pr.) geboren. Sein Landwirtschafts-Studium schloss er mit einer Dissertation »Untersuchungen über die Individualität und Futterdankbarkeit der Milchkuh« 1904 an der Universität Königsberg ab. Ab 1908 lehrte er an der Landwirtschaftlichen Hochschule Hohenheim, später an der Landwirtschaftlichen Hochschule Bonn-Poppelsdorf. 1919 gab er seine Lehrtätigkeit auf und widmete sich Versuchen mit Bodenfräsen und Bodenuntersuchungen zur Verbesserung der Bodenkultur. Als ordentlicher Professor übernahm er 1928 den Lehrstuhl für Landmaschinenlehre an der Universität Leipzig. Da er als »Halbjude« gekennzeichnet war, musste er entsprechend der nationalsozialistischen Rassegesetzgebung seinen Lehrstuhl in Leipzig verlassen, nahm seinen Wohnsitz in

17 Beachte die Daten. Die Information ist entnommen einer Notiz / Abschrift im Landesarchiv Magdeburg, Rep K 13 Wernigerode, Nr. 541.
18 Nach Ergänzungskarte bei der Volkszählung 1939; nicht im Adressbuch Wernigerode.
19 Die Schreibweise des Namens »Holldach« in Adressbüchern ist fehlerhaft.

Wernigerode, Hermann-Löns-Weg 16 und lehrte ab 1934 bis 1938 in Dänemark und in Persien (Iran). 1939 wurde er bei der Volkszählung in Wernigerode erfasst. Nach Ende des Krieges kehrte er nach Deutschland zurück und konnte seinen Lehrstuhl in Leipzig wieder übernehmen. Am 11.8.1950 ist er kurz vor seinem 71. Geburtstag in Leipzig gestorben. Sein Grab findet sich auf dem Städtischen Zentralfriedhof in Wernigerode-Hasserode.[20]

Seine Ehefrau Helene Holldack (Lena) geborene Ehlers stammt ebenfalls aus Königsberg (Pr.) und wurde am 25.3.1884 geboren. Sie starb am 20.12.1948 und wurde in Wernigerode bestattet.[21] Das Ehepaar Holldack lebte nach den Rassegesetzen in einer sogenannten »privilegierten Mischehe«, weil sie als »arisch« geführt wurde, was ihm einen gewissen Schutz gewährte, da er sich nicht scheiden ließ. Gemeinsam hatten sie drei Kinder, die alle in Stuttgart-Degerloch geboren wurden:
Ilse-Lisa Holldack, Gymnasiallehrerin, geboren am 27.10.1910,
Klaus Holldack, geboren am 3.5.1912,
Gerda Holldack, (Kranken-)Schwester, geboren am 26.5.1913.
Im Adressbuch 1939/40 werden nur Ilse und Gerda Holldack genannt.
Prof. Dr. Felix Holldack (1880–1944), ab 1920 Rechtswissenschaftler an der Technischen Hochschule in Dresden, war ein Bruder von Hans Holldack.

Hüter, Rosette geborene Chaskel
* 12.7.1874 in Danzig; wohnhaft in Wernigerode, Mühlental 15[22] mit ihrem Ehemann Ernst Hüter (»arisch«), * 13.12.1866 in Königsberg (Pr.); im Adressbuch 1939/40 wird nur Ernst Hüter genannt.

Illies, Hildegard geborene Goslich
* 1.6.1893 in Hamburg; wohnhaft in Wernigerode, Zwölfmorgental 2.
Hildegard Illies wurde als sogenannte »Vierteljüdin« erfasst, da sie mütterlicherseits eine jüdische Großmutter hatte. Sie war verheiratet mit dem Maler Otto Illies (1881–1959), der seit 1924 bis zu seinem Tode in Wernigerode lebte und wirkte. Sie führten eine nach den Rassegesetzen »privilegierte Mischehe«, so dass sie zwar unter Beobachtung, nicht aber unter einer direkten Verfolgung leiden mussten. Gemeinsam hatten sie vier Kinder: Zoë, Almuth und Heilwig, die in Hamburg-Blankenese geboren wurden, und Gunhild, die in Wernigerode geboren ist. Im Adressbuch 1939/40 wird nur Otto Illies genannt.

20 Vgl. ausführlich bei Wikipedia; zuletzt abgerufen am 31.5.2022; auch Matthias Meissner unter www.kreis-hz.de/de/wissenschaftler-techniker-und-forscher/holldack-hans.html.

21 Wie auch ihre Mutter Elise Ehlers geborene Loeffke (6.12.1862–17.4.1945).

22 Ein Friedrich Hüter, Schneidermeister, ist im Adressbuch 1889 in der Oberengengasse 12, 1897 in der Ottostraße 6 (heute Joh.-Seb.-Bach-Straße) vermerkt.

Japha, Lothar
* 11.11.1920 in Berlin; wohnhaft wahrscheinlich in Berlin-Wilmersdorf, Kaiserallee 24, und möglicherweise bei der Volkszählung im Mai 1939 besuchsweise in Wernigerode, Lindenbergstraße 4; hat überlebt.

Kepes, Helmut
* 23.9.1889 in Debrecen; wohnhaft in Wernigerode, Harburgstraße 1
Eigentümerin des Hauses in der Harburgstraße 1 war seine Ehefrau Erna Kepes geborene Zabel (* 22.4.1890 in Halle). Möglicherweise haben sie sich während des Studiums in Halle kennengelernt, denn beide waren von Beruf Chemiker. Er stammte aus Ungarn und kam 1939 nach Wernigerode, konnte aber wegen des Krieges nicht mehr fort von hier. Über seine Frau ist nichts weiter zu erfahren. Später wohnte das Ehepaar in der Graf-Henrich-Straße (heute: Rathenaustraße). In der Zeit der DDR ist er nach Berlin gezogen. Wieso hat er überleben können? Da Erna Kepes eine »Arierin« war, wurde die Ehe als »privilegiert« eingestuft. Geschützt wurde Helmut Kepes aber durch Richard Krabisch[23], der während der Nazizeit bei der Polizei Wernigerode als Kriminaloberassistent tätig war. Nach 1945 arbeitete Krabisch als Pförtner, 1948 wurde er angezeigt: Er habe während seiner Zeit bei der Kriminalpolizei eine Russin, die als Dolmetscherin arbeitete, geschlagen. Im Prozess trat Helmut Kepes als Entlastungszeuge auf: Krabisch sei sein Lebensretter gewesen. Wieso? Krapisch habe den ungarischen Namen, der ihn möglicherweise als Juden verraten hätte, einfach in »Kapes« geändert. So sei er niemals entdeckt worden. Im Adressbuch 1939/40 ist auch nur »Kapes« angegeben.

Kirschstein, Max[24]
* 24.4.1875 in Czarnikau (Posen) – † 1942 im Ghetto Riga
In Wernigerode bestand die Firma Siegfried Caspary, ein Weiß-, Woll- und Posamentenwarenhandel in der Breiten Straße 56. Caspary war wahrscheinlich ein Onkel von Max Kirschstein, denn seine Mutter war eine geborene Caspary. Bereits 1904 war er in das Geschäft eingestiegen, das ein Jahr zuvor einen Inventurausverkauf angezeigt hatte. Seine Wohnung hatte er zeitweise in der Burgstraße 7, 1914 aber in der Burgstraße 9 im Hause von Willy Löwenstein, dem Geschäft »Deutsche Moden«. Ab 1926 wird Kirschstein immer in der Breiten Straße 56 verzeichnet.

»Zuchthausstrafe für einen Rasseschänder« titelte die Wernigeröder Zeitung.[25] Am 23. Februar 1937 wurde Max Kirschstein zu zwei Jahren Zuchthaus und Aberkennung der bürgerlichen Ehrenrechte für fünf Jahre verurteilt. Im Handelsregister von

23 Zeitzeugenaussage von Jürgen Krabisch (1991); Privatarchiv Renate Goetz.
24 So sein Name korrekt; vielfach wird er fälschlicherweise als »Kirchstein« geschrieben.
25 Wernigeröder Zeitung und Intelligenzblatt Nr. 46, 1937.

Wernigerode ist zu lesen, dass der Betrieb zwei Tage später »eingestellt« und am 28.7.1937 »von Amts wegen abgemeldet« wurde.

Was war geschehen? Max Kirschstein war ledig, hatte aber eine »christliche Gefährtin«, von der er sich auch nach Inkrafttreten der Nürnberger Rassegesetze 1935 nicht trennte.[26] Im November 1936 zeigte ihn ein SA-Mann wegen »rassenschänderischer Beziehung« an, woraufhin er mit Haftbefehl in Untersuchungshaft genommen wurde. Kirschstein wurde beschuldigt, fortgesetzt »außerehelichen Verkehr zwischen Juden und Staatsangehörigen deutschen oder artverwandten Blutes gehabt zu haben«.[27]

Jene Wernigeröder Zeitung berichtete über den Prozess und die Verurteilung von Kirschstein durch das Landgericht Halberstadt in großer Aufmachung ausführlich: »Durch dieses Urteil wurde eindeutig zum Ausdruck gebracht, dass der nationalsozialistische Staat rücksichtslos dem Gesetz zum Schutze des deutschen Blutes und deutscher Ehre Nachdruck verleiht und streng, aber gerecht den trifft, der sich gegen dieses Gesetz vergeht.« Der Angeklagte habe die »Notlage der deutschblütigen Zeugin in gemeinster Weise ausgenutzt« und schon früher »deutschblütige Frauen … geschändet«. »Diesem Treiben müsste energisch ein Riegel vorgeschoben werden.« Entlastungszeugen wurden nicht zugelassen und Aussagen des Angeklagten als »echt jüdische Gerissenheit und Gemeinheit« abgewiesen.[28]

Nach der Haftentlassung verliert sich die Spur von Max Kirschstein. Bekannt ist nur, dass er in Berlin, Weinmeisterstraße 10–11 (bei Preuss) gewohnt hat. Die letzte Nachricht über ihn: Am 25. Januar 1942 ging der X. Deportations-Transport mit über 1000 Juden von Berlin-Grunewald in das Ghetto nach Riga ab. Auf der Transportliste findet sich unter der Nr. 723 Max Kirschstein, ledig, und die Anmerkung »arbeitsfähig«.

Krahe, Wilhelm

* 20.7.1869 Ort unbekannt; Studiendirektor i. R.; wohnhaft in Wernigerode, Friedrichstraße 142a. Er wird nur in den Ergänzungskarten der Volkszählung von 1939 als »Halbjude« geführt.

Kratz (Kretz), Norbert

* 1890 in Wernigerode, Beruf Kaufmann; ständiger Wohnsitz in Dortmund; verheiratet mit Johanna Rozenfeld; in der Shoah ermordet[29]; ist in keinem Einwohnerbuch seit 1877 in Wernigerode verzeichnet.

---

26 Siegfried Rosenthal im Brief vom 30.01.2006 an Renate Goetz; Privatarchiv.

27 Haftbefehl vom 19.11.1936; LHASA Magdeburg, Rep C 141 Halberstadt, Nr. 516

28 Das Ministerium der Justiz des Landes Sachsen-Anhalt erstellte eine Wanderausstellung »Justiz im Nationalsozialismus«, die zwei Monate 2014/15 im Amtsgericht Wernigerode gezeigt wurde; die Tafel 100 stellte den »Fall Kirschstein« dar. Im Stadtarchiv Wernigerode findet sich keine Geburtsurkunde.

29 Die Angaben stammen aus den Digitalen Sammlungen in Yad Vashem.

Leonhard, Leonor
*5.4.1923 in Wernigerode; lebte in Berlin-Charlottenburg, Gervinusstraße 20. Gemeinsam mit seiner Mutter Erna geborene Hirschfeld wurde er mit dem 36. Transport (»Fabrikaktion«) mit fast 1000 Juden unter der laufenden Nr. 391 mit Kennzeichen 420 von Berlin am 12.3.1943 nach Auschwitz deportiert. Nur 218 Männer kamen in das Lager Buna-Werke der IG Farben (Arbeitslager Monowitz), die übrigen wurden »gesondert … untergebracht«, lies: ermordet.

Loewenberg, Georg
*29.1.1873 in Alt Tucheband (Amt Golzow/Märkisch-Oderland); wohnhaft in Wernigerode, Pfälzergasse 15 mit seiner »arischen« Ehefrau Emilie geborene Hundt (*7.1.1895 in Benneckenstein); so im Adressbuch 1939/40, wo sein Beruf als Kaufmann angegeben ist. In der Pfälzergasse 15 findet sich 1914 noch die Putzmacherin Luise Loewenberg geborene Pielert.

Louth, Helene geborene Strousberg
*31.8.1864 in Moholz (Oberlausitz)[30]; Witwe; besuchsweise (?) in Wernigerode, Salzbergstraße 3d, mit einer Verwandten (?), vgl. unten Strousberg, Edith.[31] Hat wahrscheinlich überlebt und starb im hohen Alter 1958 in England. Stammte vermutlich aus der Familie des Großunternehmers Bethel Henry Strousberg (1823–1884) – anglisiert aus Strausberg.

Meyerstein, Isidor
Meyerstein, Delfine geborene Fabisch
Meyerstein, Flora
Meyerstein, Richard
Meyerstein, William
Die Familie mit ihren drei Kindern wohnte in der Westernstraße 7. Sie gehörte zu den ersten jüdischen Bürgern, die nach der Aufhebung des Verbotes, in der Grafschaft Wernigerode sich niederzulassen, zugezogen sind. Eltern und Kinder werden in der ersten Meldung des Magistrates der Stadt an die Königliche Preußische Regierung in Magdeburg 1874 genannt. Trauriges Ereignis ist, dass Flora und Richard 1877 nicht mehr genannt werden; hinter ihren Namen wurden Sterbezeichen gesetzt.

Da in Preußen erst 1874 Standesämter eingeführt wurden, ließ sich nur eine Sterbeurkunde finden.[32] Danach hat Kaufmann Isidor Meyerstein angezeigt, dass seine Tochter am 7. Januar 1875 verstorben sei.

---

30 So der Eintrag in der Ergänzungskarte zur Volkszählung 1939; sonst: Tochter des Eisenbahnunternehmers Baruch Hirsch Strausberg (*1823 in Neidenburg/Masuren – †1884 in Berlin)

31 In den Ergänzungskarten der Volkszählung von 1939 wird unter Wernigerode, Salzbergstraße 3d, noch Marie Büring genannt (*4.1.1899 in Wernigerode), jedoch mit dem Vermerk »nicht jüdisch«.

32 Stadtarchiv Wernigerode, Hauptregister vom 7. Jan. 1875 Nr. 7.

1878 zog Familie Meyerstein von der Westernstraße Nr. 7 in die Nr. 28 um, wo bisher Familie Cohn wohnte, die Wernigerode wieder verlassen hatte, dann wird übergangsweise 1881 noch die Hausnummer 19 genannt. Wirklich sesshaft geworden ist Familie Meyerstein 1882 in der Burgstraße 28. Auffällig ist, dass Ende des 19. Jahrhunderts mehrere jüdische Familien in der Burgstraße wohnten: Salzmann und Sochaczewer, Spitzer und später auch Löwenstein. Ab 1889 ist die Familie Meyerstein nicht mehr in Wernigerode nachzuweisen.

William Meyerstein hat nach den Ergänzungskarten zur Volkszählung 1939 in Leipzig, Funkenburgstraße 7a, gewohnt und war am 14. November 1871 in Wernigerode geboren. Am 19. September 1942 stand er mit der Nr. 270 auf der Deportationsliste des 1. Weimarer Transportes XVI/1 zusammen mit 440 Juden aus Leipzig und 365 aus Thüringen – alles ältere Menschen –, die nach Theresienstadt »umsiedeln« mussten. Offensichtlich war Blanka Meyerstein geborene Mondry (*13.07.1880 in Allenstein/Ostpreußen) seine Ehefrau, denn sie wird unter Nr. 271 und mit gleicher Adresse in einem der Judenhäuser Leipzigs in der Humboldtstraße genannt. Mit dem Transport vom 28. Oktober 1944 sind beide von Theresienstadt nach Auschwitz-Birkenau deportiert und dort umgebracht worden.

Moses, Käthe geborene Brauer
* 28.1.1906 in Wernigerode.
Der Kaufmann Arthur Brauer wird in den Adressbüchern zwischen 1906 und 1910 genannt. Er wohnte in Wernigerode, Marktstraße 3 und zeigte die Geburt einer Tochter an, die den Namen Käthe erhalten habe. Aus der Urkunde geht hervor, dass sowohl er als auch seine Frau Anna Brauer geborene Calmann »mosaischer Religion« seien. Ordnungsgemäß verzeichnete der Standesbeamte später, dass sie den zusätzlichen Vornamen »Sara« angenommen habe. Eine Löschung wurde nach 1945 nicht vorgenommen, warum auch immer. Aber es findet sich noch die Notiz, dass Käthe Brauer 1927 in Nordhausen geheiratet hat. Offensichtlich ist es ihr und möglicherweise ihrem Ehemann gelungen, Deutschland rechtzeitig zu verlassen. Denn ihr Name steht auf der Ausbürgerungsliste im Reichsanzeiger von 1940.[33]

Mehrfach wird in dieser Zeit auch ein Handelsmann August Brauer genannt. Und 1912 wie 1914 ist eine Lederhandlung der Gebrüder Brauer in der Marktstraße 1 (nach Gewerbeliste: Breite Straße 18) bekannt. Ob es verwandtschaftliche Beziehungen gegeben hat, ließ sich nicht feststellen.

Überhaupt gab es in Wernigerode öfter den Namen Moses, aber in allen Angaben fehlt ein Hinweis auf einen jüdischen Hintergrund. 1877 gab es einen Schuhmachermeister Gottlieb Moses in der Kaiserstraße 70 (heute Nöschenröder Straße), der aber nicht in dem Bericht des Magistrates über die »Verhältnisse der Juden« in der

33 Deutscher Reichsanzeiger Nr. 167 vom 19.7.1940 (Liste 190 Nr. 66). Er fehlt sowohl in der Digitalen Sammlung von Yad Vashem als auch bei der Volkszählung 1939.

Stadt genannt wurde. Im selben Haus war Anfang der 1930er Jahre eine Anna Moses als Schneiderin tätig. Ein Julius Mose hat als Lehrer an der Mädchenvolksschule (ursprünglich in der Kochstraße, dann Unter den Zindeln; heute Thomas-Müntzer-Schule) Ende der 1920er Jahre gewirkt.

Auffällig ist, dass ein Schuhmacher Adolf Moses seit 1904 bekannt war, der von 1910 bis 1934 in der Marktstraße 26a eingetragen ist, aber im Adressbuch 1939/40 dann fehlt. Er übergab 1931 dem Wernigeröder Heimatmuseum eine Gesellenfahne der Schuhmacherinnung, die er 1933 bei der Auflösung der Innung an sich genommen hatte, »um sie vor dem Untergang zu bewahren«. Walther Grosse, damals Amtsgerichtsrat in Wernigerode und Vorsitzender des Harzvereins für Geschichte und Altertumskunde, hat Moses diesen Vorgang schriftlich bestätigt.[34]

Möbius, Karoline geborene Höcker
*20.9.1886 (Geburtsort unbekannt); in den Adressbüchern für Wernigerode nicht nachweisbar, wird aber als »Vierteljude« mit einem jüdischen Großvater in den Ergänzungskarten der Volkszählung 1939 unter Wernigerode genannt; vermutlich besuchsweise, denn in Wernigerode sind mehrere Möbius' ansässig.

Möbius, Mathilde
*13.11.1912 (Geburtsort unbekannt); wie Karoline Möbius.

Ostrowski, Ana
*22.4.1923 (Geburtsort unbekannt), in den Adressbüchern für Wernigerode nicht nachweisbar, wird aber als »Halbjude« in den Ergänzungskarten der Volkszählung 1939 unter Wernigerode, Burgstraße 48, genannt; vermutlich besuchsweise in der Stadt.

Ostrowski, Anita
*25.4.1931 (Geburtsort unbekannt); wie Ana Ostrowski

Otto, Gustav
*26.12.1878 in Sandersleben; Tischler; wohnhaft in Wernigerode, Schreiberstraße 29. Seine Eltern, der Arbeiter Johann Otto und dessen Ehefrau Marie geborene Stein waren in Molbeck, heute ein Ortsteil von Hettstedt, zu Hause. Gustav Otto heiratete am 20. Mai 1899 Johanne Künne (*22.2.1879 in Wernigerode). Ihr Vater, der Arbeiter Gottlieb Künne, war bereits gestorben; dessen Ehefrau war Friederike Hardam. Ob Gustav und Johanne Otto miteinander Kinder hatten, ist nicht bekannt. Auf der Heiratsurkunde[35] ist vermerkt, dass beide »evangelisch« sind. Wieso wurde er bei der Volkszählung 1939 als »jüdisch« registriert? Er hatte einen jüdischen Großvater! Und

---

34 Aus dem Provenienz-Abschlussbericht von Sabine Breer / Museumsverband Sachsen-Anhalt / Erstcheck im Harzmuseum Wernigerode (Programm 2017–2019, 2. Runde).

35 Stadtarchiv Wernigerode Hauptregister 1899 Nr. 36.

damit wurde er »rassisch« nach den nationalsozialistischen Rassegesetzen von 1935 eingeordnet, nicht aber bei der »Endlösung der Judenfrage« erfasst und überlebte daher. Gustav Otto starb am 5.9.1953 an einer Herzerkrankung in Wernigerode[36], seine Frau Johanne Otto war bereits am 26.7.1944 an Zuckerkrankheit gestorben.[37]

Seltsam: Gustav Otto wird im Adressbuch 1904 und 1906 in der Großen Dammstraße 17c genannt, danach fehlen alle Angaben. Bei der Judenzählung wurde er 1939 in der Schreiberstraße 29 erfasst und später ebenfalls dort geführt.

Sacconi, Gräfin Gertrud Irene geborene Samosch
* 13.12.1880 in Berlin; wohnhaft in Wernigerode, Am Eichberg 4a.
Drei ihrer Großeltern waren Juden, sie selber katholisch getauft. Am 30. Juni 1943 wurde sie zusammen mit 50 Kindern von Erzbischof Laurentius Jäger aus Paderborn in Wernigerode gefirmt und bekannte sich damit öffentlich zum christlichen Glauben.[38] Sie besaß die italienische Staatsbürgerschaft und war darum eine »Nichtsternträgerin«. Warum sie als eine »politisch« Internierte nur vier Monate nach ihrer Firmung am 27.10.1943 in das KZ Ravensbrück deportiert wurde, ist nicht zu klären gewesen. Dort soll sie am 21.2.1944 gestorben sein.[39]

Salzmann, Gustav
Salzmann, Hedwig geborene Warschauer
Salzmann, Frieda
Salzmann, Martha
Salzmann, Rudolf
Salzmann, Clara
(vgl. die Verwandten unter Spitzer und Sochaczewer)
Gustav Salzmann wird zusammen mit seiner Schwester Ida (28 Jahre alt), verwitwete Lamm, im ersten Magistratsbericht über die »Verhältnisse der Juden« von 1874 genannt. Er war Kaufmann und wohnte in der Burgstraße 9. Als Eltern werden Adolf Salzmann und seine Ehefrau Linna geborene Herzfeld angegeben.

Ein Jahr später ist Gustav Salzmann mit Hedwig Warschauer verheiratet und im gleichen Jahr wurde Tochter Frieda geboren. Von ihr gibt es keine Geburtsurkunde, dafür aber von ihren Geschwistern: Martha (* 19.7.1876), Rudolf (* 18.10.1878) und Clara (* 28.6.1883).[40] Kuriosum: Während die Geburten von Martha und Rudolf vom Vater Gustav Salzmann korrekt angezeigt und beurkundet wurden, muss die

36 Stadtarchiv Wernigerode Sterberegister 1953 Nr. 488.

37 Stadtarchiv Wernigerode Sterberegister 1944 Nr. 583.

38 Nach Eintrag in den Kirchenbüchern der Katholischen Pfarrei St. Bonifatius in Wernigerode. Das könnte ein Hinweis auf die Vorsicht des damaligen Pfarrers Dr. Schollmeyer sein, der u. a. wegen Seelsorge an polnischen Zwangsarbeitern mehrmals von der Gestapo verhört worden ist.

39 Landesarchiv Magdeburg, Rep K 13 Wernigerode, Nr. 541. Leider hat die Mahn- und Gedenkstätte Ravensbrück keine Auskunft geben können.

40 Stadtarchiv Wernigerode Hauptregister Geburten 1876 Nr. 144, 1878 Nr. 231 und 1883 Nr. 136.

Geburt von Clara auf »Beschluss des Königlichen Amtsgerichts zu Wernigerode« 1905 berichtigt werden. Die anzeigende Hebamme hatte sowohl den Namen des Vaters als auch den Geburtstag von Clara falsch angegeben. Vermerkt ist aber auch, dass Clara am 7.8.1954 in Mailand gestorben ist. Von Rudolf ist bekannt, dass er am 17.8.1939 in Berlin-Schöneberg starb.

Die Salzmann-Familie ist eng mit den Familien Spitzer und Sochaczewer verbunden, sie sind miteinander verschwägert. Adolf Spitzer, der wie Gustav Salzmann in jenem Bericht von 1874 genannt wird, ist nämlich bereits mit Emilie Salzmann verheiratet und als Isidor Sochaczewer 1874/75 nach Wernigerode zog, heiratete er Ida Lamm geborene Salzmann, die Schwester von Gustav. Vater Adolf Salzmann war noch kurz vor seinem Tod 1875 Trauzeuge bei Isidor Sochaczewer. Und Adolf Spitzer nahm dann die Witwe Linna Salzmann mit deren weiteren Söhnen, also Geschwistern von Gustav Salzmann, Felix und Alfred Salzmann bei sich auf.[41]

Offensichtlich erwarbt Gustav Salzmann das Grundstück in der Burgstraße 9, denn er wird 1889 dort genannt; 1906 war die Erbengemeinschaft Salzmann als Eigentümer eingetragen. Später wurde es von Kaufmann Willy Löwenstein erworben.

Sochaczewer, Isidor
Sochaczewer, Ida geborene Salzmann
Sochaczewer, Richard
Sochaczewer, Max
Sochaczewer, Walther
Sochaczewer, Elsa
Sochaczewer, Arthur
Sochaczewer, Margarete
Die Familie Sochaczewer wohnte in Wernigerode zunächst in der Burgstraße 30, später (Anfang 1900) in der Burgstraße 24, wo Isidor Sochaczewer, der immer als Kaufmann eingetragen ist, als Eigentümer geführt wurde.

In dem Verzeichnis »Verhältnisse der Juden« in Wernigerode, das seit 1862 von der preußischen Provinzialregierung Magdeburg abgefordert, aber erstmals 1874 vom Magistrat Wernigerode vorgelegt wurde[42], findet sich in diesem Jahrgang der Name Sochaczewer noch nicht. Doch in der im selben Jahr in Preußen eingerichteten Beurkundung von Veränderungen des Personenstandes in Standesämtern ist die Eheschließung von Isidor Sochaczewer mit Ida Salzmann, verwitwete Lamm, am 30. März 1875 in Wernigerode belegt. Danach wurde Isidor Sochaczewer am 16.1.1849 in Zirke (Kreis Birnbaum/Wartheland; heute: Sieraków) geboren und zog

41 Weswegen aber ab 1877 aus Alfred Salzmann ein Alfred Danziger wird, lässt sich nicht klären. Möglicherweise hat er wie Hermann Salomon bei seiner Heirat den Namen seiner Frau angenommen.

42 Stadtarchiv Wernigerode WR II 8394.

aus Berlin nach Wernigerode. Ida Salzmann stammte aus Eisleben und war dort am 27. Dezember 1840 geboren.

Bis 1909 lässt sich die Familie in Wernigerode nachweisen, dann zog die Familie nach Berlin. Im Abgleich mit den Digitalen Sammlungen von Yad Vashem und anderen Archiven lassen sich einige Daten ergänzen.

Isidor Sochaczewer wurde als Kaufmann, später als Hutmacher geführt. Er handelte mit Putz-, Weiß-, Woll- und Modewaren. Seine Frau Ida war eine geborene Salzmann (verwitwete Lamm), so dass es nicht nur enge Beziehungen zur Kaufmannfamilie Salzmann in der Burgstraße 9 gegeben hat, jenem Haus, in dem später Willy Löwenstein seine »Deutschen Moden« verkaufte, sondern auch zur Familie des Handelsmannes Spitzer in der Unterengengasse 18, dessen Frau eine geborene Salzmann war. Auf der Heiratsurkunde für Isidor und Ida Sochaczewer sind Gustav Salzmann und Adolf Spitzer als Trauzeugen genannt.

In Wernigerode wurden dem Ehepaar Sochaczewer sechs Kinder geboren: Richard, Max, Walther, Elsa, Arthur und Margarete. 1906 werden die beiden Söhne Richard und Arthur als Kaufleute genannt. Ob Siegfried Sochaczewer, der im KZ Sachsenhausen ums Leben gekommen ist, zur Familie gehört, ist nicht festzustellen.

Richard Sochaczewer (* 23.1.1876) musste 1939 »zusätzlich den Namen ›Israel‹« annehmen, wie die Geburtsurkunde mitteilt.[43] Diese Eintragung ist nach 1945 nicht getilgt worden. Richard hatte Ella Steinitz (*12.01.1885 in Gera) geheiratet und sich in Leipzig niedergelassen. Beide hatten einen Sohn Gerald, der am 9. Juni 1914 in Leipzig geboren wurde. Offensichtlich gelang es den Sochaczewers, aus Leipzig nach Paris zu fliehen. Von dort wurden aber beide in das berüchtigte Sammellager Drancy, etwa 20 km nordöstlich von Paris gebracht, um am 11. Februar 1943 mit dem Transport 47 nach Auschwitz deportiert zu werden. Ein Todestag ist nicht bekannt. Sohn Gerald Sochaczewer, von Beruf Kaufmann, hat überlebt und war mit der Amerikanerin Ruth Shaw von 1947 bis 1966 verheiratet.[44]

Max Sochaczewer wurde am 15. Dezember 1877 geboren, wie die Hebamme Trenk (evangelisch) anzeigte.[45] Er wurde als Sohn in den folgenden jährlichen Berichten über die Juden in der Stadt zwar erwähnt, aber ab den 1890er Jahren fehlt von ihm jede Spur.

Walther Sochaczewer wurde am 9. Februar 1880 geboren, was ebenfalls die Hebamme Trenk anzeigte.[46] Sein Leben ist kurz. Schon am 5. August 1883 musste sein Vater anzeigen, dass das Kind gestorben ist.[47]

---

43 Stadtarchiv Wernigerode, Hauptregister 1876 Nr. 13.

44 Schwiegertochter Ruth Shaw hat die Angaben zu Richard Sochaczewer in den Digitalen Sammlungen in Yad Vashem angelegt.

45 Stadtarchiv Wernigerode, Hauptregister 1877 Nr. 270.

46 Stadtarchiv Wernigerode, Hauptregister 1880 Nr. 29.

47 Stadtarchiv Wernigerode, Hauptregister 1883 Nr. 108.

Elsa Sochaczewer wurde am 6. April 1882 in Wernigerode geboren. Auf der Geburtsurkunde[48] ist ihr Vorname eindeutig als Elde angegeben; auf anderen Urkunden findet sich auch Ella, meist aber Elsa. Vermerkt ist, dass sie ab dem 1. Januar 1939 den zusätzlichen Vornamen »Sara« angenommen habe. 1950 wurde der zusätzliche Vorname für ungültig erklärt. Sie war verheiratet mit Samuel Franken (* 7.5.1870 in Emmerich) und wurde zusammen mit ihrem Ehemann von Berlin-Schöneberg, Martin-Luther-Straße 53, mit dem Alterstransport Nr. 47 (1/49) am 21. August 1942 nach Theresienstadt gebracht. Bei ihr wurde auf der Deportationsliste »arbeitsfähig« vermerkt. Ihr Mann starb bereits am 1. September 1942 im »Altersghetto«. Fast zwei Jahre musste sie unter erbärmlichen Umständen dort zubringen. Dann wurde sie am 16. Mai 1944 auf dem Transport Ea zusammen mit 2500 alten Menschen, Kranken und Arbeitsunfähigen nach Auschwitz-Birkenau deportiert, wo sie in den Gaskammern umgekommen ist.

Arthur Sochaczewer, geboren am 23. Januar 1884[49], wurde später wie sein Bruder Richard ebenfalls als Kaufmann geführt und, wohnte zuletzt in Berlin-Schöneberg, Vorbergstraße 5. Am 3. März 1943 ist er ab Berlin-Moabit mit dem Transport 33 nach Auschwitz deportiert worden. In dem Güterzug befanden sich 1726 Männer, Frauen und Kinder, die einen Tag später im Vernichtungslager ankamen. Zur Zwangsarbeit wurden 517 Männer und 200 Frauen bestimmt, die anderen 1033 wurden sofort nach Birkenau gebracht und in den Gaskammern umgebracht. Ob Arthur noch zur Zwangsarbeit eingeteilt oder gleich getötet wurde, ist nicht bekannt; er überlebte nicht.

Margarethe Sochaczewer, als letztes der Kinder, ist am 4. November 1886 geboren worden. Und wieder meldet die Hebamme Trenk die Geburt auf dem Standesamt an. Auch auf ihrer Geburtsurkunde ist der Vermerk angebracht, dass sie 1939 den »weiteren Vornamen Sara« angenommen habe, was 1950 für ungültig erklärt wurde. Von ihr ist bekannt, dass sie mit Max Lewinneck (* 9.6.1877 in Angerburg/Ostpreußen) verheiratet gewesen ist und in Berlin lebte. Am 18. Oktober 1941 wurden beide von Berlin-Grunewald aus in das Ghetto von Lodz deportiert. Bereits einen Monat später war Max nicht mehr am Leben. Wann sie sterben musste, ist nicht bekannt. Es war der 1. Transport von sechzig Transporten aus Berlin in die Ghettos und Vernichtungslager im Osten. Fast alle Unterlagen wurden noch von der Gestapo vernichtet, so dass die mehr als 1000 Namen der Deportierten nur mühsam rekonstruiert werden konnten. Eine Augenzeugin erinnerte sich:[50] Schon Tage zuvor wurden die Juden von der Gestapo bei strömenden Regen abgeholt und zu einer schnell eingerichteten Sammelstation gebracht. Dabei mussten Mitglieder der jüdischen Gemeinde das Gepäck tragen und beim Marsch zum Bahnhof helfen. Prügeleien durch die mit Reitpeitschen bewaffneten Bewacher gab es nicht, dafür

---

48 Stadtarchiv Wernigerode, Hauptregister 1882 Nr. 78.

49 Stadtarchiv Wernigerode, Hauptregister 1884 Nr. 19.

50 Siehe https://deportation.yadvashem.org/index.html?language=de&itemId=5092666 (abgefragt am 14.5.2022).

aber Beschimpfungen ohne Ende. Alle Wertgegenstände, Geld und teilweise auch die Verpflegung wurden den Todgeweihten abgenommen, die still ihrem Schicksal entgegenfuhren. Margarethe Lewinneck wurde 1957 auf richterlichen Beschluss auf den Tag 8. Mai 1945 für tot erklärt.[51]

Ergänzend soll hier noch festgehalten werden, dass der Bruder von Isidor Sochaczewer aus Berlin, Spandauer Straße 10, um 1900 in Wernigerode gewesen ist. Max Sochaczewer, war am 7. April 1846 wie sein Bruder in Zirke Kreis Birnbau (damals Warthegau/Posen) geboren. Er starb in Wernigerode am 9. Mai 1900.[52] Aus der Sterbeurkunde erfahren wir wenigstens noch die Namen der Eltern: Kaufmann Meyer Sochaczewer und Ehefrau Vogel geborene Brock, die zu dieser Zeit bereits verstorben sind.

Sonnenschmidt, Anna geborene Cohn
* 25.3.1878 in Köthen; wohnhaft in Wernigerode, Unter den Zindeln 9; ihr Ehemann ist Gustav Sonnenschmidt (* 28.4.1884 in Westeregeln), dessen Beruf mit Büffetier, später mit Kellner angegeben wurde. Er und auch ihr am 15. Februar 1935 geborener Sohn werden als »arisch« ausgegeben. Wann sie geheiratet haben, war bisher nicht zu finden, aber da Anna Sonnenschmidt in einer »privilegierten Mischehe« lebte, blieb sie von den Grauen in der Shoah verschont. Gustav Sonnenschmidt ist mehrmals in Wernigerode umgezogen. Nach den Adressbüchern: 1908 Burgstraße 8, 1910 Johannisstraße 39, von 1912 bis 1931 in der Hinterstraße 76.

Spitzer, Adolf
Spitzer, Emilia geborene Salzmann
Spitzer, Otto
Spitzer, Hugo
Im ersten Bericht des Magistrats der Stadt zu den Verhältnissen der Juden in Wernigerode von 1874[53] wird Adolf Spitzer als Pfandverleiher und Händler gemeinsam mit seiner Ehefrau Emilie geborene Salzmann und Sohn Otto am Liebfrauenkirchhof 2 angegeben, dann aber immer in der Unterengengasse 18. Nach dem Bericht von 1875 wohnte bei ihm auch seine Schwiegermutter Linna Salzmann – gerade verwitwet – mit ihren Söhnen Felix und Alfred, die ausdrücklich als Neffen genannt werden.

Im selben Jahr 1875 wird Sohn Hugo geboren und Adolf Spitzer wurde Trauzeuge bei der Hochzeit von Isidor Sochaczewer und Ida Salzmann verwitwete Lamm, ein Beleg für die engen Beziehungen beider Familien. Als Beruf wurde jetzt Handelsmann angegeben. Nach dem Adressbuch von 1889 ist Emilia Spitzer geborene Salzmann in die Burgstraße 7 umgezogen. Von ihr heißt es, dass sie Witwe sei. Ihre beiden Söhne werden nicht mehr genannt. Später findet sich kein Eintrag mehr.

---

51 Buch für Todeserklärungen Nr. 9210/58 des Standesamtes I Berlin-West.
52 Stadtarchiv Wernigerode, Hauptregister 1900 Nr. 83.
53 Stadtarchiv Wernigerode WR II 8394.

Otto Spitzer wurde am 20. Juni 1873 in Wernigerode geboren. Er heiratete Bert(h)a Cohen (*31.1.1881 in Düsseldorf) und zog nach Berlin. Noch bevor die »Endlösung der Judenfrage« auf der Wannseekonferenz im Januar 1942 beschlossen wurde, sind im Oktober und November 1941 aus Berlin über 7000 Juden in den Osten, dem sogenannten Generalgouvernement, deportiert worden. Mit dem Transport IV am 1.11.1941[54] wurden Otto und Berta Spitzer in das Ghetto Lodz gebracht (laufende Nummer 904/905 und Transportnummer 1118/1119). Wie ein Vermerk auf der Transportliste zeigt, starb Otto Spitzer dort am 19.(20.) Februar 1942. Elf Wochen später am 8. Mai 1942 wurde Berta Spitzer in das Vernichtungslager Chelmno transportiert und dort umgebracht.

Stobbe, Käthe geborene Heilbronn
* 5.5.1871; wohnhaft in Wernigerode, Salzbergstraße 12, bei Anna Salzwedel; so im Adressbuch 1939/40 und auch auf der Ergänzungskarte der Volkszählung 1939; Weiteres unbekannt.

Stosch, Marga Luise von[55]
geboren war sie am 10. März 1891 in Berlin als Luise von Reichenbach, im Jahr 1968 gestorben; wohnhaft in Wernigerode, Friedrichstraße 21/22 (sog. Landratsvilla).

Auf dem Zentralfriedhof in Wernigerode findet sich der Grabstein ihres Ehemannes in schlichter Form: Erich von Stosch, Landrat des Kreises Wernigerode, und dazu die Lebensdaten: 20.10.1877–17.1.1946.[56] Vom Kaiserreich, durch die Weimarer Republik und bis zum Ende des Dritten Reiches (1912–1944) hat er mit preußischer Disziplin und als integrer Beamter die Geschicke des Landkreises verantwortet. Er hatte Jura studiert, trat in den Staatsdienst, wurde Regierungsassessor in Siegen und war später im Preußischen Ministerium des Inneren tätig. Am 4. April 1912 wurde ihm die Leitung des Landkreises Wernigerode übertragen. Eine seit Jahren schwere Darmerkrankung zwang ihn 1939 zu einer Operation, die nicht viel bewirkte, so dass er 1944 um Versetzung in den Ruhestand bat. Zur Linderung seiner unerträglichen Schmerzen besorgte Luise aus dem amerikanischen Lazarett im Mai 1945[57] Opium. Mit einer Überdosis beendete er am 17. Januar 1946 sein Leben.

---

54 Noch vor der berüchtigten Wannseekonferenz im Januar 1942 »Endlösung der Judenfrage« (Göring) wurden im Herbst 1941 in sieben Transporten über 7000 Juden aus Berlin in den Osten »umgesiedelt«, davon über 4000 in das Ghetto Litzmannstadt / Lodz.

55 Klotzsch, Brigitte: Lebendige Vergangenheit der Familie meiner Großmutter; BoD 2018 (5 Bände) beschreibt ausführlich die Familiengeschichte Stosch als Enkelin; mit Erlaubnis der Autorin werden einige Daten hier aufgeschrieben. Hinweis: In den Ergänzungskarten zur Volkszählung 1939 wird der Name fälschlicherweise mit »Storsch« angegeben.

56 Personalakten im Landesarchiv Sachsen-Anhalt Magdeburg Rep C 28 Ib 714/1-11.

57 Wernigerode wurde am 11. April 1945 durch amerikanische Truppen besetzt, die im Juni von britischen Einheiten abgelöst und ab Juli durch die Sowjetische Militäradministration abgelöst wurden.

Dass er mit einer »Halbjüdin« verheiratet war, nahm außer den Nazis wohl kaum jemand wahr. Er hat zu ihr gestanden und ihr wahrscheinlich damit das Leben gerettet. Geliebt hat er sie wohl nicht, weil er sein Leben lang seiner ersten Frau Else (1885–1923), mit der er sechs Kinder[58] hatte, nachtrauerte. Luise – liebevoll Liese genannt – hatte er 1928 geheiratet, nicht nur um diese Kinder groß zu ziehen; sie hatte ihm auch Jochen 1929 geboren. Kennengelernt hatten sie sich im Preußischen Außenministerium, wo Luise von Reichenbach als Chefsekretärin tätig war. Dass sie aus einer jüdischen Familie stammte, wurde ihm erst bewusst, als ihre Mutter starb. Trotz aller Rassegesetze wurde Jochen von Stosch 1939 «vorübergehend in der Hitler-Jugend aufgenommen». Erich hatte einmal zu ihr gesagt: »Ich habe dich geheiratet bevor das Gesetz herauskam, dass Beamte nur Arier heiraten dürfen. Dazu stehe ich und lass mich nicht scheiden.« So war seine Einstellung, aber sie litt darunter. Denn für ihn galten als einem vereidigten Beamten in treuer Amtspflicht die neuen Nazigesetze. Und um keine Probleme zu bekommen, versuchte er, seine Frau wenigstens von ihrer jüdischen Verwandtschaft zu trennen. Sie sollte keine Kontakte zu ihrer Schwester und ihrem Schwager und den anderen pflegen. »Man muss die Juden den Deutschen vom Leibe halten«, das war seine Meinung. »Dabei hatte sie sich nie als Jüdin oder Halbjüdin gefühlt, wie ihr Mann sagte, sondern immer als Deutsche, die im Ersten Weltkrieg fürs Vaterland gekämpft hatte.«[59] Ständig war sie hin und her gerissen zwischen ihrer Herkunftsfamilie und diesem pflichtbewussten Ehemann. Sie machte sich Sorgen um ihre Stiefkinder, die sie nicht akzeptierten, besonders um die drei jungen Männer, die alle im Krieg waren, aber später wieder nach Hause kamen. Dann starb Stieftochter Anne zu Weihnachten 1943 bei der Geburt ihres zweiten Kindes. Und da war Jochen, der psychisch erkrankt und vom Vater im Juni 1944 zu Prof. Gottfried Ewald, einem Gegner des Euthanasie-Programms, nach Göttingen gebracht worden war. Viele Wochen wurde er in einer Nervenheilanstalt behandelt, ehe er wieder nach Hause kam.

Vielleicht hätte Barbara von Stosch ihrer Stiefmutter eine Stütze sein können. Sie war Mitglied in der kleinen Bekennenden Gemeinde Wernigerodes geworden[60], die sich 1934 bei der Kreuzkirche als eine oppositionelle Gemeinde gegenüber der gleichgeschalteten kirchlichen Mehrheit der Deutschen Christen gebildet hatte. Ob der Vater von dieser Mitgliedschaft etwas wusste? Aber sie war längst nicht mehr im Haus, war verheiratet, hatte selbst Kinder.

Nach dem Krieg erkrankte Jochen erneut und musste in der Psychiatrie Uchtspringe, anschließend in Berlin-Weißensee behandelt werden. Als er nach Hause kam erkrankte seine Mutter monatelang an einer Lungenentzündung und wurde von ihrer geliebten Schwester Maritta verheiratete Tschorlich gepflegt. Sie war illegal über

---

58 Hanni (1908–1987), Anne (1909–1943), Barbara (1913–2011), Albert (1915–1995), Jobst (1917–1997) und Albrecht (1918–2002).

59 Klotzsch, Brigitte: Lebendige Vergangenheit, Bd. 4 Leben in dunklen Zeiten, 2018, S. 77. Luise von Stosch hatte während des Ersten Weltkrieges in Lazaretten gearbeitet.

»die grüne Grenze« nach Wernigerode in die sowjetisch besetzte Zone gekommen. Nachdem Luise von Stosch genesen war, verließ sie Wernigerode 1949. Was sollte sie hier noch halten? Ihr einziger Sohn Jochen hatte geheiratet und inzwischen eine Tochter, das erste wirkliche Enkelkind für sie. Sie wohnte jetzt in Niederaudorf nahe der österreichischen Grenze bei der Familie ihrer Schwester. Dort starb sie 1968.

Strousberg, Edith
* 25.6.1863 in Berlin; wohnhaft in Wernigerode, Salzbergstraße 3d; vgl. oben Louth, Helene.

Sudhaus, Gerhard
* 28.6.1875 Treptow a. Rega (Westpommern); wohnhaft in Wernigerode, Mannsbergstraße 4; im Adressbuch 1939/40 ist angegeben: Oberlandmesser i. R.; in früheren Adressbüchern nicht genannt.

In welchem verwandtschaftlichen Verhältnis Frida Sudhaus (* 10.8.1870 in Treptow a. Rega) und Frida Sudhaus (* 22.3.1914 in Villa Thereza / Brasilien), die zur Volkszählung 1939 in Berlin-Schöneberg, Luitpoldstraße 14 erfasst wurden, zu Gerhard Sudhaus stehen, ließ sich nicht klären.

Trümpelmann, Käthe
* 17.5.1918 Darlingerode; wohnhaft in Wernigerode, Brockenweg 3[61]

Tuch, Peter
* 5.10.1919 Wernigerode; wohnhaft in Wernigerode, Küsterskamp 1.
Peter Tuch war der Sohn des Kunstmalers Prof. Kurt Tuch (1877–1963), der in den 1920er Jahren in Wernigerode und Berlin lebte und in Magdeburg an der Handwerker- und Kunstgewerbeschule lehrte. Seine Mutter war die Holländerin Nelli Nyland. Peter Tuch siedelte mit den Eltern 1930 nach Dornach (Schweiz) über und entkam damit der nationalsozialistischen Verfolgung. Seine Schulbildung erhielt er in der Schweiz. 1939 lebte er in Oslo, ließ sich als Bau- und Möbeltischler ausbilden und qualifizierte sich in der Kriegszeit über ein Studium in der Schweiz zu einem Radio- und Elektrotechniker. Als er im September 1940 vom Deutschen Konsulat in Basel vorgeladen wurde, um zum Kriegsdienst in Deutschland eingezogen zu werden, meldete er sich nicht. Deswegen wurde er am 4. August 1941 aus Deutschland ausgebürgert[62] und damit staatenlos. 1950 verlobte er sich mit einer Dänin und

---

60 Fräulein Barbara von Stosch aus der Friedrichstraße 21 ist unter der Nr. 137 im Mitgliederverzeichnis der Bekennenden Gemeinde eingetragen, später mit dem Vermerk »verzogen«.

61 Das Adressbuch 1939/40 und frühere kennen mehrere Familien mit Namen Trümpelmann, aber niemanden am Brockenweg.

62 Nach Reichsanzeiger Nr. 182 vom 7.8.1941, Nr. 67.

beabsichtigte nach Australien auszuwandern. Um dies zu erreichen, beantragte er bei der damals bestehenden Internationalen Flüchtlingsorganisation der UNO (IRO, heute UNHCR) die Anerkennung als Flüchtling, um als Staatenloser überhaupt reisen zu können. Die IRO verwehrte ihm die Anerkennung, da er nicht aus Nazi-Deutschland geflohen sei und bereits nach eigenen Angaben seit 1924 in der Schweiz lebe. Da half ihm auch nicht der Hinweis: »Ich bin in der Schweiz aufgewachsen und habe keine Beziehung zu Deutschland.«[63]

Zwerg, Else geborene Boehnke
* 1.10.1878 (Ort unbekannt); wohnte 1939 in Wernigerode, An der Malzmühle 6, so Adressbuch 1938/40; davor wird sie nicht genannt.

Zwirn, (Siegbert) Fritz
* 11.4.1898 in Wernigerode

Fritz Zwirn[64] war der Sohn von Heymann Zwirn, der im Adressenbuch von 1897 in der Burgstraße 38 als Kaufmann geführt wird. Seine Ehefrau Recha war eine geborene Kirschstein, die am 4.10.1868 in Czarnikau (Posen) geboren wurde, vermutlich eine Schwester von Max Kirschstein. Die Familie ist bald nach Berlin-Wilmersdorf, Motzstraße 83, gezogen, da sie bereits im nächsten Einwohnerbuch von 1904 nicht mehr zu finden ist.

Fritz Zwirn hatte Erna Friedländer (* 29.11.1899 in Posen) geheiratet; in Berlin wurde ihr Sohn Manfred Zwirn (* 28.4.1924) geboren.

Die Familie emigrierte am 24. Dezember 1937 nach Amsterdam. Das Deutsche Reich zog sofort die Konsequenzen und bürgerte alle drei am 11. Mai 1939 aus Deutschland aus; damit waren sie Staatenlose.[65] Während der deutschen Besatzung der Niederlande wurden sie am 16. Januar 1943 von der Gestapo verhaftet[66] und zunächst in das KZ Vught (Herzogenbusch), anschließend am 3. Juli 1943 weiter in das Sammellager Westerbork gebracht. Hier wurden die wöchentlichen Transporte in die Vernichtungslager im Osten zusammengestellt. Fritz und Erna Zwirn mussten schon drei Tage nach ihrer Ankunft am 6. Juli 1943 zusammen mit ihrem Sohn Manfred und weiteren 2417 Gefangenen in den Zug einsteigen, der sie am 9. Juli 1943 in das Vernichtungslager Sobibor im Rahmen der »Aktion Reinhardt«[67] brachte. Am selben Tag wurden sie in den Gaskammern umgebracht.

63 Alle Angaben nach Dokumenten in den Arolsen Archives.
64 Stadtarchiv Wernigerode Hauptregister (Geburt) 1898 Nr. 94.
65 Ausbürgerungsliste 111 im Deutschen Reichsanzeiger Nr. 108 vom 12.05.1939, Ziff. 170–172.
66 Nach Dokumenten in den Arolsen Archives.
67 »Ehrenname« für Reinhard Heydrich, der als Leiter des Reichssicherheitshauptamtes und Vollstrecker der »Endlösung der Judenfrage« 1942 in Prag bei einem Attentat ums Leben kam.

AUSKLANG

Erinnern und Gedenken

In Städten und Gemeinden sind sie vor Häusern zu sehen. Sie sind in Fußwege eingelassen und erinnern an einen Menschen, der in diesem Haus seine letzte frei gewählte Wohnung hatte, bevor er verhaftet, verschleppt oder vertrieben wurde – ein Opfer des Nationalsozialismus. Es sind die Stolpersteine, die einladen innezuhalten, nachzudenken und eines Menschen zu gedenken, der mitten unter uns lebte.

Stolpersteine sind keine Gedenkorte, vielmehr Gedenksteine, sie sind weder Mahnmale noch Denkmale.[1] Sie sind Orte des Nachdenkens, des Fragens und des Suchens nach Antworten: Wer war dieser Mensch? Die Steine sind nicht besonders auffällig, nur etwa 10 × 10 cm große Betonsteine, überzogen mit einer Messingplatte, auf der der Name und wenige Lebensdaten eingeschlagen sind.

Initiator dieser Stolpersteine ist der Künstler Gunter Demnig (* 1947), der einen ersten solchen Stein 1992 – damals noch illegal – vor dem alten Rathaus in Köln in das Straßenpflaster verlegte.[2] Inzwischen ist das Flächenkunstwerk auf fast 100 000 Steine in über 1830 Kommunen und neunundzwanzig Ländern Europas gewachsen.[3] Sie finden sich auch in Wernigerode.

»Gedacht wird mit diesem Projekt aller verfolgten oder ermordeten Opfer des Nationalsozialismus: Juden; Sinti und Roma; politisch Verfolgten; religiös Verfolgten; Zeugen Jehovas; Menschen mit geistiger und/oder körperlicher Behinderung; Menschen, die aufgrund ihrer sexuellen Orientierung oder ihrer Hautfarbe verfolgt wurden; als ›asozial‹ stigmatisierte und verfolgte Menschen, wie Obdachlose oder Prostituierte; Zwangsarbeiter und Deserteure; – letztlich aller Menschen, die unter diesem Regime leiden mussten.«[4]

Das Ungeheuerliche der Verbrechen damals lässt sich mit Zahlen und Gedenkstätten kaum erfassen. Wer je in der Halle der Namen in Yad Vashem gestanden hat, wird die Bilder mit Namen von Kindern, Alten, Frauen und Männern nicht wieder los. Ihnen wurde ihr Name in der Shoah genommen. Sie wurden zu Nummern gemacht, tätowiert auf den Unterarm. Die Stolpersteine geben den Verfolgten ihre Namen zurück. Die Opfer sind keine Nummer mehr, sie haben einen Namen.

---

1 Vgl. dazu Richard Schröder: So nicht!, in: Die Zeit, 04/1999 (21.1.1999) zur Diskussion um das »Denkmal für die ermordeten Juden Europas« in Berlin vor seiner Errichtung (https://www.zeit.de/1999/04/So_nicht).

2 Dieser Stolperstein wurde 2010 von Unbekannten herausgebrochen und 2013 durch einen neuen ersetzt.

3 Nach Angaben von Katja Demnig an den Autor am 14.7.2022.

4 Zitiert nach https://www.stolpersteine.eu/faq (abgerufen am 14.7.2022).

Jeder Stolperstein ist zugleich ein Stein des Anstoßes. Gunter Demnig zitiert gern einen Schüler, der nach der Gefahr des Stolperns gefragt wurde und dazu meinte: «Nein, nein, man stolpert nicht und fällt hin, man stolpert mit dem Kopf und mit dem Herzen.» Deswegen ist es auch nicht verwunderlich, dass nach wie vor darüber vehement diskutiert, manchmal sogar gestritten wird, ob solche Steine im Straßenpflaster die Opfer nicht erneut diskriminieren. Werden die Namen nicht mit Füßen getreten? Schon möglich. Genauso wie die Namen von Bischöfen und Geistlichen in großen Domen und Kathedralen, über deren Grabplatten Gläubige und Touristen tagtäglich gehen. Nur dass unter diesen Steinen Gebeine ruhen, unter den Stolpersteinen aber nicht. Werden sie vielleicht Objekte antidemokratischer oder rechtsextremer Gewalt, manchmal herausgerissen oder beschmiert?[5] Sich solcher Gewalt zu entziehen, ist kaum möglich, sich ihr durch Erinnern und Gedenken, durch Bildung und gewaltfreien Widerstand entgegenzustellen, ist Aufgabe der Bürgerschaft.

Es soll hier nicht die ausufernde Debatte über die Stolpersteine nachgezeichnet werden. Diejenigen, die das Projekt ablehnen, versammeln sich meist hinter der früheren Präsidentin des Zentralrates der Juden in Deutschland Charlotte Knobloch, während der derzeitige Präsident Josef Schuster die Verlegung der Stolpersteine im öffentlichen Raum unterstützt. Oftmals gibt es erregte Auseinandersetzungen in den Stadt- und Gemeinderäten wegen der Zustimmung, um das Projekt umzusetzen. Das war auch in Wernigerode nicht anders.

Hintergrund: Die Stolpersteine werden nicht im privateigenen Grundstück verlegt, sondern grundsätzlich im öffentlichen Raum. Darum ist die Zustimmung der jeweiligen Kommune erforderlich. Sie gehen dann auch in das kommunale Eigentum über. Die Finanzierung durch Spenden übernehmen die Bürgerinnen und Bürger, die dann quasi die Stolpersteine der Stadt zum Geschenk machen.

Es war Stadtrat Robert Marhold (1933–2020), der immer wieder darauf drängte, Wernigerode solle sich der »Aktion Stolpersteine zur Erinnerung an jüdische Mitbürger« anschließen. Nach vielen Vorgesprächen reichte die SPD/Grüne-Fraktion am 29. März 2007 einen entsprechenden Antrag im Stadtrat ein, der die Vorlage einstimmig in die Ausschüsse zur Beratung überwies und eine Arbeitsgruppe »Stolpersteine« einsetzte. Bereits zwei Monate später legte die Arbeitsgruppe ein Ergebnis vor, in dem es heißt: Die Stadt möge sich der »Aktion Stolpersteine« anschließen, »damit auch in Wernigerode sichtbare Zeichen zur Erinnerung an jüdische Mitbürger [gesetzt werden], die einmal in unserer Stadt beheimatet waren«. Sollten Überlebende oder deren Angehörige solche »Erinnerungszeichen« nicht wünschen, sei dieser Wunsch zu respektieren. Wenn aber heutige Bewohner oder Eigentümer die Verlegung von Stolpersteinen ablehnten, »soll das Gespräch gesucht werden mit dem Ziel, Ver-

5 Nicht nur der erste Stolperstein von 1992 in Köln wurde 2010 aus dem Pflaster von Unbekannten herausgerissen und entwendet.

ständnis für die Aktion zu wecken«. Bei Widerspruch sollten allerdings die Steine dennoch verlegt werden. Außerdem »müssen weitere Aufgaben bewältigt werden«: Fortführung der Recherche »über den Kreis ehemals jüdischer Mitbürger hinaus (Sinti und Roma, politisch Verfolgte, Zeugen Jehovas, Euthanasieopfer u. a.).« Am 3. Mai 2007 stimmte der Stadtrat dem Ergebnis der Arbeitsgruppe zu und beschloss am 18. Juli 2007 fast einstimmig, das Vorhaben umzusetzen.

Es dauerte dann noch etwa zwei Jahre, bis Gunter Demnig am 14. April 2009 in Wernigerode 22 Stolpersteine an sieben Orten in der Stadt verlegte. Nach dem Motto »Ein Stein – ein Name – ein Mensch« wird jeder Stein per Hand gefertigt und per Hand verlegt. Zuvor waren die Lebensdaten der Mitbürger zu sammeln, deren Daten auf den Messingplatten der Steine eingeschlagen werden sollten. Diese mühevolle Arbeit beruhte auf der Sammlung von Zeitzeugenberichten der Stadträtin Renate Goetz aus dem Anfang der 1990er Jahre und vor allem auf den sorgfältigen Recherchen von Pfarrer Heinrich Hamel (1940–2019), zugleich Mitglied des Stadtrates, der Unterstützung von Superintendent i. R. Gottfried Werther (1932–2017), zehn Jahre auch Präsident des Stadtrates, sowie dem genannten Robert Marhold. Besonders widersprüchliche Angaben von Zeitzeugen, fehlende Lebensdaten und die Schicksale der jüdischen Mitbürger waren zu prüfen und zu sichern, ganz abgesehen von der Herstellung der Steine mit ihren Messingplatten, der Koordination der städtischen Vorarbeiten und der Terminkoordination, die einen langen Vorlauf verlangten. Dazu wurde es nötig, die Bevölkerung einzuladen, die Verlegung der Stolpersteine durch Spenden zu finanzieren. Die erforderlichen über 2000 Euro kamen erfreulich schnell zusammen.

War's das? Einwohner, Bürgerinnen und Bürger und der Stadtrat haben ihre Schuldigkeit des Erinnerns und Gedenkens getan – sichtbar in den Stolpersteinen? Manchmal nach 17 Jahren möchte das so scheinen. Die Erinnerung wird blasser. Kaum noch sind Zeitzeugen zu finden, die die Ereignisse von einst erzählen können. Viele der Mahner sind nicht mehr am Leben. Am jährlichen öffentlichen Gedenkweg entlang der verlegten Stolpersteine am 9. November hat 2021 außer einer Studentengruppe aus der Hochschule Harz nur ein einziger Bürger der Stadt teilgenommen. Das ist nicht der Corona-Pandemie oder anderen Ereignissen, die gegenwärtig die Menschen bewegen, zuzuordnen.

Längst geht ein Riss durch das Erinnern und Gedenken. Auf der einen Seite erstarrt es in Ritualen an Mahnmalen und offiziellen Gedenktagen mit meist guten Ansprachen, die leider keine dauernde Wirkung hinterlassen. Mancher Gedenktag hat sich noch nicht einmal eingeprägt. Wer weiß schon, dass der 2. August der »Europäische Holocaust-Gedenktag der Sinti und Roma« ist? Und die meisten anderen Opfer werden unter dem Internationalen Gedenktag am 27. Januar subsumiert – etwa die Euthanasieopfer, Zeugen Jehovas und alle die anderen. Auf der anderen Seite fällt ein Schleier des Vergessens auf die vergangenen Ereignisse. Die letzten Zeitzeugen sind alt, sehr alt geworden. Bewegt erzählt der eine oder die andere noch vor Schulklassen von seinen oder ihren bitteren Erfahrungen einst als Kind.

Längst beugen sich die Historiker über Dokumente und Akten, sind die Archive zum Bewahrer jener ungeheuerlichen Ereignisse geworden, aber kaum zum Erinnern und Gedenken, vielmehr zum Forschen und Klären. Und gelegentlich melden sich politische Gruppen des rechten Randes mit platten und plumpen Behauptungen, die jene Ereignisse leugnen oder umdeuten oder schlicht einen Schlussstrich fordern. Oder die zu erinnernden Ereignisse werden in Museen gesammelt, manchmal am Ort einer ehemaligen Synagoge, andermal in Museen mit sakraler Kunst und Kultur. In der Mitte der Gesellschaft verblassen sie.

Erinnern und Gedenken wandert aus dem kollektiven Gedächtnis aus, falls es überhaupt dort einen Ort gefunden hat. Da helfen erschütternde und persönliche Worte der letzten Zeitzeugen ebenso wenig wie fast schon beschwörende und mahnende Ansprachen an Gedenkorten oder bei feierlichen Gedenkzeremonien. Sie gerinnen zu einem singulären Medienereignis oder zum erwarteten Statement eines Politikers, Historikers, einer Vorsitzenden einer Organisation oder eines Vereins, das gelegentlich auch Redundanz erzeugt und schließlich nicht mehr gehört wird.

Doch dieses Vergessen ist die Tür, um den sich leerenden Raum mit Narrativen zu füllen, die die Geschichte umdeuten, eine Auseinandersetzung verhindern und die ständige Mahnung »Nie wieder!« ad absurdum führen. Richtig, Geschichte wiederholt sich nicht, weil die handelnden Personen andere sind, die jeweiligen Zeitumstände sich geändert haben und die äußeren Bedingungen auch nicht mehr bestehen. Aber über Geschichte, entdeckte, erzählte, erlebte, lässt sich nachdenken. Da gibt es Verflechtungen und Beziehungen, da gibt es Gleichzeitigkeit von Personen, seien es Bauern oder Wissenschaftler, Künstler oder Bauarbeiter, Wanderer durch die Welten oder skrupellose Machthaber.

Auch diese erzählte Dokumentation, die Leserinnen und Leser vor sich haben, ist nicht als Denkmal geschrieben, sondern als eine Einladung, sich auf den Weg zu machen zu den Menschen, die unter uns in Wernigerode und anderswo gewohnt, gearbeitet und gelebt haben. Wer sind diese Nachbarn gewesen? Die Stolpersteine geben unseren Nachbarn ihre Namen zurück. Wer davor stehen bleibt und lesen will, muss sich beugen, um die wenigen Daten lesen zu können, muss innehalten – sich vor ihnen verneigen und nachdenken. Hier lebte ein Mensch, dessen Würde von einem menschenverachtenden Regime gestohlen werden sollte.

Das gelingt aber nicht, wenn ich, der Betrachter, stehen bleibe, lediglich die Fakten zur Kenntnis nehme und meines Weges gehe, mich abwende, als wenn es nichts mit mir zu tun hätte. Was hat mir dieser eine Mensch zu erzählen? Worüber würde ich gern mit ihm sprechen? Was könnten wir miteinander feiern? Was sollten wir gemeinsam anpacken, damit die Welt, in der wir leben, ein wenig menschenfreundlicher wird?

Fast jeder kennt jene Geschichte von dem Kleinen Prinzen, dem ein Fuchs begegnet.[6] Viele zitieren den letzten Satz, wenn der Fuchs sein Geheimnis verrät: »Man sieht

6 Antoine de Saint-Exupéry: Der Kleine Prinz (1943), Kapitel 21.

nur mit dem Herzen gut. Das Wesentliche ist für die Augen unsichtbar.« Aber zuvor geht es darum, wie man einen Freund gewinnt. Und wie gelingt das? Du brauchst Geduld und du musst mich zähmen, sagt der Fuchs. Zähmen? Ja. Es bedeutet, sich vertraut miteinander machen. »Du bist für mich nur ein kleiner Junge, ein kleiner Junge wie hunderttausend andere auch. Ich brauche dich nicht. Und du brauchst mich auch nicht. Ich bin für dich ein Fuchs unter Hundertausenden von Füchsen. Aber wenn du mich zähmst, dann werden wir einander brauchen. Du wirst für mich einzigartig sein. Und ich werde für dich einzigartig sein in der ganzen Welt …«

Die ungeheuerlich große Zahl der Opfer ist kaum zu erfassen. Der Einzelne geht in der Summe unter, er bleibt fremd. Aber der Einzelne, dessen Name ich lese, dessen Geschichte ich erfahre, dem komme ich nahe oder wenigstens näher. Insofern hat Abel Herzberg[7] recht, wenn er sagt: »Nicht sechs Millionen Juden wurden ermordet. Ein Jude wurde ermordet und das ist sechs Millionen mal geschehen.« Wenn ich mich mit dem einen vertraut mache, wird er oder sie mir zum Freund, zur Freundin. Dafür ist Geduld nötig, Aufmerksamkeit und Mut, auch schlechte Nachrichten und Erinnerungen zu ertragen. Der vertraute Mensch wird zum Freund. Und wenn ich meines Freundes Blick einnehme, sehe ich auch meine Welt mit anderen Augen – und vielleicht auch mit dem Herzen.

Gedenkorte allein reichen nicht aus, so wichtig sie auch sind und bleiben. Gedenken – was eben mit Denken zu tun hat und es daher manche Mitmenschen, weil es mühevoll ist, auch sein lassen – meint immer auch: mein Leben mit anderen teilen.

Jüdische Geschichte – das haben etwa die Veranstaltungen zu »1700 Jahre jüdisches Leben in Deutschland« (2021) gezeigt – ist mehr als die Geschichte und Erfahrung der Shoah. Jüdische Geschichte auf die Gräuel einer zwölfjährigen nationalsozialistischen Diktatur zwischen 1933 und 1945 zusammenzudrängen und in immer neuen Facetten beim Gedenken vorzutragen, ändert an dem immer noch vorhandenen Antisemitismus in der Gegenwart so gut wie gar nichts. Nein, diese Schmach und Schande darf nicht versteckt werden. Aber es braucht mehr von der Art, die der Fuchs empfiehlt: sich vertraut machen.

Wie geschieht das? Durch Begegnung und Offenheit, Zuhören und Annähern – kurz: durch lebendige Erfahrung. Kaum werde ich heute in meiner Stadt – anders als in Berlin, Köln oder München – je einem Juden begegnen. Neben mir in der Schulbank sitzt ebenso wenig einer wie am Arbeitsplatz. In Sachsen-Anhalt muss ich schon gezielt die jüdischen Gemeinden in Magdeburg, Dessau oder Halle besuchen – in Gröbzig auch die ehemalige Synagoge, die 1938 die Pogromnacht überstanden hat. In Halberstadt kann ich das ehemalige Judenviertel aufsuchen, wo die Moses-Mendelssohn-Akademie in der »Klaussynagoge« und im »Berend Lehmann Museum« ihren Sitz hat.

7 Abel Herzberg (1893–1989), niederländischer Anwalt und Schriftsteller, überlebte das KZ Bergen-Belsen.

Die Hochschule Harz und die Moses-Mendelssohn-Akademie haben 2022 einen Kooperationsvertrag geschlossen, der im Fachbereich der Verwaltungswissenschaften Lehrveranstaltungen anbieten wird, in denen »grundlegende Kenntnisse über die kulturelle und religiöse Pluralität in Deutschland« vermittelt werden, um für alle Studierenden die Möglichkeit zu bieten, »interkulturelle Kompetenzen zu erwerben und im Rahmen ihrer späteren Tätigkeit vorurteilsfrei gegen jede Form von Diskriminierung, Rassismus und Antisemitismus agieren zu können«.

Selbstverständlich ist in allen Schulformen in den Rahmenrichtlinien eine Unterrichtung über Kultur, Leben und Religion der Juden in Geschichte, Ethik und Religion vorgesehen.[8] Ob der dafür vorgesehene Zeitfonds ausreicht, um »Begegnungen« zu ermöglichen, darf angezweifelt werden. Auch in der Erwachsenenbildung – egal von welchem Träger angeboten – spielt kulturelle, geschichtliche und religiöse Bildung nur eine untergeordnete Rolle. Am ehesten findet sie noch bei den Kirchen aufgrund ihrer Jahrhunderte alten Tradition oder in kleinen Vereinen statt, die sich am Ort ehemaliger Synagogen oder Gebetshäuser gebildet haben.

Wie also Begegnung als Fundament für Erinnern und Gedenken ermöglichen? Auf jeden Fall fachübergreifend. Kleines Beispiel, ohne hier etwa ein Programm entwickeln zu wollen: Felix Mendelssohn-Bartholdy, ein Enkel des jüdischen Philosophen Moses Mendelssohn, mit sieben Jahren protestantisch getauft, hat eindrückliche und bewegende Musik geschrieben (etwa die 5. Symphonie mit der Vertonung des Lutherchorales: Ein feste Burg ist unser Gott) und lebte zwischen den Befreiungskriegen und den Bewegungen, die in die Revolution von 1848/49 führten, in einer Zeit, als in Preußen Juden Staatsbürger werden konnten und auf dem Hambacher Fest erstmals die Schwarz-Rot-Goldene Fahne gezeigt wurde … Was für ein Fundus, um Philosophie, Religion, Musik, demokratische Revolution, Baukunst (Schinkel), Malerei (Biedermeier) und Geschichte miteinander in einem Projekt zu verbinden und »Begegnungen« zu ermöglichen. In unserem heutigen gesellschaftlichen Umfeld setzen wir weitgehend auf Spezialisierung und verlieren die Gesamtschau und damit auch ein Handwerkszeug, um Menschenfreundlichkeit, Verständnis füreinander trotz aller Unterschiede und Vielfalt als Bereicherung gemeinsamen Lebens zu entwickeln.

Manchem mag das alles zu blumig oder ideal vorkommen. Doch solche »Begegnungen« sind notwendig und auch heilsam. Erinnern und Gedenken baut Brücken, verbindet miteinander – auch Vergangenheit und Zukunft – und wird damit zu einem wesentlichen Beitrag, Gegenwart zu gestalten.

Die vorgelegte »Spurensuche« zeichnet nur zehn Familiengeschichten nach, die leider noch eine ganze Reihe von Lücken aufweisen. Aber es werden Lebenswege aufgezeigt, die nicht nur die Shoah im Blick haben, sondern Religion und Politik, Handel und Wirtschaft, Nachbarschaft und Verantwortung füreinander. Jedes

8 Eine Analyse von Rahmenrichtlinien und Schulbüchern kann hier nicht vorgelegt werden.

Schicksal bewegt und soll bewegen. Für alle findet sich ein »Stolperstein« im Pflaster der Stadt.

Nicht nur das. An drei verschiedenen Orten gibt es Gedenktafeln, die an Mitbürger jüdischer Herkunft erinnern. Die Orte haben symbolischen Charakter und laden zum Nachdenken ein: In der Johanniskirche in der alten Neustadt, im Festsaal des Rathauses und in der Villa der Kaufmannsfamilie Clara und Benno Russo. Die Arbeiten stammen alle aus der Hand des Wernigeröder Lehrers und Bildhauers Karl-Heinz Ziomek (* 1930), Kulturpreisträger der Stadt 2000.[9]

Die Tafel in der Johanniskirche (1993) war das erste Zeichen des Gedenkens an die Mitbürger jüdischer Herkunft in der Stadt. Sie zeigt einen stilisierten siebenarmigen Leuchter und das Relief eines trauernden Kopfes. Dazu ist ein bekannter Spruch aus dem Holz modelliert: »Das Geheimnis der Erlösung liegt in der Erinnerung.«

Dieser viel zitierte Satz findet sich auch in der Gedenkstätte Yad Vashem in Jerusalem (dort in der Originalfassung) und stammt ursprünglich von Rabbi Israel ben Elieser, besser bekannt als Baal Schem Tov (deutsch: Meister des guten Namens), der von 1700 bis 1760 lebte und der Begründer des Chassidismus wurde, einer osteuropäischen jüdischen Erweckungsbewegung. Diese Frömmigkeit entfaltete sich in einer Zeit, als Juden verstärkt in Ghettos und bei Pogromen angegriffen, verfolgt, umgebracht oder vertrieben wurden. Die Gedemütigten verbanden ihre Alltagserfahrungen mit einem schlichten Vertrauen zu Gott. Der originale Satz lautet: »Das Exil wird länger und länger des Vergessens wegen, aber vom Erinnern kommt die Erlösung.«[10] Die Verbannung, die Schmach und Schande, in einem »von Gott verlassenen« Exil eingeschlossen zu sein, verlängert sich deswegen, weil die Guttaten Gottes vergessen werden. Aber gerade das Erinnern an Bewahrung, an geschenktes Leben und an die erfahrene Begleitung durch Gott bringt die Erlösung aus dem Elend. So die jüdische Interpretation des vielzitierten Satzes. Es ist eine religiöse Aussage, die ihren tiefen Grund im Glauben hat. Zugleich ist es auch ein philosophischer Satz. Natürlich ist das Vergessen können eine heilsame Funktion des Menschseins. Aber was ich erinnere, kann ich auch bearbeiten und verarbeiten und dann getrost beiseitelegen.

In der Villa des Käsefabrikanten Benno Russo und seiner Ehefrau Clara in der Feldstraße, um deren Rückgabe an die Erben es so viele Verwirrungen, Fehler der Verwaltung und zuletzt eine Versteigerung gegeben hat, ist auf Wunsch der Familie 1995 ebenfalls eine Holztafel angebracht worden. Sie enthält die Lebensdaten von Clara und Benno Russo sowie den Hinweis, dass sie nur deshalb von den Nationalsozialisten »verfolgt, verschleppt und ermordet« wurden, »weil sie Juden waren«. Eine Tafel zum Gedenken an zwei Menschen, wie es auch die Stolpersteine sagen, die vor der Villa

---

9 Karl-Heinz Ziomek: Die List der Solidarität. Autobiographie aus dem Alltag der DDR; Offizin Hannover 2018.

10 Zitiert nach http://www.hagalil.com/2011/02/versoehnung aus: Sefer Ba'al Schem Tov, II, 190 § 8. Auf der genannten Website von haGalil findet sich ein bemerkenswerter Aufsatz zum Thema Gedenken und Erinnern.

auf dem Fußweg eingelassen sind. Ursprünglich sollte die Tafel gut sichtbar außen an der Villa angebracht werden. Darauf wurde verzichtet, da sie sonst Wind und Wetter ausgesetzt gewesen wäre. Jetzt lädt sie alle Gäste und Besucher, die die weite Halle über zwei Etagen betreten, zur Erinnerung an die beiden Bewohner und Mitbürger in Wernigerode zum Nachdenken ein. Ein kleiner Verein baut in der Villa Russo eine »Internationale musische Begegnungsstätte wider das Vergessen e. V.« auf.

Die Holztafel im Festsaal des Rathauses (1994), etwas größer und massiver als die Tafel in der Johanniskirche, zeigt vor einem siebenarmigen Leuchter und der Unterschrift »Den verfolgten jüdischen Bürgern unserer Stadt« denselben kurz gefassten Text wie dort: »Das Geheimnis aller Erlösung liegt in der Erinnerung«. Ob den hier zu Sitzungen zusammenkommenden Stadträten, geschweige denn den Besuchern des Rathauses, die religiöse und philosophische Aussage eines Rabbi aus dem 18. Jahrhundert bekannt ist? Die Tafel regt zum Erinnern und Nachdenken an, ist aber weder eine Gedenk- noch eine Mahntafel. Auf den Unterschied hat Richard Schröder, Theologe und Philosoph, während der Diskussion um das »Denkmal für die ermordeten Juden Europas« in Berlin in dem genannten Aufsatz hingewiesen: Ein Denkmal lädt zum Gedenken an die Opfer ein, an Personen oder Gruppen, derer gedacht werden soll, die in Erinnerung des Gedenkenden bleiben mögen. Anders ein Mahnmal. Es wendet sich an den Betrachter und will ihn ansprechen: Nie wieder! Geh in dich und prüfe dein Handeln. Beides miteinander zu vermengen, geht nicht.

Stolpersteine machen Begegnungen möglich. Nicht mit einer Gruppe, einer Menge von Opfern, sondern mit einem Menschen, dem ich zuhören kann, dem ich etwas sagen kann, mit dem ich vielleicht ein Stück des Weges gehen kann. Sie tragen einen Namen, jeder Stein von fast 100 000 in Europa hat einen eigenen Namen. Hier lebte ein Mensch, ein Nachbar, eine weinende Mutter, ein sorgender Vater, ein Bruder oder eine Schwester, mit denen ich spielen kann – ein Mensch mit einem Namen.

»Ein Mensch ist erst vergessen, wenn sein Name vergessen ist«, heißt es im Talmud.

Harz-Forschungen

11 Dieter Pötschke (Hg.): Rolande, Kaiser und Recht. Zur Rechtsgeschichte des Harzraums und seiner Umgebung (978-3-931836-30-6)

13 Hans-Heinrich Hillegeist, Wilfried Ließmann (Hg.): Technologietransfer und Auswanderungen im Umfeld des Harzer Montanwesens (978-3-931836-56-6) *vergriffen*

14 Dieter Pötschke (Hg.): Stadtrecht, Roland und Pranger. Zur Rechtsgeschichte von Halberstadt, Goslar, Bremen und märkischen Städten (978-3-931836-77-1)

15 Christof Römer (Hg.): Evangelische Landeskirchen der Harzterritorien in der Frühen Neuzeit (978-3-931836-78-8)

16 Fritz Reinboth (Hg.): Die Walkenrieder Chronik von Johannes Letzner (978-3-931836-79-5)

17 Peter Stephan: Ditfurt. Demographie und Sozialgeschichte (978-3-931836-80-1)

18 Claus Heinrich Gattermann: Der Ausländereinsatz im Landkreis Osterode 1939–1945 (978-3-936872-13-2)

19 Dieter Pötschke: Kloster Ilsenburg. Geschichte, Architektur, Bibliothek (978-3-936872-14-9)

20 Wolfram Siegel: Der heilige Gangolf in Münchenlohra an der Hainleite. Basilika, Kloster und karolingische Vorgeschichte (978-3-936872-50-7) *vergriffen*

21 Klaus Thiele (Hg.): Osterwieck. Frühe Mission und frühprotestantische Bilderwelten (978-3-936872-63-7)

22 Dieter Pötschke (Hg.): Die Abtei Ilsenburg und andere Klöster im Harzvorraum (978-3-936872-80-4)

23 Dieter Pötschke (Hg.): Vryheit do ik ju openbar… Rolande und Stadtgeschichte (978-3-86732-019-1)

24 Dieter Pötschke (Hg.): Herrschaft, Glaube und Kunst. Zur Geschichte des Reichsstiftes und Klosters Drübeck (978-3-86732-041-2)

25 Ulrich Flachs: Zur Geschichte des Post- und Fernmeldewesens in Wernigerode von den Anfängen bis 1945 (978-3-86732-053-5)

26 Klaus Thiele (Hg.): Osterwieck. Die Fachwerkstadt aus dem Reformationsjahrhundert und Die Prozessakte Brandt Schmalian von 1614 (978-386732-075-7)

27 Hans-Heinrich Hillegeist, Christian Juranek (Hg.): Der Harzer Eisenkunstguss im 19. Jahrhundert (978-3-86732-116-7) *in Vorbereitung*

28 Gerd Ilte: Kunst und Künstler in Wernigerode nach 1945 (978-3-86732-117-4)

29 Peter Lehmann: geachtet – geleugnet – geehrt. Oberst Gustav Petri, Retter von Wernigerode (978-3-86732-173-0)

30 B. Feicke, G. Lingelbach, D. Pötschke (Hg.): Das Burger Landrecht und sein rechtshistorisches Umfeld. Zur Geschichte der Landrechte und ihrer Symbolik im Mittelalter von Rügen bis Niederösterreich (978-3-86732-185-3)

31 Hans-Jürgen Grönke (Hg.): Zur Industriegeschichte im Südharz (978-3-86732-223-2)
vergriffen

32 Wilhelm Brauneder, Gerhard Lingelbach, Dieter Pötschke (Hg.): Stadtrechte, Willküren und Polizeiordnungen. Teil I: Goslar und Wernigerode (978-3-86732-266-9)

33 Christian Juranek, Friedhart Knolle (Hg.): Bilanz und Perspektiven der Harz-Forschung. 150 Jahre Harz-Verein für Geschichte und Altertumskunde. Teil I (978-3-86732-336-9)

34 Christian Juranek, Friedhart Knolle (Hg.): Bilanz und Perspektiven der Harz-Forschung. 150 Jahre Harz-Verein für Geschichte und Altertumskunde. Teil II (978-3-86732-337-6)

35 Dieter Pötschke, Wilhelm Brauneder, Gerhard Lingelbach(Hg.): Stadtrechte, Willküren und Polizeiordnungen. Teil II: Der Halberstadt-Goslarer Stadtrechtsraum (978-3-86732-361-1)

36 Peter Lehmann: Spurensuche. Jüdische Familiengeschichten in Wernigerode (978-3-86732-437-3)

Lukas Verlag
für Kunst- und Geistesgeschichte
Kollwitzstraße 57
D 10405 Berlin

Tel. (030) 44 04 92 20
Fax (030) 442 81 77
E-Mail lukas.verlag@t-online.de
Internet www.lukasverlag.com

Schriftenreihe aus dem Nationalpark Harz

Bisher erschienene Bände

Band 1: Nationalparkverwaltung Harz (2007) (Hg.): Walddynamik und Waldumbau in den Entwicklungszonen von Nationalparks. Tagungsbericht zum Wald-Workshop des Nationalparks Harz, 73 S.

Band 2: Nationalparkverwaltung Harz (2008) (Hg.): Tun und Lassen im Naturschutz. Tagungsbericht zur 7. Wissenschaftlichen Tagung im Nationalpark Harz, 119 S.

Band 3: Nationalparkverwaltung Harz (2009) (Hg.): Aktuelle Beiträge zur Spechtforschung – Tagungsband 2008 zur Jahrestagung der Projektgruppe Spechte der Deutschen Ornithologen-Gesellschaft, 92 S.

Band 4: Baumann, K. (2009): Entwicklung der Moorvegetation im Nationalpark Harz, 244 S.

Band 5: Schultz, T. (2010): Die Großpilzflora des Nationalparks Harz, 216 S.

Band 6: Karste, G., Wegener, U., Schubert, R., Kison, H.-U. (2011): Die Pflanzengesellschaften des Nationalparks Harz (Niedersachsen). Eine kommentierte Vegetationskarte, 80 S.

Band 7: Karste, G., Schubert, R., Kison, H.-U., Wegener, U. (2011): Die Pflanzengesellschaften des Nationalparks Harz (Sachsen-Anhalt). Eine kommentierte Vegetationskarte. Unveränderter Nachdruck der Ausgabe von 2006, 59 S.

Band 8: Koperski, M. (2011): Die Moose des Nationalparks Harz. Eine kommentierte Artenliste, 248 S.

Band 9: Nationalparkverwaltung Harz (2012) (Hg.): Waldforschung im Nationalpark Harz – Waldforschungsfläche Bruchberg; Methodik und Aufnahme 2008/09, 120 S.

Band 10: Nationalparkverwaltung Harz (2013) (Hg.): Zur Situation der Gewässer im Nationalpark Harz, 92 S.

Band 11: Nationalparkverwaltung Harz (2013) (Hg.): Die Libellen des Nationalparks Harz, 211 S.

Band 12: Nationalparkverwaltung Harz (2014) (Hg.): Waldentwicklung und Wildbestandsregulierung im Nationalpark Harz, 97 S.

Band 13: Schikora, H.-B. (2015): Die Webspinnen des Nationalparks Harz, 371 S.

Band 14: Nationalparkverwaltung Harz (2016) (Hg.): 125 Jahre Brockengarten. Festsymposium 2015 in Drübeck, 82 S.

Band 15: Schindler, H., Stein, H., Hahn, H.-J. (2017): Quellen im Harz, 224 S.

Band 16: Kison, H.-U., Seelemann, A., Czarnota, P., Ungethüm, K., Schiefelbein, U., Hammelsbeck, U. (2017): Die Flechten im Nationalpark Harz, 305 S.

Band 17: Nationalparkverwaltung Harz (2019) (Hg.): Heile Welt Nationalpark?, 84 S.

Band 18: Nationalparkverwaltung Harz (2020) (Hg.): Vögel des Nationalparks Harz, 148 S.

Band 19: Kison, H.-U., Ciongwa, P., Czichowski, H.-J., Hammelsbeck, U., Herdam, H., Illig, W., Karste, G., Sprick, P., Thiel, H., Wegener, U. (2020): Flora des Nationalparks Harz, 575 S.

Band 20: Reinecke, H. (2022): Die Joch- und Zieralgen in den Mooren, Teichen und Weihern des Nationalparks Harz, 140 S.

Band 21: GFN (2023) (Hg.): Raum und Zeit im Naturschutz – insbesondere in Nationalparken, 100 S.

Band 22: GFN (2023) (Hg.): Der Luchs in der Harzregion – Ergebnisse des Monitorings und der Forschung, 128 S.

Bezug der Bände bzw. kostenloser Download über den Nationalpark Harz, www.nationalpark-harz.de

Eine Informationsanzeige der

Spuren Harzer Zeitgeschichte

Der Verein Spurensuche Harzregion besteht seit 1998, seinerzeit gegründet als Spurensuche Goslar e. V. Sie finden uns im Internet unter www.spurensuche-harzregion.de. Wir sind ein Zusammenschluss von historisch und politisch interessierten Menschen, die sich die Aufgabe gestellt haben, jüngere Zeitgeschichte der Harzregion insbesondere der NS-Zeit zu erforschen und der Öffentlichkeit darzubieten. Seit 2006 geben wir in Zusammenarbeit mit dem Papierflieger Verlag GmbH in Clausthal-Zellerfeld die Reihe Spuren Harzer Zeitgeschichte heraus. Bisher sind erschienen:

Heft 1, 2006: Schyga, P.: »Es gilt diesen Pestherd in allen Winkeln Europas auszurotten.« Die Reichspogromnacht am 9./10. November 1938 in Goslar, 36 S., 5,00 €

Heft 2, 2007 (2. Auflage 2009): Knolle, F.; Schyga, P.; Weber, M. (Redaktion): Harzburger Front von 1931 – Fanal zur Zerstörung einer demokratischen Republik. Historisches Ereignis und Erinnern in der Gegenwart. Eine Dokumentation, 72 S., 5,00 €

Heft 3, 2008: Lüder, H.: Arbeiten für Groß-Deutschland. Zwangsarbeit in Bad Lauterberg. 116 S., 5,00 €

Heft 4, 2009: Thümmel, U.; Frassl, J.; Knolle, F.: NS-Zwangsarbeit in Seesen am Harz – ein fehlendes Kapitel Stadtgeschichte, 57 S., 5,00 €

Heft 5, 2012: Knolle, F.; Schyga, P.: Gebr. Borchers / H. C. Starck in der NS-Zeit – Umweltgeschichte, Rüstungsproduktion und -forschung, Zwangsarbeit, 85 S., 10,00 €

Heft 6, 2016: Weber, M.: »Das ist Deutschland ... und es gehört uns allen«. Juden zwischen Akzeptanz und Verfolgung im Kurort Bad Harzburg. Gleichzeitig erschienen als: Quellen und Forschungen zur Braunschweigischen Landesgeschichte, Bd. 51, 288 S., vergriffen

Heft 7, 2020: Knolle, F.; Braedt, M.; Hörseljau, H.; Jacobs, F.; Wäldner, C.-A.: Tarnname »Tanne« – eine Harzer Rüstungsaltlast in Clausthal-Zellerfeld und Osterode am Harz, 77 S., 10,00 €

Heft 8, 2022: Weber, M.: Rudolf Huch. Antisemitismus und das kulturelle Gedächtnis der Stadt Bad Harzburg, 128 S., 10,00 €

Heft 9, 2022 (2. Aufl. 2023): Kutsche, F.; Cramer, St.; Knolle, F.; Maniatis, B.; Struck, M.: Hermann von Wissmann und Bad Lauterberg – eine Spurensuche, 46 S., 5,00 €

Sonderband 1, 2009: Harzburger Front. Im Gleichschritt zur Diktatur. Katalog zur Ausstellung in Bad Harzburg, Wandelhalle im Badepark, 72 S., 10,00 €

Sonderband 2, 2009 (2. Auflage 2011): Erntedank und »Blut und Boden« – Bückeberg/Hameln und Goslar 1933 bis 1938 – NS-Rassekult und die Widerrede von Kirchengemeinden, 50 S., 5,00 €

Bezug über den Papierflieger Verlag (www.papierflieger-verlag.de) oder den Buchhandel.

Spenden für unsere ehrenamtliche Arbeit erbitten wir auf das Konto
Spurensuche Harzregion e. V., Sparkasse Hildesheim Goslar Peine
IBAN DE88 2595 0130 0030 0191 52

SPURENSUCHE HARZREGION e.V.